ARIO "SAN VITTORE"
dal detenuto M.R. offerto al
o Borgioli - Milano - Ferragosto - 1950
dispensa
forno
una cucina

Candido Cannavò

Libertà dietro le sbarre

Prefazione di Ferruccio de Bortoli
Con un intervento del cardinale Dionigi Tettamanzi

Rizzoli

ISBN 88-17-00081-7

Prima edizione: febbraio 2004

PREFAZIONE

Mi sono chiesto perché mai Candido Cannavò, che è un simbolo dolce e appassionato del nostro giornalismo non solo sportivo, abbia scelto di infilarsi in un carcere. E non uno qualsiasi: San Vittore, che è invece il simbolo amaro e tormentato di una convivenza civile infranta e violenta. Dai prati verdi e colorati dello sport, in cui l'uomo assapora il massimo della libertà, l'esaltazione delle qualità personali, il gusto di superare ogni limite, il piacere della sfida, agli anfratti semibui e nauseabondi delle carceri, alle penombre della vergogna.

Luoghi di redenzione o di perdizione? La domanda, nella città del Beccaria, è tutt'altro che retorica. E di retorica nel libro di Cannavò non ce n'è. Lui è entrato a San Vittore con l'umiltà del cronista, il taccuino aperto, senza pregiudizi; ha ascoltato e in cuor suo perdonato più di quanto lo spirito della legge gli potesse prudentemente suggerire. Ha compreso storie, errori, passioni. Non le ha condivise: ha semplicemente cercato di capirle. «Nessuno possiede la verità, ma viaggiando nel dubbio...»

In ognuno di noi, anche nell'assassino più efferato, c'è la traccia labile di un riscatto, la voglia tenue di una riabilitazione, l'angolo nascosto di una umanità sconfitta. E la società che rinunciasse al recupero dei suoi cittadini peggiori, pur nel rigore e nella certezza della pena, conoscerebbe la più cocente delle sconfitte, negherebbe se stessa. Certamente, quando San Vittore fu inaugurato nel 1879 si rifaceva a un modello di pe-

nitenziario moderno come quello di Filadelfia e aveva un aspetto più civile, più accogliente e forse più simile a un albergo. Oggi è un fatiscente deposito di corpi, dove delitto e droga attecchiscono come erbacce pervicaci e resistenti.

Ho immaginato Cannavò nelle tante mattine in cui varcava lo storico portone di piazza Filangieri e incontrava i suoi detenuti, liberandoli, ad ogni colloquio, dalle sbarre che opprimevano le loro teste e i loro cuori. E mi sono venute in mente un po' di canzoni della ligera, *la mala milanese, nella voce calda e suadente di Ornella Vanoni, di Milly, e nelle parole di Strehler, i racconti di Montanelli che vi fu rinchiuso nel '44 insieme a Mike Bongiorno. No, quell'atmosfera persino romantica e resistenziale di San Vittore non c'è più, ma non c'è nemmeno il deserto dei sentimenti e l'abisso delle depravazioni che immaginiamo. «San Vittore non è quella pattumiera che la gente pensa...»*

Cannavò entrava, atteso dal direttore Luigi Pagano, dal portone di una piazza dedicata a un giurista illuminista napoletano del Settecento. Filangieri era convinto che la riforma della procedura penale potesse contribuire al progresso del genere umano, all'educazione del cittadino e persino alla sua felicità. Ecco, un po' di quello spirito illuminista napoletano è rimasto nel siciliano Cannavò. E questo libro prende spunto dal pranzo con altri due napoletani, almeno d'origine, il direttore Luigi Pagano e uno dei suoi più celebri carcerati, Sergio Cusani che dei diritti degli ultimi e dei rinnegati è diventato paladino (sua moglie, tra l'altro, l'ha conosciuta «grazie» al carcere, era assistente del suo avvocato Giuliano Spazzali). Nota a margine: il racconto che Pagano fa dell'esecuzione a Bad'e Carros del bandito Francis Turatello è degna di Ellroy e fa venire i brividi.

Gli incontri in carcere sono tanti. C'è Melodia, finita dentro per una storia di coca, che forse trova all'interno della casa di reclusione più ragioni di vita di quante ne potesse trovare, anche per sua sfortuna, fuori. C'è Fatima con Rafael, il suo figlioletto di tre mesi. E la legge Finocchiaro sulle misure alternative per le mamme?, si domanda Cannavò. C'è il tipo-

grafo Diego che deve aver impaginato tanti pezzi in via Solferino. Ha ammazzato la moglie. L'autore lo riconosce e anche chi scrive lo riconoscerebbe un giorno se lo incontrasse. C'è Marta, la «giocoliera», tossicodipendente che sa disegnare, ornare, parla tre lingue, conosce perfettamente il linguaggio del computer, è un'artista di strada. «Che immenso sperpero di qualità in questa discarica umana.» C'è Angela che lavora in sartoria, ma fuori guidava un taxi che la portò in molti indirizzi sbagliati: uscirà nel 2017. Dice una cosa saggia: «Qui i bambini non ci dovrebbero stare». E poi Patrizia, la più nota perché di cognome faceva e fa Gucci, con la quale l'autore improvvisa un pezzo memorabile da commedia degli equivoci: le dedica il libro rosa (inutile dire quello sulla sua vita in «Gazzetta») ma sbaglia il nome, la chiama Raffaella. E poi sparisce il furetto Bambi, animale da compagnia della signora. Un trambusto, urla, risate e qualche insulto che dalle celle piomba sulla detenuta più famosa e ricca. E ancora Morena, bella e innamorata del suo Marco, in cella per due omicidi, forse tre, ma anche pittore un po' Jean Gabin in pensione. Cannavò parla con entrambi, li fa confessare, li fa sentire più vicini. «Be', qui la realtà di un triplice ergastolano supera la fantasia di uno scrittore romantico popolare» scrive.

Il viaggio di Cannavò prosegue anche nei reparti dove è più difficile comprendere e capire, dove lo sguardo si volta altrove, dove l'efferatezza e la turpitudine raggiungono gli abissi più profondi. L'autore annota e ascolta. Come un medico delle vite. Più avanti vedrà celle stracolme di immigrati, gente con le imputazioni più varie. C'è un detenuto «con gli occhi da cerbiatto» che professa a gran voce la sua innocenza e che per protesta si è cucito le labbra. «Jeder, il cognome lo tengo per me sperando che nelle maglie della giustizia si sia inserita la provvidenza. E magari la verità.»

Jeder è musulmano, come tanti, forse la maggioranza degli ospiti di San Vittore. Don Luigi, il cappellano del carcere, non ci pensa quando Cannavò gli chiede se non si senta un po' fuori posto con poche anime da amministrare e troppe per-

sone da consolare in lingue che non conosce. E forse dai racconti di don Luigi Melesi, salesiano che vive immerso in questa umanità decomposta, si comprende la ragione profonda che mosse papa Giovanni ad andare a Rebibbia, o Martini e Tettamanzi a compiere i primi atti del loro apostolato dicendo messa tra le sbarre, benedicendo gli ultimi. Martini racconta che l'idea della cattedra dei non credenti gli fu data proprio da don Luigi. «Ci pensai su due anni, poi mi venne in mente l'apologo raccontato da Ratzinger: "Forse è vero, forse non è vero", a dimostrare che in noi c'è il credente e il non credente.» Pensate, il seme fecondo del dialogo interreligioso fu gettato in un carcere, là dove non sembrerebbe germogliare nulla. «Forse è vero, forse non è vero.» È anche l'apologo di Cannavò e il suo seme gettato con questo libro.

Ferruccio de Bortoli

A PROPOSITO DEL LIBRO DI CANDIDO CANNAVÒ

In diverse circostanze durante l'anno mi è dato di varcare le porte del carcere e rispondere così al desiderio di incontrare le persone detenute. Lo ritengo un mio dovere di Vescovo, ma soprattutto un bisogno del cuore e una grazia del Signore. Nel tempo breve ma intenso della visita, mi affaccio su di un mondo complesso e articolato, segnato dal dramma del male e dal peso della reclusione, ma anche dal tentativo sincero di costruire una vita quotidiana nella quale far fiorire un clima di umanità e di solidarietà.

Nelle pagine di questo testo di Candido Cannavò ho trovato numerosi spunti, segni e descrizioni di questo clima. Cosa succede dietro le mura di San Vittore? Come si vive? Come si riesce ad amare ancora la vita?

Una sottolineatura tra tutte mi ha particolarmente colpito: la ricerca dell'incontro con il Signore. Mi sembra che questa ricerca, come in filigrana, percorra la vita in carcere e le pagine di questo libro. Si rivela, in particolare, nella celebrazione domenicale della Messa, sia nella «Rotonda» del carcere di San Vittore – quella sorta di piccola piazza circolare dalla quale partono i raggi delle varie celle – sia nella spoglia cappella della sezione femminile. Questa stessa ricerca segna in profondità figure emblematiche come quelle dei cappellani, pronti a portare ogni giorno la consolazione e la forza della parola di Dio nella vita delle persone recluse, o quelle dei volontari come Valerio, che da più di tredici anni dedica silenziosamente, con grande umiltà e con più grande amore, tutto il suo tempo ai detenuti, e che trova nella fede il segreto e l'energia per vivere questo impegno.

Sono testimonianze, fatti di vita che possono insegnare tanto a ciascuno di noi.

Soprattutto sono esempi che ci spingono a guardare con occhi diversi la realtà del carcere, non solo come luogo di pena, ma anche e soprattutto come luogo di riscatto e di cambiamento di vita. Quanto più sarà viva l'attenzione della società, quanto più ci saranno persone disponibili a operare a favore della «crescita in umanità» delle e nelle carceri, tanto più si potranno riaccendere nei detenuti la fiducia di ritrovare una dignità e onorabilità, la forza di sognare e costruire un futuro, la volontà di realizzare un reinserimento positivo nella società.

Quando visito le carceri ricordo ai detenuti che nonostante l'essere reclusi, è loro possibile, anzi doveroso, coltivare e promuovere in se stessi una vera libertà interiore. È la libertà dal male, dall'egoismo, dall'ingiustizia, dall'odio, dalla sopraffazione, dalla vendetta. Ed è una libertà che nasce dalla certezza di essere amati da Dio, il Padre di tutti che ricerca senza posa ogni uomo per salvarlo, per liberarlo dal male e per renderlo felice.

Ogni azione buona, ogni gesto di solidarietà compiuto a favore di chi è in carcere è un segno visibile – piccolo, forse, ma prezioso e confortante – dell'amore di Dio, un segno che contribuisce efficacemente a ricreare percorsi di libertà e di speranza.

† Dionigi card. Tettamanzi
Arcivescovo di Milano

A Luigi Pagano, un uomo vero,
che dirige San Vittore sotto due bandiere:
la legge e la dignità della persona.
Ai detenuti e alle loro speranze.
Agli agenti, ai volontari, ai medici, agli educatori,
ai cappellani, agli impiegati e a tutti gli uomini
e le donne che aiutano un carcere a vivere.
A Franca, ai nostri figli e a quanti sono stati partecipi di
questa mia grande esperienza umana e professionale.
A tutti coloro che, leggendo questo libro,
guarderanno il carcere con maggiore
comprensione e rispetto.

INTRODUZIONE

L'autista che mi accompagnava due o tre volte la settimana in piazza Filangieri, dove è impossibile parcheggiare, un giorno si fermò davanti al carcere e mi guardò in faccia, da amico: «Sia sincero, che cosa sta succedendo? Comincio a preoccuparmi». E io, di puro istinto, improvvisai una storia. Gli raccontai degli infortuni, peraltro verissimi, in cui può incorrere il direttore di un giornale. Gente causidica, talvolta malvagia, decine di querele, cause penali e civili: non c'è mai pace. E aggiunsi: «Insomma, a tutti può capitare un inciampo: caro Alvaro, mi sono preso sessanta giorni di carcere e ho deciso di scontarli. Non avendo precedenti penali e vantando qualche piccola benemerenza sociale, mi hanno concesso un regime rateale: dalle sei alle dieci ore per settimana».

Il tenero autista rimase scosso: «Se l'hanno condannata, deve essere stato per una buona causa...». Non ho fatto in tempo a ringraziarlo per questa generosa interpretazione della mia pena. Lui è tornato in sé e mi ha mandato gentilmente a quel paese. Poi ha innestato la marcia e non l'ho rivisto sino all'indomani.

L'aneddoto col quale introduco questo libro scandisce, nella sua frivolezza, otto mesi della mia vita. San Vittore è stato, dal marzo al novembre del 2003, il mio posto di lavoro, la mia seconda casa, l'approdo per un'esperienza professionalmente unica e umanamente preziosa, un viaggio tra uomini e donne che vivono, seppur in condizioni diverse, su una frontiera drammatica. Alcuni da dannati o da disperati, ma tanti altri – la gran parte – in bilico sul confine della vita: basta una spinta per precipitarli nell'inferno e un piccolo aiuto per recuperarli tra i vivi con quella dignità che quasi tutti hanno conservato.

Sono partito in tutta umiltà, con animo sgombro, privo di prevenzioni, attratto da un luogo che frequentavo, sia pure a spizzichi, da tanti anni per iniziative diverse. All'inizio tutto sembrava buio, difficile da esplorare, poi via via sono uscito dal tunnel della mia ignoranza per arrivare a una conoscenza sempre più profonda di uomini e cose. E quell'ambiente ignoto, problematico, giorno dopo giorno è diventato normale, direi quasi familiare, grazie anche – credo – al mio atteggiamento sempre positivo nei confronti della comunità che mi stava ospitando. Detenuti, agenti, funzionari, volontari, dirigenti, avvocati, educatori, medici: tutti sulla stessa barca. E io con loro.

Aver cominciato il viaggio dal settore femminile mi ha aiutato molto. La donna, si sa, è un pianeta più complesso e affascinante rispetto all'uomo, perché in lei c'è l'oggi e il domani della vita. E tuttavia questo mondo è più semplice, più organizzato, ha una comunicativa diretta, essenziale. Anche in un carcere. Il settore femminile di San Vittore è una miniera dal punto di vista umano, una sorta di romanzo che si scrive ogni giorno da sé. Conoscerlo e frequentarlo ti dà meno sgomento di quello maschile, anche quando tra le donne trovi – vergogna, signori ministri – bambini appena nati che conosceranno il mondo attraverso il carcere, giocheranno in una piccola nursery, amati e sbaciucchiati da detenute e da affettuose agenti di polizia penitenziaria e, al compimento dei tre anni, saranno strappati brutalmente alle mamme per finire con molta probabilità in un istituto.

Sono scene che destano orrore. In quei drammatici e disumani momenti si celebra il rito conclusivo di una barbarie pregressa. Dove è finita, signori ministri, e quale applicazione trova la famosa legge Finocchiaro sulle misure alternative al carcere per le madri? Un annuncio, uno svolazzo, titoli sui giornali, interviste in tv. E poi? Un giorno ho incontrato a San Vittore persino una creaturina di sette giorni. E mi sono vergognato di me stesso.

Viaggiando nel piccolo carcere delle donne e in quello, enorme e intasato, degli uomini, ho raccolto storie di tenacia, di intelligenza, di fantasia, di speranza infinita e anche d'amore che possono apparire incredibili in quel contesto di espiazione e di dolore, nell'angustia di celle decenti o appena vivibili e in altre che, giuro, sembrano spelonche per dannati. Come quelle dei «protetti», sesto raggio, secondo piano: repellenti, vergognose, degne di un Paese incivile, signori ministri che vi riempite la bocca di parole. E giorno dopo giorno, incontrando persone, partecipando a cerimonie o a piccole feste, raccogliendo confidenze talvolta strazianti, ascoltando progetti di un futuro disegnato magari al di là del 2020, seguendo il lavoro durissimo degli agenti e lo straordinario impegno dell'esercito dei volontari (il tesoro nascosto d'Italia), ho scoperto che San Vittore, il terribile mostro di cemento che la frivola Milano devota alla dea Immagine vorrebbe cancellare, ha un'anima. E io da quest'anima mi sono lasciato conquistare. Lo confesso a testa alta, senza alcun pudore. E ho scoperto pure che parlare con un detenuto – salutarlo appena, porgli una domanda – è come regalargli un piccolo brandello di vita, una testimonianza della sua esistenza.

Nessuno di noi possiede la verità. Ma viaggiando nel dubbio mi sono costruito alcune solide convinzioni.

Tra le quali una che sembra la più ovvia, la più banale. La consegno ai miei concittadini del mondo esterno come un onesto, e non bigotto, manifesto di moralità, ma anche di puro realismo. Il nostro rapporto con il carcere è sbagliato, ipocrita, controproducente. L'unica «garanzia di civiltà» che chiediamo è che «quella gente» resti ben chiusa, che non disturbi, che i parenti non inquinino il quartiere con la loro presenza o, magari, facendo la fila al mattino nei giorni dei colloqui. In nome della sicurezza, «quella gente» non deve esistere nella geografia di una città-vetrina come Milano. E noto con sgomento che un sindaco bravo come Gabriele Albertini si fa vessillifero della biblica soluzione finale: che scompaia San Vittore, che venga demolito, che Milano sia liberata della sua sinistra presenza.

E invece io dico – anzi giuro – che la presenza di quell'edificio, a parte il suo valore architettonico (fu alla fine dell'Ottocento il carcere più moderno d'Europa: un vanto, non una vergogna), è importante perché la gente ricordi ogni giorno che la società è composta di sani e di malati, di cittadini onesti e di uomini che hanno deviato, di chi annega nella ricchezza e di chi non ha di che sfamare i propri figli, di santi e delinquenti. Il carcere fa parte di questa società, come le scuole, le chiese, gli ospedali. Non puoi nasconderlo per imbellettare una città dove si continuerà a delinquere a ogni livello, come in tutte le città del mondo, e dove continueranno a esistere i problemi e i risvolti illegali dell'integrazione e dell'emarginazione: è un vile inganno, una fuga dalla realtà. Quelle mura al centro della metropoli sono una testimonianza di verità. E anche un monumento, acquisito da oltre un secolo, della fisionomia urbana. Milano ha la Scala, il Duomo, la Fiera, San Siro, San Vittore e quel che resta dei Navigli.

Ma la mia convinzione si spinge oltre. San Vittore non è quella pattumiera che tanta gente immagina. In un crogiuolo di tensione, di dolore, di sgomento, di vuoto, di rabbia, di violenza, di attesa, c'è anche un immenso potenziale umano – di lavoro, di fantasia, di intelligenza – di cui bisogna tenere conto anche in senso volgarmente utilitaristico. Un giorno questa gente lascerà il carcere. È meglio accogliere cittadini recuperabili o relitti senza speranza? Le famose garanzie di sicurezza che tanta gente invoca passano anche per questo dilemma al quale una società organizzata dovrebbe saper rispondere nella maniera più ovvia e più utile, senza coprirsi gli occhi. Sono fermamente convinto che la percentuale di recupero sia altissima. E la mia coscienza – credo quella di tutti – si rivolta dinanzi al sospetto, molto spesso fondato, che in carcere siano rinchiuse, in attesa di giudizio, creature innocenti. Non di un'innocenza gridata, ma talvolta reale, palpabile.

Ho vissuto la disperazione di ragazzi abbandonati dal mondo quando consegnano a una gentile volontaria, che potrebbe essere la loro mamma o la loro nonna, il numero telefonico di un avvocato perso di vista. Non lo sentono da mesi: che faccia qualcosa, non li abbandoni.

La vergogna, credetemi, non è San Vittore, dove si fanno miracoli di buona volontà per difendere la dignità delle persone e per mantenere legami, anche di lavoro, con la società esterna. Vergogna ormai endemica è l'accettazione di un carcere costruito per ottocento persone e costretto ad accoglierne abitualmente il doppio. E addirittura il triplo negli anni Ottanta e nei primi Novanta, quelli di Tangentopoli. Molti personaggi importanti gridarono allo scandalo per le condizioni delle loro celle, ma nessuno aveva mosso un dito contro quello sconcio prima di farne un'esperienza diretta. Sullo sfondo c'è una triste verità: il carcere non porta voti. Nessun partito ha mai incluso nel suo manifesto elettorale i problemi reali di un carcere, la necessità di coniugare sicurezza e civiltà con il fine supremo previsto dalla Costituzione: il recupero del cittadino. La legge Gozzini, che istituì una sorta di meritocrazia nel carcere, fu promulgata nell'86. Dopo non è successo più nulla, anche se siamo entrati nell'èra, nelle esigenze e nei grandi problemi della società multirazziale.

Mi piace immaginare che questo libro – grazie anche ai momenti catturati dall'obiettivo di Roby Schirer – accompagni per mano il lettore dentro le vecchie mura di San Vittore: senza proclami, senza retorica, senza prevenzioni, ma con il semplice scopo di farglielo conoscere. Ricordando con rispetto, solidarietà e amicizia le persone che ho incontrato dentro il carcere, faccio un censimento dei sentimenti, dei dolori, delle tenerezze che mi porto dietro. E ricordo una ragazza di pelle nera che un giorno, raccontandomi la sua storia, accese in me la scintilla per questo viaggio. Si chiama Melodia. Se fossi musicista, tradurrei in note la sua dolcezza, la sua intelligenza e soprattutto la sua dignità. Coinvolta per semplice presenza in un reato non suo, ha rinunciato a un vantaggioso patteggiamento «perché l'innocenza non si patteggia». E io, senza consultare le carte, su quella innocenza giurerei dinanzi a un giudice supremo.

C'è un uomo valoroso che per la vita attiva e per la dignità dei carcerati si batte ogni giorno. Si chiama Luigi Pagano. Dirige San Vittore da quattordici anni. Tutti gli vogliono bene. In lui vedo il più felice incrocio tra la solidarietà umana, la voglia di migliorare le cose e il più rigoroso rispetto della legge. Il mio grazie risuona idealmente in tutte le pagine di questo libro.

c.c.

I

QUEL GIORNO DI SANGUE A BAD'E CARROS

«Era l'estate dell'81: esattamente il 17 di agosto, un lunedì sinistro e malvagio. Caldo stagnante, appiccicoso anche nella ventosa Sardegna. Vista da Nuoro, la Costa Smeralda è lontana quanto la California. Nel carcere di Bad'e Carros, dopo mezzogiorno, i detenuti avevano lasciato le celle per l'ora d'aria. In quella casa di pena io ero arrivato da poco, come vicedirettore. Avevo ventisette anni ed ero orgoglioso di essere il vicedirettore Luigi Pagano. Mi ero laureato a Napoli in criminologia col professor Alfredo Paolella, uno di quei personaggi ai quali resti devoto per sempre. Non c'è più: lo uccisero quelli di Prima Linea. La mia è stata una scelta culturale e professionale: occuparmi delle carceri, un mondo dove convivono dolore, prostrazione, fede, abbandono, odio, pentimento, talvolta anche brutalità, ma dove c'è anche un senso infinito di umanità e dove una vita può anche rinascere.

«Mi attirava irresistibilmente l'idea di lavorare in un carcere: in un certo senso, equivale a viverci. Prima di arrivare a Nuoro mi ero fatto la mia esperienza a Pianosa, incrociando quelli della banda Cavallero e gli uomini del delitto Moro. Ma Nuoro, Bad'e Carros, fu qualcosa di più di una svolta. Vi erano rinchiusi, in una mescolanza esplosiva, pluriomicidi, professionisti dei rapimenti, capimafia, delinquenti comuni, camorristi, terroristi politici. Unico filo di congiunzione: l'ergastolo, singolo o plurimo.»

In quel 17 di agosto Francis Turatello, faccia d'angelo un po' appassita, comparve nel cortile del carcere insieme con Antonio Colia, un gregario di Renato Vallanzasca, che gli faceva da scorta. La rivalità tra i due famosi banditi che riempivano le cronache aveva superato il punto più acuto, sfociando in una sorta di armistizio. Francis aveva trentasette anni e si portava addosso il miscuglio di tante vite ruggenti. Delinquente sin da ragazzino, quando picchiava i vecchietti e rubava biciclette, aveva preso laurea criminale all'estero, partecipando a una rapina a mano armata a Bruxelles. Dopo questo debutto, aveva messo insieme un'enciclopedia di delitti, evasioni, arresti, stragi, bische clandestine, racket pari a quella delle sue conquiste femminili. Somigliava a James Dean, le donne gli cadevano ai piedi. Era il capo inflessibile che comanda dall'alto, ma che sa scendere anche direttamente sul campo con atti di ferocia. In carcere conosce anche Frank Coppola e il vecchio capomafia se ne innamora, pensa persino di farne un figlio adottivo.

Quando lo trasferirono a Nuoro, i suoi ardori sembrava si fossero placati, anche quelli di conquistatore, dopo il matrimonio con Maria Marzulli, celebrato il 25 settembre del '77 nel supercarcere di Cuneo. A Bad'e Carros Turatello, nei tre mesi di permanenza, si era comportato in modo esemplare. Aveva pochi rapporti con gli altri detenuti, ma si mostrava gentile con tutti, soprattutto con gli agenti di custodia e con il personale del carcere. Coltivava strategie giudiziarie dispendiose (poteva permettersele, pagando fior di avvocati) e speranze in una forte riduzione della sua pena. Anche a cinquant'anni – diceva – si può ricominciare a vivere.

«Quella mattina» ricorda Pagano «a prendere l'ora d'aria erano in diciassette, numero persecutorio: Turatello e altri sedici. Credo che sia difficile immaginare una scena più brutale. Tutto rigorosamente premeditato. Gli piombarono alle spalle e lo affrontarono in quattro: due per immobilizzarlo, due per massacrarlo a coltellate. Furono contate più di cento ferite nel corpo straziato di Francis, faccia d'angelo precipitata nell'inferno. I killer erano due catanesi, Salvatore Maltese e Vincenzo Andraus, il messinese Antonino Faro e il napoletano Pasquale Barra, tutti super ergastolani, naturalmente. L'unico a gridare fu il neofascista Concutelli, ma gli dissero di starsene buono se non voleva rimetterci la pelle.

«Turatello venne squartato: uno dei killer gli tirò fuori le budella e fece l'atto di mangiarsele, in segno di dispregio vomitevole e solenne. L'allarme suonò subito. Trenta secondi per intervenire, ma non c'era più nulla da fare: il lavoro di macelleria si era compiuto. Quella scena mi resta conficcata nella memoria. Come qualcosa di macabro e osceno, del tutto opposto al concetto di "vita del carcere" che io coltivo sin dal primo giorno della mia attività. Uno si chiede giustamente: come possono entrare tanti coltelli in una galera di massima sicurezza? E ammesso che entrino, perché sfuggono ai successivi controlli? Lo so, è difficile da capire. Ma la fantasia è infinita e le complicità non mancano. Quando un coltello entra in carcere, il nascondiglio più comune è l'ano, con la lama avvolta nella plastica. C'è chi ha inghiottito persino degli esplosivi. Il carcere è anche questo.»

Ho ricostruito con l'aiuto di Luigi Pagano il racconto della spietata esecuzione di Turatello. L'uomo che ne fu testimone dirige dall'agosto 1989 il carcere milanese di San Vittore che nel 1879, quando venne inaugurato, era la casa di pena d'avanguardia in Europa, la prima a struttura panottica, cioè a raggi che si dipartono da un nucleo centrale. Il modello era quello di Filadelfia. Il governatore di questa «cittadella», costruita in una periferia milanese ora diventata cuore della metropoli, si chiama Luigi Pagano, è nato a Cesa, in provincia di Caserta, nel giorno di Pasqua del 1954. Prima di approdare a Milano è passato per Pianosa, Nuoro, Trani, Alghero, Brescia e Taranto. Un quarto di secolo senza stanchezze, con una passione irreversibile per la sua scelta di lavoro e di vita. Se gli telefoni per gli auguri di Natale, ti dice: «Dove vuoi che sia? A San Vittore». Se stai facendo una vacanza invernale in un mare caldo, hai vergogna quando scopri che lui è sempre là: con i suoi amici di San Vittore. Se c'è una cerimonia ufficiale, non lo trovi mai tra le autorità, nella famosa «Rotonda», ma tra quelli che, dietro le quinte, si danno da fare perché tutto vada bene.

Il carcere per Pagano è, come si suol dire, casa e bottega, lavoro e famiglia. La moglie Maria Antonietta, che lavora in un ospedale, e le due figlie Valeria e Roberta vivono con lui in un appartamento all'interno «con qualche problema, sinora superabile». Valeria ha ventun anni, Roberta diciannove. «Mi sono sposato a Torre del Greco ventiquattro anni fa, facevo pratica in uno studio legale prima del concorso per l'amministrazione penitenziaria.»

Luigi Pagano è piccolo, ha capelli corvini, occhi grandi e scurissimi che non pungono: ti invitano all'amicizia. Gira in maglietta per il carcere, affrontando con toni sommessi, e persino con dolcezza, spaventosi problemi quotidiani. «Abbiamo tirato fuori sette letti: questa è una buona notizia.» E la giornata va avanti. Hanno rimesso a nuovo il terzo raggio: lui ti invita a visitarlo, come si farebbe con il salotto di casa. In effetti lo è, nelle angustie di San Vittore. Ora ne stanno ristrutturando un altro, il quinto.

Questo direttore amabile ed efficiente, milanese consacrato, come tutti quelli che sono stati adottati da una metropoli senza barriere, mantiene nel suo carcere lo stesso rapporto con tutti: detenuti, personale amministrativo, agenti penitenziari – che sono un migliaio –, educatori, assistenti sociali e volontari che lui definisce «un patrimonio prezioso di umanità», oppure «la vera speranza del nostro tormentato Paese». Ha incrociato i più celebri banditi del dopoguerra, ma anche i politici e i grandi manager di Tangentopoli, da Cusani a Darida, da Nobili a Carra: «In tutti c'è stata dignità. Il suicidio del dottor Cagliari è tuttora una ferita aperta: nulla lo lasciava sospettare, gli avevo parlato pochi giorni prima».

Il ricordo sanguinoso di Bad'e Carros appartiene alla sua preistoria, come un incubo o come la metafora di un barbaro disegno opposto alle sue convinzioni: il carcere è dolore, ma la vita deve continuare. E Pagano considera male, anzi malissimo, l'eventuale trasferimento del grande carcere milanese di cui ogni tanto si discute. Lui parla di San Vittore come di «un luogo dove hai il piacere di sentire la città che ti pulsa attorno». Lo sgomenta l'idea di un carcere moderno e isolato, neutro, asettico, lontano dall'anima di Milano. E poi mi sorprende quando allarga le braccia e dice: «San Vittore ha un grande nome. Ma sai cos'è adesso, nell'epoca delle carceri di massima sicurezza? Questo è un posto per povericristi. Molti sono extracomunitari. Storie di droga, povertà, emarginazione, sì, anche omicidi, ma delinquenza comune, sottoprodotto del male. Sono poche le vicende che hanno fatto cronaca. La cosa peggiore per questa gente è sentirsi abbandonata, non trovare uno spiraglio, un piccolo scopo. Tutto serve a evitare il senso di vuoto, anche le cose minuscole. Un libro, un corso di artigianato, una scuola per l'uso dei computer, un torneo sportivo, una chiacchierata con l'assistente sociale. E noi siamo qui per questo. Giorno dopo giorno».

Non ho davanti un missionario, ma un uomo tremendamente normale che impasta il suo eloquio musical-napoletano con idee semplici e precise da tradurre in pratica il più presto possibile «perché nel carcere c'è sempre l'urgenza dell'oggi». E poi confessa di avere avuto una fortuna: fare un lavoro che gli piace. In un carcere, pensate. «Qui dentro» aggiunge «ciascuno crede in qualcosa. E c'è, ti assicuro, anche una ricchezza umana inesplorata.»

Frequento da più di un decennio l'antico edificio milanese e l'uomo che lo dirige. Ho collaborato, con «La Gazzetta dello Sport», a iniziative di diverso genere in chiave di aiuto e solidarietà, ho conosciuto detenuti giovani, dinamici, intelligenti, di cui mai si potevano sospettare i reati: ci saresti andato volentieri a cena. Ora ho deciso di mettermi in cammino, perseguendo una sorta di utopia: vado a caccia della «ricchezza nascosta» di cui Pagano mi parla. La cupa oleografia di San Vittore si rischiara: immagino che il carcere di Milano, nella drammatica quotidianità, non sia più relegato ai confini della vita. Mi invita, anzi, a vivere – nel dolore, non nell'inferno – storie comuni di avvincente umanità.

II

A MESSA CON LE DETENUTE

È una domenica milanese d'inverno, ma c'è il sole. Non quella lampada votiva che qui chiamano sole, ma un sole vero. L'ispettore Carmela Fascetta si è messa in divisa e mi aspetta davanti al carcere, in piazza Filangieri. È una siciliana dagli occhi chiari, di imponente struttura fisica, consapevole del suo ruolo, ma di facile comunicativa. Una donna fiera, buona, dinamica. Cammina un po' militarmente con le mani incrociate dietro la schiena, ma si scioglie presto in atteggiamenti confidenziali.

Crede in quel che fa. Nata nel cuore della Sicilia, in provincia di Enna, ha maturato presto l'idea di lavorare in un istituto di pena, con la stessa spontaneità di chi decide di diventare sarta, impiegata di banca, professoressa o di chi sceglie la vita di un circo.

Tredici anni fa la giovane Fascetta approdò a San Vittore, dove ha cominciato da vigilatrice. Ora è responsabile del settore femminile, che è una piccola fetta del penitenziario situata nella parte anteriore, fuori dalla classica geografia dei sei raggi. Lei gestisce la vita del reparto e ne risponde direttamente al direttore. Ogni tanto prende in mano una chitarra, che tiene regolarmente in carcere, e improvvisa un piccolo concerto, rispolverando un'antica vocazione. Detenute e sorveglianti insieme. In occasioni particolari arriva il direttore. Luigi Pagano si diletta con il sassofono, ma in privato o tra amici. «Senso del pudore» dice. Il carcere è anche questo. Le ospiti sono centotrenta, tra le quali cinque mamme con bambino che godono di una piccola nursery.

Carmela mi ha dato appuntamento per la messa della domenica, durante la quale potrò ascoltare i canti di un coro composto dalle stesse detenute. Con lei c'è Marina Signorelli, una giovane signora milanese, atletica ed elegante, che fa l'educatrice, un ruolo dove tutto è compreso, dall'attività sportiva all'organizzazione di piccoli eventi sino al vastissimo campo dell'assistenza sociale. Marina insegnava educazione fisica in un istituto scolastico milanese per ricchi, molto esclusivo: a un certo momento si è sentita galleggiare nel vuoto e ha preferito il carcere. «Dalla crème alla merde», così qualche esemplare di cretino ha commentato la sua scelta.

Manca ancora un quarto d'ora alla messa, ma nella chiesetta già c'è un gruppo di cantori arrivati da una parrocchia vicina. È così ogni domenica. Sono ragazzi e ragazze. Il maestro è uno di loro. Strapazza con destrezza una pianola, facendo danzare i suoi foltissimi e altrettanto inquieti capelli. Anche il prete è giovane, si chiama don Alberto. Lo assistono un paio di seminaristi, ragazzi rapati alla Ronaldo che potresti incontrare in discoteca. Le donne di San Vittore affluiscono in chiesa a piccoli gruppi: colombiane, croate, romene, ecuadoriane e italiane, naturalmente. Non tutte: solo chi vuole. C'è libertà di scelta. Meno della metà delle detenute si recano a messa. Non ci sono, per esempio, la Gucci, né la Auriemma, protagoniste di un tragico fumettone italiano e destinate a un lunghissimo soggiorno a San Vittore. Nel vedere certe giovanissime, intuisci le loro piccole storie dalle quali riemerge, silenziosa e rassegnata, la disperata emarginazione degli extracomunitari senza permesso, insieme al dramma strisciante della droga.

In una delle file centrali, si appartano due signore di età avanzata. La più anziana ha i capelli tirati all'indietro e raccolti in quello che in Sicilia chiamano «tuppo». Mi ricorda Pupella Maggio. È stata il capo assoluto di una «famiglia» calabrese molto potente, incrocio di ogni genere di vicende giudiziarie. Parentele e discendenze all'altezza della fama: delitti, arresti, retate, rapine, evasioni. Ora la signora ha l'aspetto mite e dolce di una nonna. Così la chiamano, infatti: la nonna di San Vittore, dove vive da tempo immemorabile, senza coltivare speranze al di là delle mura. Regge in mano la corona del rosario e, in attesa della messa, lo recita sottovoce insieme con una donna piccola, grassa e un po' affannata, con la quale divide la sua cella, quando a San Vittore non c'è sovraffollamento.

Non potevo mai immaginare che un carcere dal nome sinistro e dalla terribile fama mi facesse riassaporare, in una domenica d'inverno, la spiritualità di una chiesa. Non vedo sovrastrutture, non esistono paramenti, non ci sono pulpiti, né madonne con manti dorati, non c'è quella ritualità convenzionale delle grandi chiese affollate della domenica, dove la religiosità sa di abitudine e talvolta di passerella. Tutto è semplice, essenziale, soprattutto vero, nella cappella femminile di San Vittore. Il clima che si respira è quello della grazia, dei buoni pensieri, di una speranza che può arrivare dal cielo. È bello pregare in questa chiesetta dalle mura bianchissime, con arcate in legno rustico e un piccolo altare con un trittico sullo sfondo: Cristo in croce e due donne che ne piangono il martirio. Ed è ancor più bello scoprire quanto festosa possa essere questa ventata di spiritualità. Anche la musica è grazia del cielo. Il coro dei ragazzi della parrocchia si mescola con quello delle detenute. Le dirige un altro giovane prete, con gesti galvanizzanti. Nulla di liturgico tradizionale nel repertorio: ritmi moderni, con un tocco di gospel, un'ombra di rock e un musicale batter di mani al momento dell'Osanna.

Erano uomini senza paura
di solcare il mare pensando alla riva.
Barche sotto il cielo,
tra montagne e silenzio,
davano le reti al mare
vita dalle mani di Dio.

C'è un fruscio alle mie spalle. È arrivata in punta di piedi un'agente in divisa blu, alta e bruna, dal volto tizianesco. Tra poco saprò che si chiama Valentina ed è toscana di origine. Regge in braccio una bambina dai capelli ricci e corvini, bruna di pelle. Ha quindici mesi, le si abbarbica al collo come spinta da un desiderio di possesso. E scruta, dalla sua dolce postazione, quel piccolo mondo che le sta intorno con due occhioni rotondi e uno sguardo languido e infinito. (Chissà per quale trasposizione emotiva, rivedo il «Bambino Gesù» di Gibellina, quel frugoletto col succhietto in bocca che vidi disseppellire, ancora vivo, quaranta ore dopo il terremoto del '68, da un vigile del fuoco milanese in un mattino di gelo e di miracolo. Giuro che gli occhi della bambina del carcere erano quelli di un indimenticato Franco siciliano, che oggi ha trentacinque anni.)

La mamma vera della bambina è una giovane romena, ma il tenerissimo rapporto tra quella creaturina e la bruna agente carceraria mi fa pensare che le mamme possano essere tante. E che questo pezzetto di carcere ospiti una collettività dove i diversi ruoli si mescolano sotto lo stesso tetto, perché in fondo non c'è gran differenza nella giornata di sorveglianti e detenute. Forse sono pensieri e immagini di una domenica speciale. Chiedo alla romena perché si trovi a San Vittore. No, non è la solita questione di droga: lei ha rubato nei negozi per sopravvivere. Uscirà presto, magari per rientrare. Talvolta il carcere è il posto più rassicurante che la vita ti offre.

Prima che un sole più alto vi insidi,
prima che il giorno vi lasci delusi
riprendete il largo
e gettate le reti:
barche cariche di pesci
vita dalle mani di Dio.

La musica adesso lascia spazio a un racconto di don Alberto. «C'era in un paese della Campania un terribile bambino, che non aveva amici, viveva da piccolo boss e minacciava tutti nella scuola. Aveva dieci anni. Un giorno si presentò alla maestra con un coltello in mano e le disse: "Io ti ammazzo". Lo sospesero dalla scuola. Era perduto. Poi uno spirito nobile propose di capovolgere il concetto: dare a quel ragazzo una responsabilità, nominarlo assistente del preside. La proposta fu considerata folle. Nessuno ci credeva. E invece si realizzò una stupefacente metamorfosi. Quel ragazzo non aveva conosciuto l'amore, aveva bisogno di fiducia. Al male non si risponde col male.» La parabola del prete plana provocatoria sull'attualità. Alla sinistra dell'altare è esposta la bandiera arcobaleno della pace, la stessa che è comparsa su migliaia di balconi d'Italia e d'Europa. Saddam è un bieco tiranno, ma la guerra aggiunge male al male. È la bandiera del Papa e di Gino Strada.

Vai a dire alla Terra
di tremare al passo tonante
dei messaggeri di pace, e proclama
la mia legge d'amore alle genti,
di' che i vecchi delitti ho scordati
e tra voi non sia odio né guerra.

«Vede quella donna laggiù, in prima fila? È una colombiana.»

E qui il carcere di San Vittore, per bocca dell'ispettore Carmela Fascetta, mi regala un'altra storia, quella del giorno in cui si rischiò l'incendio del reparto per un cortocircuito. «Io ero di riposo» racconta Carmela «quando arrivai il dramma era già scongiurato. Le mie più dirette collaboratrici furono bravissime. Il fumo dilagava e loro, senza aspettare autorizzazioni, si presero la responsabilità di aprire subito le celle. Senza questa prontezza, si sarebbe rischiato il soffocamento. Le detenute erano atterrite: vennero invitate a trasferirsi di corsa in un ambiente sicuro. E lo fecero in fretta. Tutte tranne una: quella colombiana. Lei, rivolta alla sorvegliante, disse: "Non la lascerò sola: andrò via per ultima insieme con lei".» E si piantò là.

Mi è venuto il desiderio di conoscere questa donna, ma non è il momento: siamo in chiesa. Lei è in prima fila, tra coloro che cantano.

III

ASCOLTANDO LA DOLCE MELODIA

Quando la messa arriva al Pater noster nella chiesetta di San Vittore si creano cordoni di mani legate. Suore, detenute, seminaristi, sorveglianti, ragazzi del coro parrocchiale. E noi con loro. Anche la vecchia boss calabrese si unisce a questa recitazione collettiva che sublima il rito della domenica.

Alla mia destra, nella fila opposta, c'è Melodia. È arrivata a messa appena iniziata con un passo da reginetta nera. Poi è andata a leggere un brano del vangelo in italiano, da brava cattolica osservante. Indossa un tailleur marrone, molto elegante, con pantaloni che garbatamente valorizzano le grazie del suo corpo. Melodia è una ragazza della Guinea Equatoriale. Fu arrestata nel '99. Vive da più di tre anni a San Vittore e la sua condanna ne prevede quasi otto. Uno immagina chissà quale delitto. Nella sua cartella c'è scritto: infrazione legge stupefacenti. Testuale. La droga era del suo fidanzato: 125 grammi di cocaina. Lei non c'entrava per nulla. Lui ha confessato e ha patteggiato, cavandosela con una condanna a cinque anni. Come ho già raccontato, lei si è rifiutata di scendere a compromessi «perché l'innocenza non si patteggia». E si è presa tre anni in più del suo ragazzo. Chi conosce Melodia la considera una ricchezza per questo posto di pena: ricchezza umana di fantasia, di amore, di filosofia di vita.

Io avevo incontrato la ragazza pochi mesi prima di questa domenica della messa, in occasione di una delle tante iniziative che hanno legato il mio giornale, «La Gazzetta dello Sport», al carcere. E le poche frasi scambiate in modo frettoloso e precario mi avevano lasciato addosso il desiderio di rivederla e di conoscerne la storia.

Finisce la messa e il carcere delle donne vive ancora qualche ora a celle aperte. Di domenica non si lavora. L'aria del giorno di festa è quella di antiche pensioni familiari con insegne ai balconi: «Camere con acqua corrente». Alcune detenute si aggirano per i corridoi, altre mettono a posto le celle, c'è chi lavora a maglia e chi – Giuseppina Auriemma – trasferisce in biblioteca una borsa piena di libri che ho raccolto per San Vittore. S'accorge che ne manca uno, *La Rabbia e l'Orgoglio* di Oriana Fallaci. L'ha preso una suora. La bibliotecaria Auriemma ci rimane male. Visito in fretta la biblioteca e propongo un appuntamento alla scrupolosa signora che la gestirà a lungo, vista la sua condanna per il delitto Gucci: diciannove anni e sei mesi.

Ora mi ritrovo nell'ufficio dell'ispettore Carmela, faccia a faccia con la ragazza luminosa e fiera che nella scheda figura come Melodia Ute Me Etim Chonco, nata in Guinea il 21 novembre '77, arrestata in Italia il 20 agosto '99. La Fascetta ordina di preparare caffè per tutti, ma Melodia si scusa: «Non sono abituata, non mi piace».

Melodia, come mai questo nome? «Piaceva a mia madre: io me lo son trovato, mi piace.» Il fascino della ragazza si arricchisce del suo garbato modo di esprimersi: gli occhi nerissimi comunicano pensieri rasserenanti, dalle labbra carnose escono sussurri. M'accorgo di una finestrella tra due denti, al centro dell'arcata superiore. Anche questo suscita simpatia. Non c'è ombra di tensione quando, dopo piccoli convenevoli, comincia un racconto, metà africano metà europeo, che parla di una grande famiglia, quattro fratelli, tre sorelle «che ora sono dispersi per il mondo». Il padre Mattheu muore presto, quando Melodia ha cinque anni. La mamma Faustina è bravissima, lavora nel commercio, guida la famiglia con piena dignità. Melodia viene mandata a completare gli studi a Cross River State, la città più vicina della Nigeria. Oltre allo spagnolo, che è la sua lingua, impara bene anche l'inglese. I dialetti delle tribù anche per lei sono incomprensibili. Consegue un diploma superiore che equivale alla nostra maturità scientifica.

«Nel 1995 avevo diciotto anni. E mi sono sentita in grado di affrontare l'avventura dell'Europa. Ho scelto la Spagna, Madrid, città affascinante, piena di storia e di modernità. Mi arrangio e studio. Faccio la baby sitter per guadagnare qualcosa e anche la modella, per un certo periodo. Mi chiamavano e andavo. Ho sfilato anche per Roberto Verino, uno stilista alla moda. A Madrid ero con il mio ragazzo, anche lui della Guinea. Ha dieci anni più di me, aveva un lavoro in Nigeria, io non sapevo nulla di certi suoi affari. Siamo stati bene insieme, gli voglio ancora bene, viviamo adesso nello stesso carcere, ci viene concesso un colloquio alla settimana. Il fattaccio è successo quando abbiamo deciso di fare un viaggio in Italia, nel 1999. La polizia ci ha fermato. Io ero tranquillissima, ma lui aveva con sé quella maledetta cocaina. Insisto: non ne sapevo nulla, l'ho ripetuto mille volte, l'ho giurato, ma non c'è stato nulla da fare. Sono stata coinvolta. Ho conosciuto il carcere. E sono ancora qui. La legge italiana è stata inflessibile con me. Mi hanno invitato più volte a confessare per accedere al patteggiamento della pena. Il mio ragazzo lo ha fatto perché era colpevole. Io non potevo, mi sono rifiutata: non si può ammettere una colpa inesistente per avere lo sconto di una pena che non meriti. Mi sembrava un'assurdità, una violenza su me stessa. E così, lui colpevole si è preso cinque anni, io innocente quasi otto. Dovrei lasciare il carcere nel novembre del 2006, ma non sarà così: ho fiducia, presto dovrebbero darmi l'affidamento, cioè la libertà con la garanzia di un lavoro. Sento che questo sogno è vicino. Però devo dirle una cosa che la stupirà: San Vittore mi resterà nel cuore.»

Melodia sente che il mio stupore è sacrosanto. Un carcere nel cuore: un carcere ingiusto, per giunta. La ragazza avverte l'esigenza di spiegarsi: «Io vedo donne che escono da San Vittore con la consapevolezza di dovervi tornare, prima o poi. Non hanno scelta. Io no: non tornerò qui, perché sento che la vita che sto costruendo mi riaccoglierà e avrò tempo per rifarmi, magari a fianco del mio stesso ragazzo. L'amore sopravvive ancora a questa disavventura. E noi lo coltiviamo. Ma sappia una cosa: da San Vittore uscirò più ricca. Ho venticinque anni, mi sono tenuta addosso la mia sofferenza, l'ho razionalizzata, l'ho tradotta in una esperienza positiva. Non c'è alcun fatto della vita, sgradevole o anche drammatico, dal quale non puoi trarre una dose di positività. E ho pensato che forse, se fossi rimasta fuori, mi sarebbe potuta capitare una disgrazia in discoteca. Ho scoperto pure che i sentimenti che si provano in un carcere sono diversi, certamente più veri, di quelli della vita normale. L'amore qui è una cosa importante, direi vitale. E ha orizzonti ed espressioni di una varietà infinita. In carcere ho arricchito la mia anima, la capacità di affetto si è dilatata. Ho incontrato quattro persone straordinarie, tre italiane e una colombiana, ma non le nomino: le tengo per me».

Apro uno squarcio e accenno all'amore fisico. Quanto ti manca, Melodia? Ma la ragazza non accusa turbamenti. «La cosa più importante è amare. E io amo. La mancanza di amore fisico credo sia drammatica per chi non ama, per chi ha un'anima vuota di sentimenti.»

E poi Melodia svicola via serena: «Io qui ho una vita

intensa, direi completa: lavoro, leggo, faccio sport, studio, ho il piacere di aiutare gli altri o di trasmettere qualcosa di questa mia filosofia di vita. Sono iscritta alla Open University di Londra, facoltà di Informatica e Matematica. Ho già completato i primi due anni, me ne mancano altrettanti per la laurea breve. Vengono qui i professori per gli esami. Potrei recarmi anch'io a Londra, è previsto: ma non ho ancora i requisiti, secondo il regolamento carcerario. Ho imparato l'italiano, seguo un corso di computer, un altro di maglieria e un altro ancora di montaggio televisivo tenuto da un tecnico della Rai. Mi preparo anche agli esami per operatrice turistica. I miei lavori sono diversi: pulisco la direzione, distribuisco la spesa nelle celle, guadagno qualcosa. Leggo libri essenziali: mi ha interessato Freud, mi sono piaciute molto le poesie di Alda Merini, l'ultimo libro che ho letto è *La forza del pensiero* di Ralph Waldo Emerson. Credo che la mente sia la parte meno esplorata del corpo umano. E poi, faccio sport, gioco a pallavolo: oggi è domenica e ci facciamo una bella partita. Sono qui da innocente, ma non ho rabbia. L'ho cacciata via, mi avrebbe distrutto. Sento che questa storia finirà. E io sarò più forte di prima: certamente migliore».

Un'ora è volata via. Credo piacevolissima per entrambi. Ho chiesto se potevo darle un bacio. Melodia ha gradito. Gliene ho dati due.

I perché

Perché oggi sono arrabbiata?
E con chi sono arrabbiata?
Perché sono qui a scrivere
quando potrei dire tutto con gli occhi?

E gli occhi...
Perché promettono e poi non mantengono?
Perché a volte sono tristi e altre allegri?
Perché tradiscono i nostri segreti
o semplicemente trasmettono emozioni?

Perché poi esistono le emozioni?
Emozioni che riescono più volte a traversare i nostri cuori
conquistando la nostra più grande ricchezza: l'amore
per poi condannarci a soffrire per un tempo senza fine?

Perché poi la sofferenza?
A volte dolce, a volte amara
A volte utile, a volte stupida e cieca
A volte con misura, a volte senza confini
A volte motivata, a volte senza ragione
A volte per gli altri, a volte per nessuno
Eppure destinata a ucciderci lentamente?

Perché la guerra col mondo
quando abbiamo già una guerra interiore da combattere?
O la pace
quando nessuno l'ha mai trovata?
Perché la prigione
quando siamo prigionieri della nostra esistenza?
O la libertà
quando in realtà non esiste
e siamo sempre condizionati dalla vita e dall'ambiente?
Perché la povertà
quando c'è tanta ricchezza sulla Terra?
O la ricchezza
che ci sarebbe abbastanza per tutti
però non basta mai a nessuno?

Perché esistono i perché?
Perché il sole, il giorno, le stelle?

Perché la pioggia, la notte, la luna?
Perché, perché... sempre perché?
Faccio a meno di chiedermi perché
Tutte le risposte sono dentro di me.

Melodia Chonco

IV

IL CORAGGIO DI UNA COLOMBIANA

Mi era rimasto in mente, mentre la messa della domenica scorreva, l'episodio del principio di incendio nella sezione femminile di San Vittore. E la fermezza della detenuta colombiana che si è rifiutata di fuggire dalla sua cella per non lasciare da sola la sua sorvegliante. Chiedo se è possibile conoscere questa donna e se lei è disposta a incontrarmi. Ed ecco che il carcere racconta un'altra storia di cui il gesto di quella notte è solo un piccolo capitolo.

«Mi chiamo Pastora Lopez, sì, proprio Pastora, ho quarantadue anni, vengo da un paesino colombiano che si chiama Pereira, in provincia di Medellín. Ho due matrimoni alle spalle: da un marito mi sono separata, il secondo è morto. Mi proposero un viaggio che poteva cambiarmi la vita. Ho ceduto. A parte l'affare, avevo una grandissima voglia di conoscere l'Italia e sa com'è finita? Ho conosciuto l'aeroporto di Linate e il carcere di San Vittore. Tutto qui. Arrestata, subito. Portavo della droga. Avevo superato il controllo all'aeroporto, ma i finanzieri ebbero sospetti sulla mia amica Girma, che viaggiava con me, e ci bloccarono entrambe. La roba non era visibile. Finimmo all'ospedale per una radiografia.»

Radiografia? Qui Pastora accusa un certo imbarazzo a spiegare i diversi sistemi con cui le donne trasportano droga. Depositi vaginali o anali, ma più spesso ovuli-contenitore da ingoiare e poi espellere, per via fisiologica, al momento giusto. Accade talvolta che questi ovuli si rompano nell'intestino, provocando un'overdose con rischio serio della vita.

«Fui arrestata il 3 marzo del 2000. Processo abbastanza rapido. Mi condannarono a quattro anni di carcere e 30 milioni di multa, ma penso di cavarmela prima. Se tutto va bene, mi spetterà una riduzione della pena di tre mesi per ogni anno di condanna. Attualmente fruisco dell'articolo 21. Lavoro fuori del carcere e rientro la sera. Faccio le pulizie in un ristorante che si chiama Capo Verde, in via Leoncavallo. I titolari, Sergio e Giacomo, sono persone bravissime, direi eccezionali per umanità. Sa qual è il mio sogno, dopo il carcere? Restare in Italia, mantenere un lavoro dignitoso, diventare italiana. Non ce l'ho con nessuno. Ho sbagliato e pago. Il carcere mi ha ripulito.»

L'idioma spagnolo della Lopez ha una bella musicalità sudamericana, ma lei si cimenta con disinvoltura anche con l'italiano. Pastora, cosa successe quella notte, quando stava per scoppiare un incendio nel settore femminile di San Vittore? «Successe che il fumo era tanto e dentro le celle chiuse tutte provammo una grande paura. Ma Roberta, una delle sorveglianti, fu bravissima. Aprì le celle maggiormente coinvolte – la 1, la 2, la 11 e la 12 – scongiurando per le detenute il pericolo di soffocamento. Preparammo subito degli stracci bagnati per proteggerci dal fumo. Le donne via via si misero in salvo, chi in fretta, chi con qualche difficoltà. La sorvegliante Roberta mi invitava ad andar via il più presto possibile. Io semplicemente le dissi che sarei rimasta con lei sino all'ultimo istante. E così feci. Una cosa assolutamente naturale. Vede, nel carcere non c'è finzione: si creano rapporti veri, anche tra detenute e agenti. E San Vittore, mi creda, sotto l'aspetto umano è un carcere particolare. Sa da cosa dipende? Glielo dico io: dall'uomo che comanda, da un direttore che rispetta il regolamento come il vangelo, e che considera i detenuti non come numeri, ma come persone.»

Pastora Lopez ha una faccia larga, occhi molto grandi, corpo da matrona, eloquio travolgente. Non si ferma. «Gliene racconto un'altra. Anzi due. I miei figli vivono negli Stati Uniti. Se n'è occupato il loro padre, il mio primo marito. Il più grande si chiama Alexander, ha ventitré anni, abita nel New Jersey e lavora a New York. Nel giorno del terribile attentato alle Due Torri stavo diventando matta per l'angoscia. Non avevo notizie. Sa chi mi ha aiutato? Il direttore Pagano e questa santa donna che è l'ispettore Carmela Fascetta. Hanno capito il mio dramma e hanno portato avanti in fretta le procedure per autorizzarmi a telefonare. Grazie al cielo, Alexander stava bene. Un altro giorno per poco non svengo quando mi arriva la notizia che mia figlia Tatiana è incinta. A quindici anni, pensi. Una follia. Io non mi do pace, mi metto a piangere. Mi consola la suora Carla. Poi arriva l'ispettore Carmela e mi dice: "Facciamo una festa, la festa di Pastora Lopez che diventa nonna, la festa di noi che diventiamo zie". È nata una bambina: si chiama Enely. Non so quando potrò conoscerla.»

V

LA RAGAZZA MANGIAFUOCO

Arriva Katia in divisa. Giovane, capelli a caschetto: rossi, ma non è il colore naturale. L'ispettore Carmela dice: «Le presento il mio braccio destro». A prima vista mi sembra che le due viaggino in perfetta sintonia, anche come carattere. Katia si scusa con me: «Deve aspettare cinque minuti ancora, perché Marta vuole mettersi un po' in ordine prima di incontrarla». Marta fa Santoro di cognome. Milanese di nascita, calabrese di padre e siciliana di madre. Prima di San Vittore, residenza ufficiale in un furgone. Non importa se in Olanda, Francia, Spagna, Germania o Italia. Venticinque anni di età e tante vite addosso, proprio tante per quella che anagraficamente è poco più che una ragazza. E direi anche una bella ragazza, con occhiali da intellettuale.

Le tante vite, le molteplici professioni – talune stravaganti, altre ispirate a una cultura istintiva – e la straripante creatività potrebbero rappresentare una grande ricchezza per chi ha ancora un lungo cammino davanti, ma ci sono due problemi. Li espone lei stessa, con un tocco di dolore e un altro di ironia: «Primo problema: sono tossicodipendente da quando avevo diciotto anni. A quindici ero fuggita di casa. Piglio una pillola ogni mattino. Sono assistita dal Sert (il Servizio per le tossicodipendenze) e dalla Uoc, che significa Unione operativa carceri. Secondo problema: il mio furgone si è scassato: non potrò più ripararlo, perché non si trova più una pompa diesel. Dovrò venderlo a pezzi. Magari sarà l'occasione buona per diventare una stanziale, fare una vita normale, avere una casa. Ho presentato domanda al Comune».

A San Vittore, Marta Santoro è una che si distingue. L'hanno battezzata, con tratti molto generici, «la giocoliera». Termine improprio e molto riduttivo.

Lei realizza, anche sulle pareti delle celle, disegni di genere classico: temi botticelliani, soggetti dionisiaci. Un suo poster è esposto anche nella sala dei colloqui con lo psicologo.

Lei produce candele ornamentali e le manda per Sant'Ambrogio alla fiera degli «Oh Bej oh Bej» di Milano per essere vendute.

Lei conosce l'arte della serigrafia e te ne illustra la tecnica con un senso di gioia.

Lei parla tre lingue ed è un'esperta di grafica sul computer.

Lei ha frequentato con successo un corso di erboristeria, uno sulle proprietà curative delle erbe e un altro ben più sofisticato sulle serre e sui vivai, con particolare riferimento alla difesa delle piante autoctone.

Lei, lei, lei... Socchiudo gli occhi e immagino una crudele discarica dove si disperde un tesoro di fantasia, di intelligenza e di disponibilità a esplorare la vita. Il vero delitto mi sembra questo immenso sperpero, non quel piccolo reato – di cui parleremo – che ha portato Marta a San Vittore.

Ma da dove nasce la storia della giocoliera? «Sono stata e sono ancora un'artista di strada, ma oggi credo di aver perso la manualità necessaria per un saggio da giocoliera, per esempio con le palline o con le asticelle. In realtà, il mio vero lavoro di strada è un altro: sono una mangiafuoco. Ho preso lezioni da un mio compagno spagnolo, che era bravissimo, e ho fatto spettacoli in mezza Europa. Mi sono aggregata anche a un gruppo di francesi. Ho passione e talento per quel lavoro. E poi con le torce in mano creo volteggi acrobatici, immagini fantasiose e spettacolari. Sì, questo potrei farlo anche adesso. Col fuoco si guadagnano un sacco di soldi, anche se l'offerta è libera. E ne avrei tanti, di soldi, se non ci fosse stata la droga di mezzo. La tecnica del mangiafuoco è semplice. Devi cospargerti le labbra e la bocca di un carburante a combustione lenta. La fiamma della torcia ti tocca, ma non brucia: tu moduli il tuo respiro, soffi ed ecco la sensazione del fuoco che entra ed esce dalla tua bocca.»

Marta apre una cartella e mi illustra la grande varietà dei suoi disegni. La produzione ricorda l'arte stupefacente dei madonnari. Vedo nei suoi occhi un pizzico di nostalgia, quando ricorda: «Sin da bambina ho amato disegnare. A quattro anni la mia passione erano i cavalli. Li amavo tanto ed erano i miei soggetti preferiti. I miei genitori si erano separati presto: avevo tre anni. Quando conobbi mio padre, lui mi portava al Parco Sempione. E poi mi regalò un'emozione grande quando mi condusse in un maneggio. E io vidi finalmente i cavalli, li toccai, li montai anche: giorni felici. Con mia madre ho avuto sempre degli screzi, avrei voluto vivere con mio padre. Ci siamo dispersi. Adesso non ho notizie, non so neanche dove si trovi. A quindici anni scappai da casa. Vivevo da zingara, aggregandomi a gruppi diversi. Esistenza alternativa. Occupazione di case. Un giro di uomini: compagni d'avventura, rapporti di solidarietà, spirito di sopravvivenza. E altro. La droga non fu un demonio caduto dal cielo, ma una scelta di vita. L'ho voluta, insomma. Roba leggera, poi avanti sino all'eroina. L'Olanda segnò la mia catastrofe totale. Divenni tossicodipendente in piena regola. Continui problemi con la polizia. Passaggi da una nazione all'altra. Una condanna con la condizionale che spero di non dover scontare. In mezzo a tutto questo, non ho mai smesso di essere me stessa, di coltivare ciò che mi piace: disegnare, creare, scoprire nuove attività, immaginare un futuro».

La mia impressione, dolorosa ma non priva di speranza, è che questa ragazza di venticinque anni faccia una spola col suo cervello: tra il barnum delle sue tante vite fluttuanti e il disegno essenziale di un'esistenza non grigia, ma semplice, schematica. Dopo le eccitazioni irresistibili e fatue di tanti anni, un tetto stabile diventa un sogno pieno di dignità. Tutto torna alle origini. «Lascerò presto questo carcere. E sono convinta di farcela a uscire dalla schiavitù della droga.» Ma, pochi minuti dopo, Marta evade ancora con i suoi pensieri struggenti, varcando in senso contrario i confini del suo dramma. Un po' al di qua, un po' al di là. Si alza di scatto, chiede il permesso di uscire in corridoio per fumare una sigaretta. Non può più trattenersi. Torna e chiede scusa. T'accorgi che il cammino sarà lungo.

Ci sarebbero mille modi perché una ragazza così, dalle tante vite di frontiera, finisca a San Vittore. E invece: «Sono in carcere» racconta «per un episodio banale: ho rubato dieci scatolette di tonno in un supermercato. Ero già fuori quando un omaccione mi piombò addosso. Era un sorvegliante albanese. Io ebbi un sussulto. Poiché ci trovavamo nel quartiere del Giambellino, pensai che quel tizio volesse magari rapinarmi. E gli piantai una gomitata alle costole. Il mio reato si aggravò: violenza, rapina, sei mesi di carcere. Ed eccomi qui. Ho rispetto per chi nel carcere rappresenta le istituzioni. Gli agenti penitenziari convivono con noi. Non è una bella vita neanche la loro. Il carcere ti fa riflettere, ma non creiamo immagini mielose. Ci si conosce, ci si sopporta, magari ci si ignora. Le amicizie sono molto difficili. Io a San Vittore ho una sola amica. Si chiama Silvia, ha dieci anni più di me. Una donna splendida con la quale mi piacerebbe dividere la mia futura vita in una casa vera».

Parliamo da quasi un'ora e Marta ha paura di annoiarmi. Mi alzo, le faccio gli auguri. E confesso a me stesso di essere emotivamente coinvolto. Lei apre la sua cartella: «Posso lasciarle un ricordo?». E tira fuori un foglietto con una composizione in bianco e nero realizzata con il computer. C'è riprodotto un furgone e, accanto, una scritta: «Tra poco sarò libera».

Il furgone si è scassato. Marta lascia San Vittore e affronta a piedi chissà quale delle sue tante vite. «Posso mandarle una e-mail ogni tanto?» Per me sarebbe stata una gioia, ma non ne è arrivata neanche una.

VI

PINA AURIEMMA E IL DELITTO GUCCI

«Lo so, per voi è difficile capirlo. Forse impossibile. Anch'io, se mi volto indietro, ho la sensazione di annegare. Ma la verità non cambia. E le condanne restano nell'orizzonte della nostra vita. Per Patrizia quel marito era diventato un'ossessione. Era una negatività che pesava sulla sua esistenza in modo intollerabile. Quell'uomo che se n'era andato bisognava farlo fuori. Scacciare l'idea di una soluzione finale per la signora Gucci era impossibile. A un certo punto, anch'io, che ero sua amica, mi convinsi e mi piegai: "Facciamola contenta, povera Patrizia". E scattò il meccanismo operativo di cui io fui partecipe.»

Così, secondo questo racconto, fu concepito l'assassinio del povero Maurizio Gucci: come un fatto di carità umana, come una necessaria incombenza da assolvere. Facciamola contenta, povera Patrizia. «Io ho raccontato tutto, dopo due anni tormentati di carcere. E sono qui a scontare la mia pena. Diciannove anni e sei mesi...»

Maurizio Gucci, personaggio del gran mondo e dell'alta moda, fu ucciso il 27 marzo '95, su mandato della moglie Patrizia e con la piena collaborazione di Pina Auriemma che consegnò personalmente il denaro ai killer. Questo dicono le sentenze. Cronache da divorare, gossip appetitoso, retroscena inquietanti.

Adesso davanti a me, in una saletta di San Vittore,

c'è proprio lei a rievocare quegli avvenimenti, Pina Auriemma, detta anche impropriamente «la maga», personaggio chiave del tragico fumettone italiano. È la classica napoletana, che naviga, tra furbizia e simpatia, in una teatralità istintiva e avvincente che può rivelare o nascondere tutto.

Ma come, signora? Con un «facciamola contenta» si uccide un uomo e si rovinano non so quante vite, compresa la sua? Da quale grumo velenoso di pensieri può scaturire questo progetto che coinvolge tre killer: piano sinistro, paradossale, senza speranza? Signora Pina, lei non è una delinquente abituale, appartiene a una famiglia borghese, non ha vissuto in ambienti dove ammazzare un uomo può diventare un mestiere, una consuetudine. Con quale animo si è potuta offrire come tramite di un delitto che non ha neanche la passionalità dei vecchi delitti d'onore, quelli che infiammavano le cronache della Sicilia? È semplicemente stupido, privo di pathos...

Pina Auriemma scuote la testa. Ha un piccolo moto di commozione quando dice: «Se potessi tornare indietro...». Poi tenta di spiegare a me, e forse anche a se stessa, quello che avviene quando certe spirali di vendetta si mettono in movimento, quando si riesce a dare logica alle pazzie e l'odio dilaga come un fiume in piena. E più si parla e più le cose sembrano normali, inevitabili, persino giuste. Da questo clima nasce quell'agghiacciante «facciamola contenta» che induce la Auriemma a collaborare con Patrizia Reggiani all'assassinio di Maurizio Gucci.

Alla ricerca di un movente psicologico, le chiedo se la spinta sia venuta dalla gelosia inguaribile di una moglie o se in quel delitto ci sia stato amore o se, invece, sia nato da una vampata di smisurato orgoglio. La signora Pina non ha dubbi: «Patrizia voleva vincere. E quella era l'unica strada. Il suo orgoglio è smisurato, la sua vanità sconfina nel narcisismo. Pensi che quando i giudici le hanno chiesto se, per caso, io l'avessi plagiata, lei, anziché cogliere una possibile attenuante, ha reagito dicendo: "Figurarsi se una come la Auriemma può plagiare una come me: io conosco il mondo, io parlo cinque lingue...". Questa è la Gucci. Nella morte del marito traditore c'era la sua vittoria. Ora è qui a San Vittore. Siamo divise da scorie di rabbia e di rimorso e, fisicamente, da due piani: io a pianoterra, nel settore penale, dove c'è più libertà di movimento, lei al terzo piano. La sua cella è proprio di fronte alla biblioteca dove lavoro. Patrizia ha con sé un furetto, non se ne stacca mai, è il suo affettuoso compagno. Penso che lei mi detesti, perseveri nel suo odio...».

Due donne, una lunga e strana amicizia, una convivenza di tipo familiare, anche a distanza. Poi un delitto e infine una incomunicabilità totale nello stesso carcere. La Auriemma ci tiene a ribadire che la storia della maga è una stupida invenzione giornalistica: entrata in un titolo, è diventata incancellabile. «Non so neanche cosa siano le carte, non mi sono mai occupata di astrologia. Proprio negata per queste cose. Patrizia, invece, era una frequentatrice di maghi veri e falsi, spendeva un sacco di soldi, cercava nella lettura del futuro le chiavi della sua vita di donna ricca, inquieta e ossessionata. Due splendide figlie, Alessandra e Allegra, non le bastavano. Certo, adesso si è creata una voragine tra di noi, ma ogni tanto scavo nel fondo di questa storia e sento di volerle ancora bene.»

Fuori dalle spirali di quel delitto c'è la quotidianità del carcere. La mia impressione è che la signora Pina a San Vittore abbia rimesso insieme i cocci e si sia costruita la migliore delle vite possibili in un luogo di espiazione. E lei lo ammette, ricordando che i primi due anni di detenzione, tra isolamento e infermeria, sono stati devastanti. «Mi hanno aiutato molto l'ispettore Carmela Fascetta e due capoposto, Simona e Maddalena. Un giorno in cui ero in piena crisi la Fascetta rimase con me sino a sera. Cose che non si dimenticano.» La Auriemma descrive la sua iniziale «sofferenza atroce» e parla della confessione come di un evento liberatorio. «Però corsi dei rischi. Dovettero proteggermi, perché nel carcere ogni confessione viene considerata un atto infame. Ma io mi sentii libera interiormente. Accolsi la lunga condanna come un atto normale di giustizia. Ora il carcere ha finito di spaventarmi: mi sono immersa in questa vita, respirando anche il bene e il male della vita altrui. Qui ci sono storie di dolore, di smarrimento, di amicizia, di umanità. Io potrei cambiare carcere, magari andare a Napoli dove ci sono i miei parenti, ma non m'interessa: a San Vittore sono e qui vorrei rimanere sino all'ultimo giorno di condanna. Non mitizziamo, non facciamo di questo carcere un albergo a cinque stelle. Ci sono serate in cui dalle celle si levano grida disperate. C'è chi sbatte la testa contro i muri e contro le sbarre. C'è chi respira il gas di una bomboletta come un allucinogeno. Le crisi di astinenza per le tossiche sono spaventose. Ma io in quest'ambiente ci vivo. Sono una donna carcerata, ma libera perché non ho drammi fuori del carcere, genitori abbandonati, figli da sfamare come tante altre. Spero di dare qualcosa a chi ne ha bisogno.»

Tanto per non apparire mielosa, ruolo che davvero non le si addice, la Auriemma rievoca anche le litigate solenni, quando le sue grida fecero tremare i corridoi di San Vittore. Si ribellava a una cella invivibile, dove si erano creati pessimi rapporti con due detenute «che non erano adatte a me», denunciava fatti e situazioni che ai suoi occhi si configuravano come storture, ingiustizie. «Mi sono presa una serie di rapporti: normali o disciplinari. Ma mi sono anche resa conto di avere sbagliato, di essermi fatta suggestionare da pettegolezzi, frasi stupide e velenose. A tutto ciò ha contribuito il fatto che nel carcere erano entrati quaranta agenti nuovi. Capirà, non conoscevano l'ambiente...»

E qui metto a fuoco la donna napoletana che ha voce importante nel quartiere. Tale e quale. «Per fortuna, queste sanzioni disciplinari non hanno intaccato il mio cartellino di condotta. Come saprà, se uno si comporta bene in carcere gode di tre mesi di sconto per ogni anno di pena. Ogni tanto faccio i calcoli sulla data possibile della mia liberazione, ma è meglio non pensarci. Preferisco inventarmi le giornate, una dietro l'altra. Talvolta passano, talvolta non finiscono mai.»

Chiacchierando con la Auriemma, se appena ti astrai dalla realtà, dal rumore delle porte blindate, dalle divise delle agenti, puoi anche immaginare di trovarti in uno di quei quartieri di Napoli, tra case di ringhiera, personaggi di Eduardo o di Marotta, voci musicali, nella trama di una commedia dell'arte. E lei, in mezzo, prosperosa donna di arguzia e di sostanza, padrona della scena, personaggio dominante della letteratura napoletana che è cronaca della vita di ogni giorno. Cedo alla tentazione di esporre questa scena alla donna che me l'ha ispirata. E ho il sospetto che alla signora Pina piaccia il ruolo di «dominante» nel corridoio di un carcere, quando le celle sono aperte. Ma si schermisce, con pudore: «Dominante? No, meglio materna». Sarà, ma certo lei è una che conta nella cittadella di San Vittore...

Pina Auriemma divide la cella con due ragazze. La prima l'abbiamo già incontrata: si chiama Girma ed era la compagna di Pastora Lopez nell'infelice viaggio dalla Colombia all'Italia con gli ovuli pieni di droga nelle budella. La solita trama di una vita infelice: abbandono della famiglia, violenze subite a quattordici anni, solitudine, ma anche due figli portati avanti nella vita, una è laureata in legge e vive a Bogotá. «Girma era senza lavoro. Si è messa in pancia quella droga e ha accettato il viaggio per sopravvivere e aiutare i figli. Dovevano darle l'equivalente di 20 milioni di lire. Lei è stata così stupida da non farsi versare in partenza la metà della somma pattuita. E adesso guardi com'è andata a finire: in carcere per cinque anni, senza una lira, con decreto di espulsione. Non è una delinquente, è una donna brava e disperata.»

L'altra detenuta in cella con la Auriemma è una tedesca. Si chiama Magdalena. Ha venticinque anni. Solita storia: concorso in detenzione e spaccio di stupefacenti. Viene da una famiglia borghese: la madre è pediatra, il padre ufficiale di marina. La Auriemma sospira: «La droga è il demonio che si annida dovunque. Qui in carcere c'è un campionario di casi pietosi. Giovani che vanno avanti a metadone o suoi derivati. Per fortuna, nel nostro settore abbiamo psicologi disposti a capire, oltre che ad aiutare. Ne cito uno per tutti: il dottor Andrea Perico, giovane, buono e bravo. Magdalena gode dell'articolo 21: ha un lavoro fuori del carcere. Fa le pulizie nel ristorante Capo Verde, lo stesso dove lavora Pastora Lopez. E qui vorrei aprire un capitolo. Si parla bene, giustamente, di chi dà lavoro ai detenuti, ma secondo me si sconfina anche in forme di sfruttamento. Per un lavoro di quattro ore, finisci con l'impiegarne il doppio. La povera Magdalena rientra tardissimo in carcere, talvolta esausta, sfinita. Ma, per sua fortuna, la condanna è agli sgoccioli».

Ma com'è la giornata in un carcere femminile? In genere dominata dal lavoro. C'è chi deve semplicemente riempire il tempo, ma c'è una maggioranza che lavora per necessità. Ogni lavoro ha la sua retribuzione. Molte detenute, soprattutto quelle dei Paesi poveri, inviano soldi alla famiglia. Anche qui la Auriemma si pone in uno status diverso: «La vita comincia di primo mattino, ma io mi alzo tardi. Il mio lavoro è diverso, faccio la bibliotecaria, posso scegliermi le ore più adatte per mettere a posto i volumi che ci arrivano, per aggiornare i cataloghi. La biblioteca è aperta solo di giovedì per il prelevamento dei libri. C'è da considerare poi che il piccolo locale dove si trova è adoperato per iniziative diverse: incontri, conferenze, attività educative. Dobbiamo arrangiarci. Stranamente i libri più richiesti non sono i romanzi. Le ragazze tossiche, per esempio, prediligono opere di psicologia, testi di Freud, Fromm, oppure classici antichi, tipo l'Odissea. Nel carcere vanno molto le poesie. Parecchie detenute ne scrivono. Sono semplici, ingenue, sincere. Altre dipingono. Io non mi limito al lavoro della biblioteca. Faccio gli acquisti allo spaccio, secondo le necessità, e distribuisco la merce. Le celle del penale, dove mi trovo, si chiudono alle 21. Ogni sera faccio il giro, chiedo se qualcuno ha bisogno di qualcosa, discuto, creo dei contatti con i volontari che vengono a lavorare in carcere. In qualche modo, aiuto. La domenica organizziamo la proiezione di un film. Gestisco io le cassette. Opere di attualità e di successo, tipo *L'ultimo bacio.* C'è anche il tempo da impiegare, di tanto in tanto, dalla parrucchiera. Qui c'è una detenuta del Montenegro, Lilian, che fa questo lavoro da professionista. Io non mi trovo bene. Mi rivolgo a Livia, una mia amica. I rapporti nel carcere non sono facili. Bisogna necessariamente selezionare le amicizie, perché qui c'è uno spaventoso intreccio di problemi: la disperazione, talvolta la miseria, l'angoscia per le famiglie, le crisi di astinenza. E poi, le malattie che esplodono all'improvviso o quelle croniche. Malata è quella donna anziana che viene chiamata la nonna di San Vittore. Un lungo carcere alle spalle, un lungo carcere nel futuro. Vive quasi sempre in infermeria. Vecchia e sofferente. Ma pensi: ha appena superato i settant'anni...».

Mentre la lunga conversazione declina, è impossibile non tornare all'inizio di questa storia. C'è un nome sullo sfondo: Patrizia Reggiani, vedova Gucci. Stesso delitto, stesso carcere, tre piani di differenza, un odio che non si spegne. La Auriemma sospira: «Lei è convinta di essere innocente, lei pensa di essere in carcere per colpa mia, lei si è creata una sua verità e non riesce a staccarsene. Lavora in due cooperative. È appassionata di computer. Non credo che abbia amiche qua dentro. Devo dire, comunque, che sta vivendo con dignità il suo carcere. Salvo in certi momenti quando capita di incrociarci e lei, senza mai affrontarmi direttamente, fa dei dispetti come una bambina o smozzica un insulto nei miei confronti, dandomi per esempio della stronza, e io reagisco gridando, coprendola di maleparole. E allora succede l'incidente, arrivano gli agenti ed è inutile che gliela racconti... Nonostante le apparenze, io subisco la pressione di Patrizia. E sto male, mi creda, sto male...».

La Auriemma è fortemente scossa. Riaffiora la rabbia, si avverte all'improvviso tensione nell'aria. Quando ci salutiamo, non c'è traccia in lei di Eduardo o Marotta. E neanche di commedia dell'arte o di sceneggiata napoletana. Siamo in un carcere dove gli anni sono lunghi e il senso del tempo si dilata, sorvolando calendari e orologi.

Andando verso l'uscita, dal corridoio mi affaccio nel piccolo studio di Andrea Perico, il giovane psicologo al quale tutte dicono grazie.

Come va, dottore?

«Oso immaginare che nella vita ci siano lavori più gradevoli.»

Ma io scommetto che se gliene offrissero uno, lui tornerebbe a San Vittore.

VII

ALLA FESTA DELLA DONNA

È l'8 marzo. La festa della donna cade di sabato e l'idea di viverla a San Vittore mi sembra irresistibile. Nel carcere il giorno delle mimose incontra i residui del carnevale ambrosiano. Fantasia di maschere e di costumi: il lavoro delle celle trova il suo show room. E nuvole di coriandoli volano su un intreccio di vite tormentate. L'orgoglio femminile qui è soprattutto un'ardente voglia di sfogarsi, in cui tutto è compreso a livello di desideri. C'è nell'allegria, a tratti sfrenata, l'illusione di una piccola libertà. Detenute e sorveglianti festeggiano insieme.

L'8 marzo comincia con una piccola invasione di uomini. Detenuti anche loro, ma attori della cooperativa La Nave. Anche il teatro, così come la musica e la pittura, rientra tra le terapie psicologiche di recupero dalla tossicodipendenza. C'è una mite signora, Serena Pellegrini, serena di nome e di fatto, che gestisce l'operazione. È una delle responsabili della Asl di San Vittore. «Questi ragazzi aderiscono alla nostra attività firmando una sorta di contratto: niente droga, niente violenza, niente turpiloquio. Noi diamo. E loro qualcosa devono restituirci. Vogliamo coltivare l'abitudine a un impegno personale. Mi sembra che la cosa funzioni.» Oggi si recita per le donne. C'è anche un'ottima regista, Cristina Colombo. Gli attori pendono dalle sue labbra. E lei ne recita i nomi a memoria, come fosse una formazione di calcio: Luca, Lello, Maurizio, Stefano, Franco, Ivano, Giuseppe, Ciro, Alberto, Francesco. Il loro reato più comune è: rapina per procurarsi la droga. Anni di carcere davanti. Ma intanto, prima di entrare in scena, si producono in rituali scaramantici, proprio da palcoscenico.

Il direttore Pagano, mio Virgilio in questa avventura, dice che lo sconfinamento degli uomini nel carcere femminile è raro, ma non inedito. E che la festa della mimosa è un'occasione particolare. Le celle si sono già svuotate, salvo qualche eccezione. Le donne affluiscono al terzo piano, dove c'è un lungo corridoio, abbastanza largo per essere trasformato in una sala teatrale. In fondo, a fianco della biblioteca, c'è una parvenza generosa di palcoscenico, con qualche telone disteso a far da fondale, in modo che possano svolgersi, secondo copione, le entrate e le uscite dalla scena. La biblioteca fa da spogliatoio. A fianco delle prime file della cosiddetta platea c'è la cella numero 12: la occupa Patrizia Reggiani, la vedova di Maurizio Gucci. Lei – mi dicono – non ama la vita sociale del carcere. Si isola, è rimasta a letto, trascorre molte ore a leggere: non so come faccia con tutto questo frastuono che durerà sino a sera.

Alessandro Baricco, il monologo *Novecento*, reso popolare da un ottimo film, *La leggenda del pianista sull'oceano*: un angioletto nasce su una nave che diventa il suo unico mondo, poi si scopre artista di talento e suona da virtuoso la musica della sua vita, prigioniero volontario di quell'unico orizzonte, sino allo sbarco che è la metafora della sua morte. Dieci attori si cimentano: si parte da una ruvida cassetta di legno a forma di culla, dove viene scoperta nella stiva la creaturina misteriosa e si passa per alcuni elementi emblematici di una nave. La recitazione è asciutta, dilettantismo dignitoso. Si vede che gli uomini del carcere hanno studiato il testo e ne hanno capito lo spirito. Se non fosse per certi capelli grigi e talune pance un po' pronunciate, penseresti a una filodrammatica parrocchiale o a una compagnia di studenti, non certo a un gruppo di gente condannata per furto, rapina, spaccio, aggressione, sempre sullo sfondo della maledetta droga. Via via gli attori riescono a imporre un rassicurante silenzio alla sala. Il pubblico segue. Ma dalla platea, nel bel mezzo della recitazione, si leva un grido: «Lo sapete che siete proprio bravi?». E qui credo che il talento dei teatranti c'entri ben poco.

Lo spettacolo dura sì e no mezz'ora e alla fine i protagonisti si portano sul proscenio a ricevere gli applausi. Si capisce che il feeling non è artistico, ma profondamente umano: tanto intenso quanto fugace. Nell'aria si respira, oltre al piacere della festa, qualcos'altro di femminile e di maschile, com'è nella natura dal giorno della creazione. Semplici umori, non c'è un solo gesto fuori dalle righe. L'attore principale è in smoking come il pianista della favola. Da lui parte un saluto che diventa il coro di un commovente finale: «Noi non siamo come il pianista: da questa nave vogliamo scendere». Nel carcere la volontà sopravvive. Il resto è nelle mani di Dio.

VIII

BALLI E SUONI DELL'8 MARZO

La parte meno nobile e impegnata, più libera e gioiosa del nostro 8 marzo è il pomeriggio, quando la festa diventa musica e le donne del carcere si scatenano. Arriva puntuale una cantante di alto livello, brava e generosa, passata anche per Sanremo: Viola Valentino. Era stata qui anche per Natale, insieme con Ivana Spagna. Si porta dietro il secondo marito, un paio di tecnici e un'assistente: volontariato puro. Diventa subito la regina di quel lungo corridoio nel quale vedo nascere ed esplodere la «Discoteca San Vittore». Partono le danze, si levano i cori, il clima si surriscalda, anche le agenti di sorveglianza si lasciano coinvolgere felicemente ed entrano nella bolgia delle danze con la loro divisa blu. Alla nostra discoteca mancano soltanto le luci psichedeliche: non si può avere tutto dalla vita.

Poi, quando arriva una canzone di Lucio Battisti, decine di braccia si levano, come avviene nei concerti, in una sorta di preghiera. In prima linea vedo Marta, una nostra conoscenza, la ragazza mangiafuoco che ha girato l'Europa vivendo in un furgone e, a venticinque anni, ha sommato tante vite e tanti errori. Mi chiama con il suo sguardo: «Tra pochi giorni sarò fuori, mi piacerebbe parlare ancora con lei». E si rituffa nelle danze.

Chi fa la parte della leonessa, davvero incontrollabile, è una certa Tiziana, piccola, agilissima e robustella, vestita da clown. La sua sin troppo schietta simpatia contempla un repertorio di parolacce, pronunciate in allegria. «Pensi un po', una come me lavora ai conti correnti. Questa è la mia sorvegliante: un angelo.» E l'abbraccia. Slancio, ironia, sincerità, smaccata recitazione: un po' di tutto. «Vede quelle due ragazze? Sono argentine. Le sole sudamericane della storia che non sanno né cantare né ballare.» Una delle argentine si chiama Sandra: importazione e spaccio di droga. Cinque anni di carcere, il cammino è ancora lungo: «Un ragazzo italiano, un amore finito, un tonfo. E San Vittore ora è il mio panorama quotidiano. Qui frequento la sartoria. Ho ottenuto anche un lavoro fuori». Traduzione: accetto la realtà; con una speranza: «Quando sarò libera vorrei restare in Italia».

L'aria è satura di fumo, quasi irrespirabile. Qui fumano tutte, anzi divorano le sigarette, passandosele di bocca in bocca come facevamo noi studentelli, dopo la guerra. La mia curiosità è pari allo stordimento, ma per nessuna ragione abbandonerei questa sala dove rischio di intossicarmi. La terribile Tiziana-clown riesce, quasi di forza, a trascinarmi sul ring della discoteca. Pochi minuti appena. Mi promuove generosamente come ballerino e aggiunge: «Be', lei ha i capelli grigi e un po' di pancia, proprio un accenno. Sa cosa le dico? Con un uomo così ci uscirei a cena...». Impagabile.

La biblioteca, intanto, è diventata una sorta di dispensa. Partono vassoi di pasticcini e di bibite. Le stesse detenute provvedono al servizio con mosse acrobatiche e a ritmi vorticosi. Proprio da discoteca. La regista di questo settore-vettovaglie è una signora tra i quaranta e i cinquant'anni, agile, sottile, dai capelli rossi. Conosciutissima: si chiama Paola Mazzoni. Io mi avvicino con molta discrezione. Più che una detenuta, immagino che sia un'educatrice o una volontaria che arriva dall'esterno e, chiacchierando, cerco di inquadrare il suo ruolo. Lei intuisce una mia possibile gaffe e la evita in maniera quasi brutale: «Vivo a San Vittore da dieci anni, dovrò restarci per altri dieci». Testuale. Oh, quant'è piccolo il mondo. La signora Paola, che sta curando il traffico di bibite e pasticcini, è la responsabile della cooperativa sartoriale del carcere: «Modestamente, lavoriamo per grandi nomi della moda. Trova roba nostra anche in via Monte Napoleone». E quando le manifesto la mia curiosità per i suoi vent'anni di carcere, lei risponde con molto garbo: «Venga a trovarmi in sartoria, le racconterò la mia storia». E poi aggiunge: «Il giorno e l'ora li deve decidere lei. Come può immaginare, io da San Vittore non mi muovo».

Musica, fumo, fiumi di aranciate e Coca-cola, sale l'eccitazione, Viola Valentino non si risparmia, la festa è ancora lunga. L'umanità del carcere ha una suggestiva diversificazione. Le vie che portano a San Vittore sono infinite e c'è un demonio che unisce nazioni, idiomi, tratti somatici, continenti, fior di ragazze e donnette consunte e senza denti: la maledetta droga. La rappresentanza del Sudamerica è molto folta, con prevalenza di colombiane. Ma trovi croate, montenegrine, slovene, polacche, tedesche, ucraine, oltre alle italiane, naturalmente. Ogni tanto penso a quello che mi ha detto Luigi Pagano: «San Vittore è un carcere per povericristi». È così anche al femminile.

In fondo alla sala, lontano dall'epicentro della festa, ci sono alcune mamme. E i loro bambini passano di mano in mano, come si fa in una festa di campagna tra parenti. C'è una creatura piccina piccina, con gli occhi chiusi, immersa in un sonno beato. La mamma non è giovanissima. Il suo sguardo ha una tenerezza semplice, primordiale: «È maschio, ha appena compiuto due mesi». Penso al paradiso da dove è arrivato questo bambinello e all'incerto futuro che lo attende, magari in braccio a una zingara a intenerire la gente frettolosa sulle scale di una metropolitana. O chissà, forse diventerà un genio. Per adesso lasciamolo dormire.

Viola Valentino ha cantato per un'ora e mezzo. E adesso si rifugia in biblioteca. Beve qualcosa, firma autografi, è contenta. Dice che tornerà e che l'ambiente del carcere è umanamente migliore di quello di Sanremo. La scatenatissima Tiziana-clown l'affronta a muso duro: «Pensavo all'inizio che tu fossi una raccomandata, perché moglie di Riccardo Fogli. E invece sei una vera artista».

Ma la festa continua, anzi entra nella sua parte più viva e ruspante: quasi una corrida femminile, ma di buona qualità e senza fischi. Nella, una delle sorveglianti in divisa, canta appassionatamente *Guarda che luna*, il suo cavallo di battaglia, e dà il via a una serie di volenterose esibizioni. Una elegante detenuta, nuora della ormai famosa «nonna di San Vittore», si produce in *Malafemmena*. I tecnici del suono di Viola Valentino collaborano, fornendo le basi musicali a questa rassegna di talenti, veri o presunti non importa. La festa è vera, le donne del carcere la vivono con intensità totale, pensando forse ai cupi silenzi del dopo.

Adesso siamo proprio al clou: entra in scena l'ispettore Carmela Fascetta, responsabile del settore femminile di San Vittore. Ma qui è solo una donna tra le donne che, nella baldoria, festeggiano se stesse. Ed è soprattutto l'imprevedibile musicista Carmela che si nasconde sotto la divisa del carcere e dietro l'atteggiamento rigoroso legato al suo ruolo. Si esibisce alla tastiera. E lo giuro: è bravissima. Pezzi di Buscaglione, poi *Azzurro* di Celentano, *La bambola* di Patty Pravo e un classico di Mina: *Grande grande grande*. La musica libera l'ispettore Carmela da ogni vincolo formale: la rende brillante, disinvolta. Parte e non si ferma più, lungo un repertorio mai banale. E le sue donne la incitano, le chiedono le canzoni del loro cuore, briciole di chissà quali ricordi. Carmela non si risparmia. Difficile pensare che tra poco questo ridiventerà un carcere e lei ne sarà, come sempre, la comprensiva ma rigorosa responsabile.

Nella sala sono comparsi, intanto, quei due bei ragazzi da college americano che avevo incontrato alla messa della domenica, rapati come Ronaldo. Seminaristi di servizio nel carcere. Sono in abito talare, ma non importa. Carmela sta suonando un valzer e loro, un po' impacciati, accettano di ballarlo con una tenera cautela: invitano due detenute di una certa età. Gli applausi non finiscono più. E io, al colmo del mio stordimento, penso se è proprio possibile, a una certa età, innamorarsi di un carcere dove ho scoperto, dopo tanti anni, la spiritualità di una messa e poi il fragore, la semplicità, lo stordimento e il dolore nascosto di una festa.

Adesso c'è aria di crepuscolo, forse anche di stanchezza. Nella biblioteca multiuso vengono aperti degli scatoloni. E d'improvviso la sala diventa un giardino di mimose. C'è un mazzetto per tutte. Le ha mandate, senza risparmio, il Comune.

Prima di uscire, mentre cerco di decifrare le mie sensazioni, incontro Marina, l'appassionata educatrice che è riuscita a inserire l'ora di ginnastica nel giorno della festa e mi invita a vedere in campo, quando sarà possibile, la sua squadra di volley. Con lei c'è Melodia, la dolce ragazza africana di cui ho raccontato l'incredibile storia.

Come mai, le chiedo, non hai partecipato alla festa?

La sua risposta è un sospiro: «Giornate come questa mi intristiscono».

Non avesse aperto bocca, avrebbero parlato i suoi occhi.

IX

IL GATTO MATISSE, RE IN SARTORIA

Se dovessi indicare chi è il vero comandante della cooperativa Alice, grande sartoria di San Vittore, direi: Matisse. Non è un erede del grande maestro francese dell'impressionismo, ma un gatto bianco e nero, forse juventino. Lui ha un approccio gentile, scruta l'ospite, lo adula, si fa accarezzare, poi per cancellare ogni dubbio fornisce una dimostrazione rapida dei suoi poteri: non solo nei confronti degli altri colleghi gatti, Metile e Briciola, ma anche faccia a faccia con le persone. Se Matisse decide di sdraiarsi su una sedia, per esempio, non c'è verso di modificarne la scelta: chi vi è seduto deve sloggiare. Nonostante queste piccole forme di tirannia, Matisse gode di un affetto infinito. Le detenute se lo sbaciucchiano e Paola Mazzoni, la veterana della sartoria, intesse con lui degli autentici dialoghi: suggerimenti, inviti, domande e risposte. Per chi ancora non se ne fosse accorto, gli animali vicini all'uomo parlano. A me lo ha spiegato il mitico cavallo Varenne.

Quando entro nei locali della cooperativa Alice, mi sembra di tornare ragazzo. Rivedo la sartoria Maria Bellini, Catania: il regno di mia madre che disegnava i modelli, secondo la moda parigina, e gestiva trenta lavoranti, alcune delle quali meritevoli di sguardi febbrili. I manichini sono tali e quali quelli di allora, nudi e privi di testa, così come identici sono i bracci per la stiratura delle maniche. Certo, i pedali nelle macchine da cucire non esistono da decenni: tutto elettrico, adesso. Ma il clima di una sartoria io ritengo sia immutabile. Pensate al fascino di un taglio, che è il momento della creazione, o a quello di un'imbastitura. San Vittore, peraltro, serve l'alta moda: molta produzione va da Valeria Ferlini in Monte Napoleone o da Raffaella Pretini che ha negozi in via De Amicis e a Porta Vittoria, oltre che a Forte dei Marmi e Porto Rotondo. Non solo: Alice ha servito i più famosi teatri, realizzandone i costumi, dalla Scala al Regio di Parma. Il fondatore, Luigi Mutti, è un benemerito di Milano: gli hanno dato l'Ambrogino d'oro. Non vi sembri una bestemmia, ma in questa bottega carceraria di San Vittore trovo un orgoglio a me ben noto nella carriera professionale: quello dell'appartenenza.

Paola Mazzoni, con la quale ho appuntamento, è impegnata in un colloquio nell'apposita saletta. Ne avrà per un'ora. Nell'attesa, mentre rivivo i miei fanciulleschi ricordi di sartoria familiare, vengo attratto dal volto luminoso di una cinese. Sta lavorando a un paio di pantaloni da sera: per l'esattezza *lavolando.* Di «erre» non c'è la minima traccia nella sua bocca. Quando le chiedo il nome, risponde cortese: «Glielo sclivo io». E procede con la mia penna: Wang Xiao Lian. E precisa: «Wang natulalmente cognome».

Una donna bella, una cinese allegra. Le do gentilmente ventotto anni. E lei scoppia a ridere: «Qualanta sono, qualanta». Le facce e l'ambiente della sartoria sono così familiari che quasi mi scordo di essere in carcere. Questa donna ispira ottimismo. Ma la realtà emerge agghiacciante. Xiao Lian è stata condannata a diciotto anni di galera per importazione clandestina di droga. «Lavolavo a Plato a quei tempi, vicino Filenze. Ma la tlappola è scattata a Milano, a causa di cinese mio amico. Io volevo solo aiutallo ed è stata mia lovina. Sono a San Vittole da nove anni, dovlei uscile nel 2010, ma spelo di essele fuoli tla cinque o sei anni, nel 2007 o al massimo nel 2008. Pelò io qui tlovato amole, tlovato malito...»

Penso di non aver capito bene, con tutte quelle «elle» al posto sbagliato. Amore? Marito? In carcere? Ma Xiao Lian cancella orgogliosamente ogni mia incertezza: «Capito bene: amole, malito». E qui interviene una testimone importante: Angela Poirè, milanesissima, grosso calibro di San Vittore, quarantaquattro anni di carcere sommando condanne piccole e grandi: «Io» spiega «ho seguito tutta la storia di Xiao e ho pure assistito al matrimonio. Lui è davvero un bel pezzo d'uomo...».

E la sarta cinese si rituffa nei ricordi. «Ci siamo conosciuti pel caso dulante una licollenza leligiosa, in cui è consentito a uomini e donne di paltecipale insieme. Ci siamo anche livisti in una festa di bambini. Lui mi ha pallato, poi mi ha sclitto una lettela. Ci siamo fidanzati e dopo tle anni c'è stato il matlimonio. Sì, in calcele, nel lepalto penale maschile dove il mio Santino vive da sedici anni...» Non faccio in tempo a stupirmi. Sedici anni... Lei prosegue: «Una bella celimonia, con palenti, amici e più di cento pelsone. Anche i diligenti del calcele e le agenti elano molto contenti. Una glande tolta, un filmino, anche un calendalio e tante foto. Gliene faccio vedele qualcuna...». Si allontana per due minuti e torna con un malloppo. Un matrimonio minuto per minuto. Scelgo una foto nella quale figurano le due detenute testimoni, la suocera di Xiao e un figlio di Santino che ora ha diciassette anni. C'è anche la testimonianza di un appassionatissimo bacio, a corpo libero, degno di Cary Grant e Ingrid Bergman in *Notorious*. E poi?, chiedo pudicamente: «E poi, niente: solo pensieli, solo desidelio. Abbiamo due colloqui pel settimana».

Questo Santino fa Stefanini di cognome. Ha cinquant'anni. Lo andrò di certo a trovare. Un geniaccio.

Disegna, dipinge, scrive le sceneggiature di documentari sul carcere. Ha collaborato al cortometraggio *Campo corto* prodotto a San Vittore e presentato a Venezia, ha fatto anche da modello alla trasposizione in sculture dell'immagine e dei momenti del detenuto per una originalissima mostra organizzata da Miuccia Prada. L'artista è un'americana: Laurie Anderson.

Cara Xiao, che notizie mi dà di questo suo marito italiano? Quando è previsto che esca da San Vittore dove vive da sedici anni? «Noi molta pazienza, notizie non tloppo cattive: lui dovlebbe essele libelo nel 2013, ma sono sicula che tla 2008 e 2010 salà fuoli. Poco dopo sua moglie Xiao, speliamo. Io lo aspetto, lui mi aspetta, Noi avlemo tempo pel nuova vita...»

Questi, ahimè, sono i tempi e le speranze che scorrono nei lenti orologi e negli stanchi calendari di San Vittore.

X

ANGELA, TAXISTA DI NOTTE

«Signor Cannavò, stai più attento con i tuoi documenti...» A rivolgermi questo rimprovero è Angela Poirè, donna di lungo carcere e di eterna avventura, estroversa, ingombrante, una di quelle milanesi, proprio milanesi, che sembrano discese dal palcoscenico popolare dei Legnanesi, l'intramontabile compagnia dove sono gli uomini a recitare da donne. Angela ha una mia carta di credito in mano. Mi è scivolata mentre tiravo fuori un piccolo amuleto dal portafogli: un quadrifoglio regalatomi tanti anni fa da Pelé. Volevo mostrarlo alle donne detenute nel carcere, che parlano tanto anche di pallone, farglielo toccare, così, tanto per alleggerire la tensione. Quella carta di credito era finita a terra, senza che nessuno se ne accorgesse subito. Angela l'aveva raccolta, inseguendomi mentre stavo per andar via. E, dopo il bonario rimprovero, aveva aggiunto: «Tu tieniti il tuo Pelé e stai più attento. Io, con tutto il rispetto, resto innamorata di Giacinto Facchetti: bello, bravo, unico. È un tuo amico? Be', allora portacelo qualche volta».

Se non ci trovassimo in un carcere, direi che Angela Poirè è un mito. «I conti» mi dice «sono facili. Ho condanne per quarant'anni. Lei sa bene che al massimo se ne fanno trenta, se non hai preso due ergastoli. Io ne ho già quindici alle spalle. Sarò fuori nel 2017.»

L'aritmetica è limpida, elementare. La vita è un'altra cosa. Angela l'affronta con la spavalda filosofia di chi riconosce di avere un brutto carattere, ma non vuole cambiarlo. «Non mi faccio mettere i piedi in faccia da nessuno. La mia dignità, prima di tutto. Litigo, litigo spesso con cape e capette quando vogliono importi le loro ragioni. Poi magari mi pento, capisco gli atteggiamenti di chi ha la responsabilità di mantenere la disciplina in un carcere.»

Ma emerge anche un triste realismo: «Qui ci troviamo in una sartoria, io ci vivo, ma detesto questo lavoro, anche se lo faceva mia madre. Proprio non mi ci trovo, non fa per me. Sono qui e ci resto perché c'è un po' di vita, c'è qualche contatto con l'esterno. E poi, perché nel carcere o fai qualcosa o marcisci. E io non voglio marcire. Mi do da fare, cerco altre occupazioni».

E tra tanto «realismo da sopravvivenza» affiora pure un gioco inquietante di sentimenti: «Vedi, caro amico, nel carcere può esserci umanità, anzi qui ce n'è tanta senz'altro, ma una come me che ha tempi lunghissimi di soggiorno ha paura...». Paura di che, Angela? «Paura di voler bene, di attaccarsi a una persona, a una compagna di cella: loro se ne vanno, scompaiono, io resto con un vuoto dentro. Sono tutte uguali. Ti giurano: "Angela non ti dimenticherò, mi farò sentire, ti scriverò" e poi più nulla. In gran parte sono straniere. Giustifico il loro silenzio: la vita di chi esce da un carcere ha mille enormi problemi, ma ci rimango male. E allora ho paura ad attaccarmi a una persona, capisci?»

A San Vittore dev'esserci la moda dei capelli rossi. Anche la Poirè, non più giovane, ha fatto questa scelta. «Si vede che il rosso è falso, lo so. Io ero bionda, Angela la Bionda. Ho due sorelle e anche loro hanno conosciuto il carcere, ma attualmente l'unica detenuta sono io. Nanda è uscita nel '95, Vilma ha fatto sei anni a Roma e ora l'ho persa di vista e non me ne frega niente.

Ho cominciato a lavorare da quando avevo nove anni nel quartiere di via Crocefisso. Mia madre era sarta, mio padre elettricista, prima di ottenere una licenza di taxista. A diciotto anni stavo con un uomo che non voleva assolutamente che la sua donna lavorasse. Donna e basta. Figurarsi, una come me. Lavoravo di nascosto sfidando la sua ira. Domestica a ore. Lui una volta s'arrabbiò di brutto. Lasciai quella casa e mi misi in proprio: contrabbando. Prima condanna a Como: diciotto giorni di carcere e 800 mila lire di multa. Questo avveniva trent'anni fa. Poi, quando sindaco di Milano era ancora Aniasi, riuscii a vincere una battaglia col Comune: io, donna, avrei guidato un taxi, ereditando la licenza di mio padre che era malato. E qui nacque nella malavita il personaggio di Angela Poirè, la taxista. Cosa vuoi che ti dica? Guidando il taxi anche di notte, si creano rapporti con la delinquenza, amicizie pericolose. Mi prestai ad aiutare alcune persone, entrai in un certo giro che faceva traffico di droga, contrabbando, immigrazione clandestina, reati vari. Sul mio taxi non hanno mai trovato nulla. Quando venni arrestata e condannata, mi diedero anche l'associazione per delinquere: nove anni. Uscivo per malattia. Intanto mio marito Pierfranco, detto Franchino, morì come un pirla: dissanguato. Era un alcolizzato e aveva le vene varicose. Io ho avuto in tutto cinque condanne per quarantaquattro anni. Ultimo arresto nel '90, sentenza definitiva nel '92. I conti li abbiamo già fatti. Se tutto va bene, libertà nel 2017. Ma sabato scorso ho avuto un permesso: un giorno e dodici ore.»

Angela non si ferma, ha voglia di raccontare, di commentare. Si vede subito che è lei ad animare l'ambiente, mi parla di Albana, che si trova a pochi metri, donna solenne, di profilo greco, origine albanese, madre di quattro figli, tra cui due gemelli; di Piera, dell'argentina Sandra e delle altre sarte che, mentre lei discute, lavorano silenziose oppure sono impegnate fuori fruendo dell'articolo 21. «Prima della sartoria ero ai conti correnti. La conoscenza della dattilografia mi ha aiutato a imparare l'uso dei computer. Adesso sono impegnata parzialmente nella cooperativa Nova Spes: inseriamo le ricette mediche delle Asl negli archivi elettronici. Ci pagano l'equivalente di 50 lire a ricetta, non so quanti centesimi di euro, perché io gli euro non li ho mai trattati sinora. Come vedi, cerchiamo di sopravvivere. Pensa che ho avuto anche un tumore all'esofago. E sono ancora qui a chiacchierare con te.»

I racconti di Angela Poirè sono pericolosi: ti attirano in un crescendo di curiosità. Ma è lei stessa che mi riporta al tema del mio viaggio. «Anche nell'umanità di San Vittore ci sono delle situazioni inaccettabili. La più grave riguarda i bambini. In carcere non ci dovrebbero stare. Ora io dico: cosa vale fare le leggi se poi non si applicano? Che cosa ne è stato, a livello pratico, della legge Finocchiaro che dovrebbe garantire alternative al carcere per madri con bambini piccoli? L'aspetto più tragico non è tanto la permanenza nel carcere, con la loro mamma, di questi innocenti appena nati, cosa di per sé già gravissima, ma è il momento obbligato della separazione. A tre anni il bambino viene legalmente strappato alla mamma, subendo un trauma terribile che si porterà dietro per tutta la vita. E poi, dove finisce questa povera creatura? Quasi sempre in un orfanotrofio. Ma io dico: che civiltà è questa? E cosa ci vengono a fare le onorevolesse Santanchè, Maiolo e via di seguito se le cose restano al punto di prima? Può darsi che in altri istituti di pena sia peggio, ma io vivo a San Vittore: questo vedo, questo denuncio. Dinanzi a quei bambini in carcere e poi, a tre anni, separati dalla mamma, provo il senso di una terribile violenza. E mi ribello.»

La Poirè prende fiato. Poi aggiunge: «Queste cose che ti racconto e che mi ripugnano le denuncia, anzi le grida con lo stesso tono, il direttore del nostro carcere, Luigi Pagano. Sai cos'ha di diverso questo uomo che dirige San Vittore da tanti anni e che tutti rispettano? Lui si batte per i diritti dei detenuti più che per quelli dei suoi uomini».

E immagino che Angela Poirè, donna di carcere e d'avventura, con quelle condanne eterne che si porta addosso, sia fiera di questo manifesto di onestà.

XI

UNA DONNA IN CARRIERA

A vederla, pensi a un'insegnante di inglese, magari irlandese, oppure a una esperta in restauri di capolavori antichi: di quelle donne che arrivano in Italia un po' per lavoro e un po' per conoscere Firenze, Siena, Venezia, Roma e poi finiscono col trovare un fidanzato e una cittadinanza. Paola Mazzoni è tale e quale una mia maestra londinese di antica conoscenza: eloquio energico, incisivo, mente lucida, eleganza istintiva. Potrebbe essere anche una manager in carriera. Ma, purtroppo, sulla sua vivacità femminile pesano vent'anni e mezzo di carcere: più di dieci scontati, dieci ancora da fare. A San Vittore, naturalmente.

Esaurito l'inevitabile preludio, lei demolisce in fretta il modello di donna intellettuale che stavo costruendo: «Io sono una detenuta pesante. Ho conosciuto anche il carcere speciale di Pontedecimo nel '93 e l'anno dopo sono stata in isolamento nella famigerata Torretta. Isolamento totale, non potevo aver contatto con altri detenuti. Poi, undici mesi di processo a Milano. Decisi di non presenziarvi mai, su consiglio di Radio Galera: rischiavo di compromettere altre persone».

Viene fuori a distanza l'atteggiamento classico di una del mestiere.

«San Vittore è stato il mio approdo. Ho fatto domanda per essere ammessa alla cooperativa Alice. Non sono il capo della sartoria, come potrebbe sembrare: solo una veterana, quella con più anni di servizio. In carcere l'inedia è la morte. Se non lavori, se non affronti la realtà in senso attivo, diventi un vegetale. Mi guardi bene: ho l'aspetto di un vegetale, io?»

Evito, per pudore, di rinnovare i miei complimenti a questa donna toscana, sin troppo viva, non più giovanissima, che ha due figli, uno di trentun anni e l'altro di ventisette, ed è un vulcano di iniziative. Anche lei, guarda caso, ha i capelli rossi. «Be',» dice «i miei sono veri, onesti: se non ci crede, sono disposta a spogliarmi.» Per carità, mi basta la parola. «Per dirle di che ceppo siamo in famiglia le parlo di mia madre: ha ottantun anni, è autonoma e sta operandosi di cataratta per rinnovare la patente. Fortissima. Guida con destrezza, senza problemi. I miei due figli vivono con lei. Mio marito se n'è andato. Mi spiego: mentre io ero in carcere, lui s'è trovato un'altra donna. Be', cavoli suoi.»

A questo punto, mi chiedo: da quale mondo banditesco esce una così? E lei non ti delude: «Ogni cosa ha il suo inizio. Eravamo nel '72. Io sono di Empoli, ma ero titolare di un bar a Genova. Mi trovai in mezzo a un regolamento di conti tra il clan dei marsigliesi e un'altra banda. Ci fu una sparatoria, un proiettile colpì la saracinesca del mio locale. La polizia elaborò un teorema: io dovevo sapere, io dovevo parlare. E io invece, pur sapendo chi aveva sparato, non parlai. E non mi pento, anche se ho rinunciato a sicuri vantaggi processuali. Loro volevano incastrare Francesco Pisciotta che aveva un bar di fronte al mio. Un giorno vennero a prendere me e lui. Il mio bar fu chiuso: al suo posto ora c'è una profumeria. Io rimasi in carcere per sei mesi: custodia cautelare. Al processo venni assolta per insufficienza di prove. Ma ormai era fatta: avevo varcato il fronte. Delinquente abilitata per mia propria volontà».

Tutto chiaro, signora Paola: ma da dove nasce una tale supercondanna? «Ero nel giro della droga, avevo sempre la finanza dietro. Ho preso un paio di condanne, a sette anni, a cinque anni. A darmi la mazzata finale fu la confessione di un turco, un cosiddetto pentito. La vicenda era grossa. Si parlava di 2000 chili di cocaina importati in Italia. Il turco stabilì che 78 chili di questa roba erano di Paola Mazzoni, cioè miei. Conclusione: importazione internazionale di droga, con l'aggravante di associazione per delinquere che davvero non mi si addice perché io sono stata sempre un cane sciolto.»

Breve pausa. Il gatto Matisse le è saltato addosso, con l'aria del padrone. Ma Paola non si distrae. «Lei deve sapere che ci sono reati ostativi, non soggetti ad attenuanti o sconti: il sequestro di persona, l'associazione mafiosa e il traffico internazionale di droga. E io ci sono dentro. Per una rapina a mano armata puoi avere vantaggi, puoi godere della legge Gozzini, puoi passare da dieci a cinque anni. Per traffico internazionale di droga, nulla. Neanche se ci fosse un condono, avrei qualche vantaggio. E allora teniamoci questo carcere, lavoriamo, produciamo, rendiamolo vivibile. La sartoria della cooperativa Alice ci dà soddisfazioni. Glielo hanno già spiegato. Le confesso: quando arrivai, non sapevo neanche tenere l'ago in mano. Anche in televisione i nostri abiti sono presenti. In *Striscia la notizia* per le veline, negli spot di Bulgari e di *Quattro salti in padella* e anche in *Giochi senza frontiere.* Ci siamo fatti conoscere, lavoro non ne manca. Io sono socia della cooperativa, così come la cinese Wang. Il guadagno viene diviso per due: metà ad Alice, metà alle lavoratrici. In media ci mettiamo in tasca 500-600 euro al mese, a fine anno qualcosa di più. Bisogna rapportare questi guadagni alla realtà del carcere: qui c'è gente che non ha un euro per fare una telefonata.»

Il racconto subisce un'altra piccola pausa perché adesso il solito gatto Matisse sta litigando con Briciola che si arrende quasi subito. Paola Mazzoni fa al prepotente una piccola e inutile predica. «Gli animali» dice «sono la mia passione. Qui ci sono gatti, criceti, pesci, pappagalli. Cani no, perché l'arrivo di una nuova persona nelle celle li farebbe abbaiare. In carcere viene un veterinario e io sono contenta di aiutarlo. Curiamo anche il furetto di Patrizia Reggiani, un mustelide tra la donnola e il gatto: molto simpatico e sinora bene accettato dalle altre ospiti della cella. Faccio volontariato anche in giardino e nei mesi estivi vengo anche pagata.»

La mia sensazione è che Paola Mazzoni, incastrata nella sua lunga condanna, voglia succhiare dal carcere tutte le fonti di vita, cercando di coinvolgere più gente possibile nell'arte di trascorrere il tempo, di dare un senso all'attesa. E si agiti come una forsennata. Durante la festa della donna era lei a manovrare i vassoi con bibite e pasticcini, sorvolando acrobaticamente teste e maschere nella calca scatenata. Mi parla dei corsi: computer, serre, pittura, ricamo, assistenza alle straniere, telaio, maglieria, tecnica del suono. «Nel settore femminile stiamo meglio dei maschi. Di là, sette in una cella con un solo bagno, posti in piedi e solo tre ore d'aria: qui ne abbiamo sei. Nel carcere maschile la vita dipende dal raggio in cui ti trovi: il terzo è tutto nuovo, un privilegio, un lusso. Ma il resto è un Bronx, con un sovraffollamento spaventoso, direi disumano.»

A questo punto Paola si rende conto che sta facendo una sorta di spot al San Vittore delle donne, così pieno di fervore e di fantasia. E allora si cautela: «Qui c'è una grande attività, ma le tragedie non mancano: ho visto casi di autolesionismo spaventosi, abbiamo vissuto storie di suicidio, abbiamo visto morire povere donne di tumore». E poi vorrebbe tuffarsi anche lei nella barbarie dei bambini in carcere e nell'angoscia di quelli che, a tre anni, vengono strappati alle mamme. La fermo perché so tutto. «E allora» conclude «le parlo del problema eterno del sovraffollamento: sì, anche tra le donne. Ci sono celle in cui devono vivere sei detenute. I posti letto sono al massimo quattro. Il problema si risolve mettendo dei materassi a terra. Ancora oggi è così.»

È arrivata Carmela Fascetta a ricordarci che sono quasi le 2 del pomeriggio. Paola la chiama a testimone: «Dica lei se non è vero, dica lei come possono vivere sei persone di età diverse in quel piccolo spazio...».

Carmela conferma tutto, allarga le braccia in un gesto di rassegnazione, poi le porta dietro la schiena nell'atteggiamento di chi indossa una divisa. Non c'è traccia della sua abituale allegria: la sua è una tristezza già vista, endemica, ereditaria.

XII

TRE ZINGARE E UN BAMBOLOTTO

Ogni mattina il piccolo Send – che ha meno di due anni – fa la sua brava colazione con buon appetito. La mamma Gehva lo prepara con tutte le attenzioni possibili. Poi, prima delle 10, arriva una signora in auto a prelevare il bambino. E Send, accompagnato da questa «zia», si reca all'asilo dove rimane sino alle 4 del pomeriggio.

Sarebbe una scena di normale vita familiare se non si svolgesse nel carcere di San Vittore e se la cameretta di Send non fosse una cella dove lui e la mamma vivono con altre tre detenute. Gehva è una zingara croata di ventidue anni, nata a Zagabria, dai capelli ricci e corvini e dallo sguardo tristissimo: questo frugoletto è il suo terzo figlio. L'ultima sentenza recita: cinque anni e tre mesi di carcere. Furti, borseggi, il solito repertorio di quella che sembrerebbe una affermata scuola internazionale. Poi, il cumulo delle condanne e sulla vita della ragazza cala una saracinesca.

«I miei reati» racconta Gehva «sono avvenuti a Roma, ma sono stata arrestata a Milano, ecco perché mi trovo a San Vittore. Non c'è nulla da fare: il carcere è nel nostro destino di zingari. Non abbiamo scelte. Io non mi lamento del posto dove mi trovo. Ho buone compagne e devo dire che Send sta bene, qui è molto coccolato e va contento all'asilo dove può conoscere e frequentare altri bambini. Certo, quando rientra nel pomeriggio, si butta tra le braccia della sua mamma. Lui sta crescendo bene, ma io sto vivendo una lunga angoscia perché da due mesi non ho alcuna notizia né di mio marito, né delle due figlie femmine. Sono sola e disperata. Penso con orrore al momento in cui Send avrà tre anni e, per legge, dovranno togliermelo.»

Questo mio viaggio si svolge lungo i confini della vita, dalla parte sbagliata. Ma se incontri un bambino quieto e delizioso di due anni e guardi il volto smarrito della madre, se ti immergi nel suo sguardo senza orizzonti, ti scordi delle sbarre, delle celle, delle donne in divisa, di tutto: solo quell'umanità ferita conta, con i suoi peccati e la sua pena infinita. Il dialogo diventa impossibile, le parole consolatorie sono goffe, la speranza un miraggio lontano. Nel carcere soltanto il lavoro può demolire il tempo infinito: «Ma le mamme con bambini» sussurra Gehva «non possono lavorare. Devono badare alla loro creatura. Lo vuole la legge ed è anche una necessità reale. Ma io, quando Send va all'asilo, divento inerte, annego nelle ore che non finiscono mai: la pulizia della cella, l'aria nel cortile, i pasti. Le altre aspettano il giorno del colloquio. Io aspetto invano una notizia da due mesi. Una vita disperata».

Oggi è il giorno dedicato alle zingare. Mentre Send è ancora all'asilo, l'ispettore Carmela mi informa: «Da pochi giorni è arrivato a San Vittore un bambolotto, un bambino da réclame della Mellin o dell'ultimo omogeneizzato. Sembra fatto di gomma, un allegrone dagli occhi azzurri, ha appena tre mesi». E poco dopo, accompagnato dalla mamma Fatima, arriva Rafael, il nostro cicciobello. Lo tiene in braccio Maria, un'agente penitenziaria che ha i suoi bravi gradi sulla divisa: assistente. È siciliana di Caltagirone e la chiamano «trenta chili», tanto è piccola e sottile. Un personaggio che ispirerebbe la fantasia di un commediografo popolare.

È presente dovunque, come se avesse il dono dell'ubiquità, ed è in grado di fornire un saggio e tempestivo commento per tutto ciò che avviene intorno a lei.

Quel bambinone che Maria ha in braccio la sovrasta e lui sembra avvertire questo suo dominio: si agita, sorride e vorrebbe acchiappare tutto ciò che incontra sin quando la piccola agente non lo deposita, esausta, tra le braccia di Fatima, che sembra il ritratto di una maternità senza confini. È madre in ogni espressione, in ogni parte del suo corpo, in ogni movimento: «Ho ventisei anni» mi dice «e Rafael è il mio settimo figlio. La prima è una femmina, si chiama Valentina: l'ho avuta quando avevo quindici anni. Lei oggi ne ha quasi dodici. Gli altri si chiamano Marco, Daniel, Romina, Anomita... A quanti siamo arrivati? Ah, ne manca una: sì, Gina. E fanno sette, adesso ci siamo».

Fatima è una serba, di Belgrado. Deve scontare un anno e sette mesi di carcere. «Il mio» racconta «è un vecchio reato, anzi vecchissimo: proprio da minorenne, quando facevamo vita da zingari. Non calderai, non giostrai: zingari e basta. Il fatto avvenne a Venezia. Furto, naturalmente. Come si dice: i nodi arrivano al pettine. Oggi noi abbiamo una casa a Dairago, nei pressi di Busto Arsizio, mio marito fa il muratore, i figli vanno a scuola. Siamo stanziali, non più vita da zingari. Questo carcere non ci voleva...»

Storie che si somigliano, certo, ma tra Gehva e Fatima c'è un abisso. Qui l'orizzonte si vede: un anno e sette mesi di condanna consentono di immaginare un domani. E intuisco che Fatima ha un altro carattere, ben altra forza addosso, oltre al marito e ai sei altri figli che non l'hanno abbandonata. Quel bambolotto meraviglioso mette allegria nell'ambiente. Da qualche parte arriva una polaroid. Lui capisce di essere protagonista e si mette in posa. Basta uno scatto e io mi porto a casa il suo comico faccione. Poi Rafael reclama la sua poppata e, quando ricompare in braccio alla mamma, è già sprofondato in un sonno da spiaggia dorata, in una culla da paradiso.

Con un tocco di vanità, Fatima sfoggia due denti d'oro. «Sono regali, segni di distinzione e di affetto: doni di mio marito.» Nell'enorme distanza che divide Gehva da Fatima, oltre alla diversa durata della condanna, c'è anche questo: Gehva, zingara povera e sola, non ha alcun dente d'oro. Anche la sua bocca sa di abbandono.

Un dente d'oro, uno soltanto, c'è nella bocca di Jasmina, zingara serba. Ventinove anni, un volto stanco, un fisico consumato dalle vicende della vita. Anche lei, sette figli: la più piccola si chiama Laura, ha nove mesi e vive in carcere con la mamma. «Adesso» spiega «non è qui. Un'assistente della Asl l'ha portata in ospedale per un controllo. Tornerà dopo mezzogiorno. Una cosa normale, giusta.» Penso per un attimo ai tanti bambini poveri che, fuori delle mura di un carcere, non godono di questo normale diritto, penso a quelle situazioni estreme in cui persino il carcere diventa un salto di qualità della vita, penso alle ingiustizie endemiche in cui il mondo rischia di annegare.

L'ispettore Fascetta disegna bonariamente la figura di Jasmina: «Non so quante volte è entrata in carcere e quante ne è uscita. In genere arrivava con un bambino piccolo. Qualche volta con un bambino in braccio e un altro in pancia». E Jasmina conferma questo suo status di gravidanza eterna. «Ma adesso» aggiunge «tutti i miei reati hanno fatto cumulo: undici anni devo scontare, undici...» Un attimo di silenzio. Davvero, undici anni? Persino Carmela mostra stupore. E i figli? «Abbiamo una casa a Baranzate di Bollate. I figli vivono col padre, che lavora quando può, facendo tutti i mestieri possibili, e con mia suocera. Il più grande ha dodici anni, si chiama Cristian, va a scuola, frequenta la terza media ed è molto bravo. Gli insegnanti mi dicono: "Signora, non gli faccia lasciare la scuola per nessuna ragione; l'aiuteremo noi, questo ragazzo ha grandi qualità, deve studiare". Cristian ha talento e facilità nel disegno. Schizza volti e paesaggi con grande naturalezza. Pensi: io sono analfabeta, so scrivere soltanto il mio nome e il mio cognome. E sa chi me lo ha insegnato? Mio figlio. Sono disposta a tutto per garantire a lui e agli altri figli un futuro diverso dalla mia vita disgraziata.»

E qui Jasmina, donna analfabeta, si lancia in una sorta di analisi critica della cultura zingara: «Cosa hanno insegnato a noi donne? A fare l'amore sin da giovanissime. E figli, figli. Nessuna prevenzione, nessuna misura per limitare le nascite. Resti incinta e cosa fai? Aspetti il giorno del parto. L'aborto è una schifezza: significa ammazzare una creatura che non ha colpa. Sesso e figli. Questa è la nostra vita di donne. E io ne ho messi al mondo sette e non voglio che facciano come me. Ho rubato per loro, ho rubato perché loro non diventino ladri».

Le donne zingare non hanno scelta, è vero. Dopo il sesso e i figli, la scuola dove imparare a rubare: obbligatoria. Ma questo Jasmina non lo dice. «Abbiamo girato il mondo,» aggiunge «ma adesso ci siamo fermati in una casa. I nostri figli devono avere una vita diversa, normale. Ma come faccio con questi undici anni di carcere che mi stanno davanti? Penso che non li farò tutti. Quando sono stata condannata, lo stesso giudice mi ha detto di stare tranquilla: posso chiedere la sospensione della pena perché ho due figli sotto i due anni. Se lo dice lui, devo crederci. Spero che l'avvocato si muova.»

Jasmina ha un solo dente d'oro in bocca: patetico superstite di un giorno lontano e, chissà, forse anche di gioia. Dalla portineria del settore femminile ci informano, intanto, che la piccola Laura è rientrata dall'ospedale. Sta bene. Mi piacerebbe conoscerla, ma si è addormentata in braccio all'assistente sociale. Sarà per un'altra volta. Nel carcere la fretta non esiste, il tempo non è mai tiranno come fuori da San Vittore, nella nostra giungla quotidiana.

XIII

PATRIZIA GUCCI E LA FUGA DEL FURETTO

Il mio primo incontro con Patrizia Reggiani, vedova di Maurizio Gucci, è del tutto casuale. Lei sta uscendo dalla saletta dei colloqui, mentre io percorro il corridoio del pianoterra. La riconosco, prima di tutto, per l'eleganza che è inconsueta per un carcere: pantaloni azzurro chiaro, maglione rosa, un bel foulard al collo. Poco dopo ci troviamo faccia a faccia nell'ufficio dell'ispettore Carmela Fascetta. «L'ho vista in televisione e so che ha scritto anche un libro con la copertina rosa» dice lei. Io gliene prometto una copia firmata e poi le parlo di questo mio viaggio nell'umanità di San Vittore, lungo il quale non l'ho mai incrociata perché «la signora non frequenta», «la signora fa vita a sé nella sua cella», «la signora legge quando le altre detenute fanno festa». Ognuno fa le sue scelte, si organizza una propria vita, ci mancherebbe altro: è la libertà del carcere...

Mi farebbe piacere che Patrizia Reggiani, condannata a ventidue anni di carcere quale mandante dell'assassinio del marito, potesse regalarmi qualche sua testimonianza di vita e di rapporti carcerari. Glielo chiedo in maniera esplicita. E lei mi punta addosso i suoi occhi scuri: interessata e sospettosa. «Per lealtà» aggiungo «devo dirle che ho già parlato a lungo con Pina Auriemma.» Al nome della compare, della falsa maga, della presunta complice, della attuale acerrima nemica, il volto di Patrizia si adombra. «Mi lasci pensare qualche giorno,» risponde «le farò sapere.»

La risposta arriva puntuale: è un «no». Me lo trasmette Luigi Pagano, il direttore. Pazienza, ce ne faremo una ragione. Qualcosa mi dice, però, che quel «no» rientri in un gioco di corteggiamento. Può darsi.

Quando torno a San Vittore, ho alcune copie del mio libro. L'ispettore Carmela Fascetta alza il telefono: «Avvertite la Reggiani di presentarsi dopo il colloquio con i parenti». E lei, Patrizia, si presenta pimpante, elegante, di ottimo umore. Porta in braccio il suo più caro amico: quel furetto bianco che vive con lei nella cella. Per me l'animaletto è una primizia assoluta. Ci trasferiamo nella saletta dello psicologo, che è vuota. La Reggiani fa le presentazioni: «Lui si chiama Bambi, è simpatico, vivace e un po' mascalzone, ma adorabile». La bestiola, che somiglia a una donnola, a un topo allungato, a un coniglietto tubolare, le si attorciglia al collo con molta familiarità, poi piazza degli scatti terribili nella saletta. Bambi ha avuto uno sfortunato predecessore. Si chiamava Gelsomino. Ha finito i suoi giorni terreni sotto il sederone di una detenuta marocchina, temporanea compagna di cella della Gucci. Ne è venuta fuori una rissa gigantesca e un bell'alone nero – si racconta – attorno a un occhio verde della elegante, incavolatissima signora che aveva reagito al luttuoso evento con dolore materno e con spirito da guerriera ferita.

Patrizia è in gran forma. Chiacchiera di argomenti vari, dalla mostra milanese di Modigliani ai rapporti col suo amico Gianni Agnelli, dallo chalet di Saint Vincent al suo amore per gli animali e, stranamente, anche per le pellicce. Poi, ispirata forse da quell'animaletto appeso al suo collo, mi parla della famosissima *Dama con l'ermellino* di Leonardo. Per fortuna Bambi è solo un furetto. Quindi mi descrive le sue simpatiche e un po' matte compagne di cella, due straniere e una milanesotta, gente di passaggio. Di quel «no» s'è persa ogni traccia.

Il mio libro è sul tavolo. Lei lo accoglie così: «Che bel rosa: è un colore che adoro...». Io provo a farle una dedica ispirata a pudore carcerario. Ma, accidenti, sbaglio clamorosamente nome quando scrivo: «A Raffaella...». Lei scatta subito: «Chi è questa Raffaella?». Io mi porto le mani ai capelli. «Patrizia, le chiedo scusa: non so da dove sia venuta fuori questa Raffaella.» Poi prego l'ispettore Carmela di prendere dal suo ufficio un'altra copia del libro. La Fascetta è gentile. Si alza, apre la porta e rientra poco dopo.

Ma qui, nel quieto mezzogiorno di San Vittore, irrompe, grottesco e comico, un colpo di scena: è scomparso Bambi. Quel furetto mascalzone deve aver piazzato uno dei suoi scatti verso la porta aperta. E nessuno se n'è accorto. Patrizia si alza: «Dove sei finito Bambi? Bambi, Bambi...». Ci mobilitiamo tutti: chi guarda sotto l'armadio, chi sopra i mobili, chi dentro, chi fruga tra alcuni teli di plastica depositati in un angolo. Nulla. «Bambi, Bambi...»: Patrizia continua tenacemente a chiamarlo e inserisce nell'accorato messaggio alcuni particolarissimi e insospettabili fischi. Ma di Bambi non c'è traccia. Io mi sento colpevole: senza quel nome sbagliato, senza quella misteriosa Raffaella uscita dalla mia penna, la porta sarebbe rimasta chiusa e tutto questo fracasso non sarebbe accaduto.

Ora siamo nel corridoio. Intervengono alcune agenti. Chi va verso il cancello interno dell'uscita, chi in altre direzioni. «Bambi, Bambi, avete visto il furetto?» Patrizia non ha perso la calma, ma avverte: «Quello ha dei precedenti clamorosi: è capace di tutto. Una volta è scappato in giardino, ha trovato un buco ed è precipitato in un locale sotterraneo». E le facce dei presenti sono fortemente rievocative di quell'episodio. Cinque minuti di agitazione, qualche voce di protesta, una serie di poco diplomatici commenti, poi dal primo piano discende una voce salvifica. È quella di Maria, detta «trenta chili», l'agente graduata che ho già presentato: «È qui il furetto». Il mascalzone è stato catturato. Patrizia abbraccia Bambi come un bimbo sottratto a un rapimento. Dal primo piano continuano ad arrivare messaggi ben poco amichevoli, molto vicini agli insulti, tali da indurre l'ispettore Carmela a intervenire energicamente. E sul furetto-dramma di San Vittore cala finalmente il sipario.

Nella mia dedica sul libro adesso c'è il nome giusto e l'augurio di pensieri sereni. Patrizia ringrazia: «Ci vedremo presto». Certo, signora Gucci, ci vedremo. Con l'inevitabile Bambi tra le sue braccia, pazienza, ma lo giuro: a porte chiuse, sprangate, magari in una cella.

XIV

TRE EDUCATRICI AI CONFINI DELLA VITA

Per capire sempre meglio la vita del carcere sto conversando con due educatrici di San Vittore, Silvana Di Mauro, voce e musica di Napoli, e Giovanna Longo, che è siciliana ed è nata a Ustica. Il nome della piccola patria la ispira. E aggiunge di slancio: «Ustica è riserva naturale marina dall'87». Io, che adoro tutte le isole della Terra, la correggo: «È un paradiso marino dai tempi della creazione». E lei sfoggia, con un largo sorriso, l'orgoglio isolano di una donna che vive a Milano da vent'anni con un marito avvocato e due figli, ma resta legata alla sua terra. Ustica non si dimentica.

Gli educatori penitenziari dipendono dal ministero di Grazia e Giustizia. Seguono i detenuti, si occupano dei loro bisogni, convivono con i loro piccoli problemi o grandi drammi, portano avanti una «osservazione scientifica della personalità» in vista della possibile concessione di misure alternative al carcere: il sì o il no spetta poi al magistrato di sorveglianza, dopo una relazione alla quale concorrono anche un criminologo, uno psicologo, un assistente sociale e via di seguito. L'organico di San Vittore è in forte sofferenza. Da dieci anni non si fanno concorsi. Gli educatori in attività attualmente sono quattro: un uomo e tre donne, due delle quali mi stanno davanti. Anche Silvana Di Mauro è sposata e ha due figli. Il marito è un artista e lavora nello studio lasciato dal grande Pomodoro. «Mi considero una veterana: sono qui da tredici anni e mezzo.»

Provo a immaginare un megadocumentario con tutte le storie che sono passate davanti a queste signore che hanno trovato nel carcere non soltanto uno sbocco professionale, ma anche un modo di realizzarsi.

Silvana dice: «Sul piano umano il coinvolgimento è naturale, e tu lo accetti, fa parte del tuo lavoro. Ma c'è un pericolo costante: quello di affezionarsi. E questo ti provoca spesso dei dolori, perché in molti casi ti senti impotente, certi distacchi traumatici lasciano il segno e alcune storie finiscono in tragedia».

Interviene Giovanna: «Io ho scoperto Milano vivendo a San Vittore. Ho vissuto tutta una tipologia di malessere sociale che sbocca in un carcere: la tossicodipendenza, il terrorismo, Tangentopoli, la disperazione degli extracomunitari, la delinquenza comune, la violenza di gruppo. Il peggio, insomma. Eppure tutto questo ha avuto in me un effetto terapeutico, ho ridimensionato i dolori normali della vita, mi sento umanamente arricchita. E non sono parole. Se poi parliamo delle donne di San Vittore, tutto si moltiplica. Le donne sono già di per sé creature più complesse. Figurarsi quando si trovano ai confini della vita: carcere, abbandono, bambini da tirar su, traumi di violenza, buio all'orizzonte. Le donne diventano eroine delle loro storie, anche in un mondo caratterizzato dal male. Credo che lei se ne stia rendendo conto».

Di nuovo Silvana: «Io resto mortificata dalle vicende umane in cui tutto sembra scritto in modo irreversibile: la perdizione scritta nel destino. Ogni sforzo risulta vano. E là provi un senso acre di ingiustizia, perché il male di partenza, subìto da un innocente, diventa il trampolino di una vita in cui tutto è reato e ogni episodio sa di autodistruzione». E qui salta fuori la storia di un ragazzo bello e intelligente che, abbandonato dai genitori, ruba la prima volta per fame e per proteggere le due sorelle. Diventa borseggiatore, anzi il campione dei borseggiatori. Poi cade nella droga e nella solitudine. E poiché le solitudini s'incontrano, si mette insieme con una giovane amica tossica che poi muore per overdose. «Quel ragazzo» commenta Silvana «ha secondo me un'intelligenza viva, fuori del comune. È stato falciato dalla vita sin dall'inizio. Poi è andato incontro solo a reati, carcere ed emarginazione. Conoscendolo, parlandogli, come fai a non lasciarti coinvolgere?»

Giovanna mi parla di una donna di Sciacca, detta Lina. Era la vivandiera di una banda che operava sequestri di persona in Lombardia, nei pressi di Cinisello Balsamo. Lei dice che il suo compito era solo cucinare, di tutto il resto non sapeva nulla. Si è presa una condanna a diciotto anni. Mentre lei era in carcere ha perso tre figli: uno per Aids, uno per overdose e il terzo per un incendio scoppiato a San Vittore. Il marito è morto nel carcere di Porto Azzurro. Lina ha altri quattro figli. Non si sa come vivano. Lei adesso è in semilibertà.

Sembra una trama da tragedia greca. Ma ce n'è subito un'altra, raccontata dalla stessa Giovanna. È la storia di Marisa, coinvolta anche lei in un sequestro di persona per aver prestato una sua casa nelle Marche al fratello. Nel giro di pochi anni, mentre lei era in carcere, ha perso il compagno, un fratello e un figlio per Aids. La tragedia del figlio l'ha distrutta. Nulla fuori del carcere l'ha più interessata. Ha deciso che la sua vita è San Vittore, solo San Vittore. E qui ha svolto per tanti anni un'attività generosa e importante. È tra le fondatrici, per esempio, della cooperativa Alice. «Un bel giorno finalmente» conclude Giovanna «Marisa aveva conosciuto la libertà. E tutti eravamo contenti per lei. Ma guardi cosa è successo: una persona conosciuta in carcere le ha chiesto, diciamo così, un favore. Lei glielo ha fatto.

Ed è tornata qui con noi a San Vittore. Quando si dice il destino...»

La conversazione con le due educatrici viene bruscamente interrotta. Entra Katia, che ha un incarico di responsabilità nell'ufficio dell'ispettore capo. Parla in tono molto accorato: «Maria è disperata, sta piangendo, sta dando i numeri, non si dà pace». Cosa è mai successo? Giovanna e Silvana devono saper qualcosa. Io sono molto scosso ed emozionato. «Era così felice, povera Maria, aveva ottenuto finalmente l'articolo 21, aveva trovato lavoro fuori, poteva aiutare i suoi quattro figli. E proprio stamattina, alla vigilia di questo passo avanti, le notificano una condanna ad altri cinque anni di carcere. Lei dice di non ricordare nulla. Giura che è una storia vecchissima e dimenticata. Racconta di aver litigato con i suoi avvocati. È proprio disperata.»

Quando vengono fuori le carte, si rileva che la vicenda giudiziaria ha seguito la sua strada. Pare ci sia di mezzo un pentito. Maria Pecoriello era condannata sino al 2007 per «violazione alla legge sugli stupefacenti», una delle tante storie di droga. Ora viene fuori l'atto conclusivo di un altro reato, credo dello stesso genere, più vecchio del precedente. Salta per lei la concessione dell'articolo 21. I cancelli di San Vittore vengono nuovamente sbarrati, l'orizzonte si sposta al 2012.

Giovanna e Silvana rievocano un altro episodio analogo. La detenuta era soprannominata «Pantera». «Stava uscendo dal carcere. Ci siamo abbracciate e salutate quando è arrivato il colpo di scena: la notifica di un'altra condanna definitiva a otto anni. Pantera s'è sbiancata, aveva il pallore di una morta. La verità è che parecchie detenute non sono in grado di seguire le loro vicende giudiziarie, non hanno avvocati all'altezza o non ne hanno affatto.»

Ora Giovanna e Silvana si alzano e salutano: vanno ad aiutare l'inconsolabile Maria. Non immagino cosa possano dirle. L'assistente Katia, oltre ai capelli, ha anche gli occhi rossi. Ciao, San Vittore. Oggi non è giornata.

Dopo una settimana, ho davanti a me Maria Pecoriello, non più disperata, ma ruggente. Una donna alta, immagino sui cinquant'anni, con gli immancabili capelli rossi tanto di moda a San Vittore. E si sfoga.

«Io ho avuto una vita sbagliata, ho incontrato gli uomini sbagliati, ho fatto degli errori, ho commesso dei reati. È giusto che paghi per quello che ho fatto. Non per vecchie cose di cui so nulla. Di questa storia ricordo vagamente solo il confronto con un pentito: non mi ha riconosciuta. Per me quel caso era chiuso. Non mi hanno notificato alcun atto, alcuna convocazione. Da dove salta fuori quest'altra vecchia condanna? Neanche il magistrato di sorveglianza ne sapeva nulla, tant'è vero che mi ha concesso l'articolo 21, cioè la possibilità di lavorare fuori del carcere. Con un'altra condanna nella mia scheda non avrebbe potuto accordarmi questo beneficio. Io avevo già trovato un impiego al ristorante La Piola, in viale Abruzzi. Svanito. Mi è caduto il mondo addosso. Ho quattro figli. Tre sono grandi e lavorano, ma il quarto è un bambino che ha bisogno della sua mamma. Ha avuto un incidente, è stato in coma, vive con mia cognata... In carcere mi sono data da fare: ho fatto il corso di ceramica, quello di cinematografia, mi guadagno una paga facendo la scopina. E poi, ho buonissimi rapporti con tutti. Aiuto chi sta peggio di me o chi cade nello sconforto. Chieda, chieda chi è Maria Pecoriello e come si comporta...»

Parlerei di una donna ormai rassegnata, se non arrivasse l'ultimo ruggito: «Non finisce qui: Paola sta preparando un ricorso che si chiama "incidente di esecuzione". Visto come sono andate le cose, abbiamo buonissime speranze».

Chi è questa Paola? Un avvocato del carcere? Una volontaria che arriva da uno studio legale? No, è Paola Mazzoni, la veterana della sartoria, quella che ha fatto dieci anni di carcere e altri dieci dovrebbe ancora scontarne: la donna energica che vi ho già presentato e che sembra un'insegnante d'inglese, di quelle che arrivano in Italia e vi realizzano la cittadinanza di innamorate croniche. Ma la Paola del carcere è una signora che combatte su tutti i fronti. E sa di legge. Gli esperti mi dicono che quel ricorso per «incidente di esecuzione» è una cosa giusta e seria.

Pensatela come volete: io tifo per Paola, avvocato d'emergenza. E soprattutto per Maria.

XV

UNA CASSIERA AL MEGASTORE

Morena siede con le gambe accavallate alla cassa di un modernissimo megastore di Milano, che io chiamo il paradiso dei libri. Alza la testa, mi scorge e guarda l'orologio: «Ne avrò per altri dieci minuti». È una bella donna dell'età in cui la gioventù è un frutto maturo e tutte le virtù della femminilità s'incrociano nella più affascinante stagione della vita. «L'aspetto al caffè» dico «e tengo libero un tavolino.» Lei mi risponde con un sorriso che equivale a un okay.

Sembrerebbe la scenografia di un classico appuntamento galante di tempi meno frettolosi e più romantici. Ma non è così. Morena è una detenuta: esce da San Vittore la mattina, segue il percorso che le è stato assegnato, arriva sul posto di lavoro, fa una pausa dalle 2 alle 3 del pomeriggio senza poter lasciare l'edificio e alle 5 della sera riprende la via del carcere. Per cinque giorni alla settimana. Uno pensa a chissà quale disavventura giovanile, a una sfortunata caduta nell'errore, a una delle tante storie di droga. E magari alla libertà dietro l'angolo o comunque non lontana. Ma anche questa purtroppo è una sensazione sbagliata: Morena Villa è stata condannata a venticinque anni di carcere. Ne ha scontati quasi nove senza il minimo spiraglio. La sua posizione all'ufficio matricola burocraticamente segnala: scadenza 1° ottobre 2020. Chissà come sarà il mondo a quei tempi, chissà se ci sarà acqua dove si muore di sete, chissà a quale guerra – necessaria, liberatoria, ma sempre porca e mai santa – andranno le maledizioni dei contemporanei.

Eccola Morena, sta arrivando, col suo passo danzato, distribuendo sorrisi e saluti a quelli che nello store ormai la conoscono. Quando la vidi per la prima volta in carcere pensai banalmente a una Lilli Gruber di San Vittore. Fisicamente la ricorda, ha un eloquio agile, spigliato e corretto. Mi alzo per salutarla. «Pochi minuti fa» dice «ho avuto una bella sorpresa e spero che lei capisca la mia emozione: è venuto a trovarmi mio fratello Roberto. In quasi nove anni ci eravamo visti solo una volta, quando è morto mio padre. Lui mi vuol bene, ma in carcere non ci mette piede: sta male, non ci riesce, è più forte di lui. Ma ora eccolo qui: glielo presento.»

Roberto è un ragazzone sulla quarantina: un po' impacciato all'inizio, si scioglie via via sino a mostrare il suo buon carattere. Ironia della vita: lui è un poliziotto, fa l'agente di vigilanza privata. Lo accompagna Daniela, la sua giovane compagna, bionda e sottile. Vede per la prima volta la detenuta Morena: la scruta, la studia un po', poi parlano fra loro come due vecchie amiche: «Mi piacerebbe venirti a trovare qui un altro giorno, da sola». Morena è disponibile: «Quando vuoi. Bada però che il lunedì e il giovedì non mi trovi: sono di riposo». Il riposo, nel caso specifico, non evoca un lago o una collina, ma è rigorosamente casalingo: piazza Filangieri, San Vittore, da qui a una scadenza che magari non sarà proprio il 2020, ma sa di eternità...

Abbiamo un menù davanti, ma Morena, da buona padrona di casa, ci trascina verso una focaccia pugliese decisamente ottima. Niente alcolici: acqua naturale. E la conversazione scorre fluida tra un «Ti ricordi quando?» e un «Come hai fatto a resistere?», lontane storie di famiglia, episodi da chiarire. Ma si dirotta anche su temi estranei al carcere, di viva attualità: i bambini, i bombardamenti in Iraq, il difficile rapporto di coppia, i giornali, i libri da leggere. Ogni tanto Morena prende la mano di quello che chiama «il mio fratellone» e l'accarezza teneramente, con l'aria di chi ha qualcosa da farsi perdonare.

L'ora di pausa passa prestissimo e tutto sarebbe bello, anche il tono dei saluti, se nel retroterra delle nostre chiacchiere non restasse immobile quel pensiero plumbeo: venticinque anni di carcere. Un lungo elenco di reati tra i quali anche il coinvolgimento in un omicidio. Una donna è stata uccisa. Storia oscura: un pentito, che si dichiara mandante del delitto della sua donna, e due presunti esecutori, Gennaro Esposito e la sua compagna, che è appunto la nostra Morena. Entrambi ospiti dello stesso carcere. Nulla di provato, gli interessati negano, i giornali dell'epoca sono pieni di dubbi, ma questo dicono le carte della Lilli Gruber di San Vittore. Sentenza definitiva: anni venticinque. Non credo sia l'occasione adatta per parlarne nel caffè di un elegante megastore.

Morena torna al lavoro, dietro la sua cassa. Ci diamo un appuntamento in uno dei suoi giorni di riposo: in carcere, naturalmente. «Riposo per modo di dire» precisa lei «perché io occupo quel tempo libero per studiare: sono vicina agli esami per operatrice turistica, un mestiere che mi affascina. Ma devo imparare un sacco di cose, comprese le lingue. Ci provo. In carcere ho ottimi insegnanti, tutti volontari, gente benemerita.» Non sono discorsi da «libertà nel 2020». Ma, si sa, le speranze tagliano il tempo.

Prima di lasciare il megastore mi presento anch'io alla cassa tenendo in mano un commovente e coraggioso best seller, in edizione tascabile, di Giuseppe Pontiggia che da tanto tempo mi proponevo di leggere: *Nati due volte*. Affronta il problema dell'handicap, la straordinaria forza e i tormenti dei disabili nella nostra società, sullo sfondo del dramma e della lotta infinita dei loro genitori. Morena incassa i 5 euro, mi dà lo scontrino, poi aggiunge: «So del lavoro che lei sta facendo a San Vittore. È andato a trovare mio marito? No? Vedrà che personaggio».

Chi pensasse che il marito di Morena sia quel Gennaro Esposito, condannato a ventotto anni, che figura come suo coimputato in un delitto, si sbaglia. Le storie del carcere sono sorprendenti. Morena Villa si è innamorata di un ergastolano, Marco Medda, uomo terribile e affascinante, artista, pittore di quadri, quasi trent'anni di galera già alle spalle. E di tanto affettuoso slancio è stata pienamente ricambiata. La storia d'amore si è conclusa davanti all'altare del carcere nel giugno del 2001. È stato un evento festoso. Come viaggio di nozze, un'ora di colloquio in più, quel giorno, sotto gli occhi di un agente. Nell'illibato menù matrimoniale ora c'è un rebus. Non si sa chi uscirà per primo dal carcere. Né quando. Storie lunghe e complicate. Il panorama si allarga. Il mio racconto è appena all'inizio.

XVI

UNA GRANDE STORIA D'AMORE

Come sono andate le lezioni, Morena? «Direi bene, sono soddisfatta, oggi abbiamo fatto inglese e matematica. Non vedo l'ora che arrivi giugno, gli esami saranno una liberazione. Devo essere interrogata su tredici materie...» Adesso siamo in una saletta del carcere femminile a chiacchierare di fatti della vita. È presente la ormai mitica Maria «trenta chili», veterana delle agenti, ma si tiene a distanza con tutta la sua pungente saggezza.

Cerco un approccio. E ragiono a voce alta: la donna che mi sta davanti non ha nulla della poveraccia, priva di personalità, trascinata nei gorghi della brutta vita da antiche miserie o da eventi disperati: questa è la mia sensazione.

La replica è pronta. «Certo, lei conosce la Morena di adesso. E non si sbaglia. Oggi non commetterei più certi errori. Ma a diciotto anni lo scenario era diverso. Sono andata via di casa. Mia madre era morta quando eravamo bambini e mio padre si era risposato con una vedova che aveva già quattro figli. Questo, lo so, non giustifica nulla. Ma, vivendo da sola, ho cominciato a incontrare grosse difficoltà. Ho lavorato in posti diversi, da barista, o alla Motta come cassiera. Mi ero comprata un monolocale e pagavo 500 mila lire al mese di mutuo, guadagnandone in tutto 700 mila. Sono entrata in una certa compagnia. Avevo un grande bisogno di denaro. Cocaina, soldi facili. Quando ci sei in mezzo, non ne esci più. Ho incontrato in un pub l'uomo col quale sono stata insieme per tredici anni. E siamo finiti in un gorgo. San Vittore: lui prima l'ergastolo, poi ventotto anni. Io prima trenta, poi venticinque. Il nostro legame si è dissolto. Ogni rimpianto mi sembra stupido. Ho gestito la mia vita in piena coscienza, per quello che ero allora. Non ho diritto di accusare nessuno. Ho fatto una grande fatica per cercare di rimuovere dalla mia mente la parte sbagliata della mia giovinezza con tutto ciò che c'è dentro. Non è facile, né lo sarà mai. Oggi guardo avanti: è già qualcosa.»

Certo, non è facile rimuovere. Tra tanti giri di droga, c'è anche un omicidio in questo passato. Più thriller che romanzo. Un mandante, Roberto Candita, che vuole liberarsi della donna siciliana, Carmela Campione, che lo ha tradito mentre lui era in carcere. E la donna minaccia rivelazioni terribili se il suo uomo l'abbandona. Candita ingaggia un killer che fallisce la missione. E lui lo rincorre sino in un ospedale per ammazzarlo, senza riuscirci. Quindi entrano in scena Gennaro Esposito e Morena Villa. Compenso: 30 milioni, se uccideranno Carmela. Operazione compiuta, dopo una gita in auto. Questo dicono le cronache e le sentenze, ma l'episodio non è chiaro. Il mandante prima confessa, poi nega. I giudici vanno per la loro strada. Sono passati dieci anni. Nove Morena li ha trascorsi a San Vittore. A cosa serve rivangare il passato?

Mi attacco all'idea di una Morena «altra persona», magari per giustificare il mio crescente sconcerto dinanzi a questa donna che si batte per il futuro come se il domani fosse proprio domani, e non un oroscopo di Barbanera. E tuttavia rifletto: che senso può avere lanciarsi tra i miraggi della ricostruzione innamorandosi di un ergastolano e sposandolo in carcere?

Non è una domanda: è il solito mio ragionare a voce alta, o forse un tentativo di esplorare l'assurdo che ho davanti. E Morena coglie in pieno lo stato d'animo di chi, pur avendo visto di tutto nella vita, stenta a capire. Socchiude gli occhi e mi parla di una grande storia d'amore. E lo fa con la levità di chi sta vivendo un sogno.

«Io lavoravo ai computer. Qui in carcere ogni attività è buona. Se non lavori, ti spegni piano piano davanti alla tv con un telecomando in mano, dalla mattina alla sera, sdraiata sulla tua cuccetta. Molti uomini si lasciano andare, le donne un po' meno. Noi inserivamo nell'archivio dei computer i dati delle ricette mediche. È un luogo dove uomini e donne possono incontrarsi. Lui un giorno mi ha guardata e io ho avvertito una scossa nell'anima. Lui un altro giorno mi ha parlato e io ho capito che la mia vita stava cambiando. Lui infine mi ha manifestato il suo amore e io mi ci sono tuffata dentro, con lo stesso intenso sentimento. Non pensi che sia una visionaria. Era scritto nel cielo che Marco e Morena dovevano incontrarsi. Né i nostri percorsi separati, né le nostre disgrazie, né il carcere potevano cambiare questo destino. Nulla poteva opporsi a un itinerario tracciato dal cielo. Anzi è stato proprio il carcere a unirci, facendoci conoscere e amare, divisi da una barriera che non ci impedisce di sentirci vicini. Non le sembra una bella storia?»

Morena torna a socchiudere gli occhi: «Marco è un uomo meraviglioso. Ha addosso una creatività incredibile, istintiva. Quello che ha commesso glielo racconterà lui, se vorrà. Io credo nel Marco di adesso. Un uomo che ha tanto carcere alle spalle, ma è un uomo libero di mente e di cuore. Il mio uomo. Mio marito».

Sì, è proprio una grande storia d'amore, ma – penso – solo di nobile amore platonico, ai confini del mondo, nel posto peggiore, tra due persone che hanno ancora molto da spendere nella vita, non solo sentimenti, ma vigore, desideri, pulsioni.

Morena mi guarda come se fossi io, adesso, il povero visionario che non ha più i piedi sulla terra. E mi spiega come un ergastolano e una donna condannata a venticinque anni possano ancora costruirsi una vita non eterea: incontrarsi, fare all'amore, magari avere un bambino. «Marco gode ormai della stima di tutti per il suo comportamento in carcere. Presto potrebbe ottenere dei permessi. Io fruisco già dell'articolo 21, lavoro fuori. Oggi non potrei incontrarlo, ma tra qualche tempo potrei chiedere dei permessi anch'io e magari potremmo fruire di permessi negli stessi giorni. Come vede, l'orizzonte può aprirsi un po' alla volta. L'idea di un figlio mi affascina: non la considero un miraggio, la vedo come un traguardo...»

Travolto da tanto entusiasmo, non ho più la forza né di ribattere né di chiedere spiegazioni. Fossero solo sogni, quelli di Morena Villa, che diritto ho io di ferirli con il mio realismo? E allora svicolo, esco idealmente dal carcere e torno al megastore, curioso di sapere come si è arrivati a questa felice sistemazione di una detenuta.

«Devo dire grazie a un'assistente volontaria. È lei che mi ha aiutato, è lei che ha convinto i dirigenti di quell'azienda a offrirmi un colloquio. È una donna riservata e io non ne faccio il nome. Il colloquio è andato bene. Ho chiesto di essere destinata alla cassa, perché cassiera ero stata da giovane alla Motta di via Orefici. E ho pure spiegato, per rassicurarli alla mia maniera, che tra i miei tanti reati non ce n'è alcuno contro il patrimonio: che insomma non sono mai stata una ladra. Quando è arrivata la risposta positiva per un periodo di prova, non volevo crederci. Pensi: stavo ottenendo un lavoro in una cooperativa teatrale. Buono anche quello, per carità, ma adesso in quel megastore mi sento in un paradiso, a Las Vegas. Dopo un periodo di part time mi hanno offerto il tempo pieno. Accettato subito, naturalmente.»

La curiosità è naturale: come vive una detenuta così pesante in un megastore? Come è stata accolta? Quali sono i suoi rapporti con i colleghi? «Tutto si è svolto con naturalezza. Pochi, o nessuno, nel negozio sapevano del mio status. Ma poco a poco la verità è venuta fuori. Filtravano alcune voci, sentivo addosso una giustificata curiosità per una ragazza che non poteva mettere piede fuori del locale, non poteva usare il telefono e che ogni volta trovava una scusa diversa per dire no a chi la invitava a far quattro passi, a prendere un caffè al bar dell'angolo o a mangiare un panino da qualche altra parte. Questa ragazza alla fine ha pensato di cancellare voci, sensazioni, piccoli misteri e di rivelarsi. Immagini le prime reazioni: silenzio, incredulità, curiosità. Adesso, come lei avrà notato quando ci siamo incontrati, tutto è normale. Vivo tra colleghi. Ho rapporti diversi, a seconda della disponibilità, del feeling, della simpatia, come avviene dovunque nei luoghi di lavoro. E nessuno mi invita più a far quattro passi o a prendere un caffè fuori. Si sono adeguati. Anche questo mio impiego nel megastore è un segno del destino, un regalo, un invito ad aver coraggio.»

Sono passate le 2. Morena non ha mangiato, ma ha ancora voglia di parlarmi di Paola Mazzoni, sua ottima compagna di cella, e soprattutto di un tema a me molto caro: l'umanità che regna in un carcere. «Volendo fare un bilancio, devo ammetterlo: a San Vittore ho avuto molto di più di quello che ho dato...» Poi continua: «Forse perché non mi è stato chiesto». E conclude: «O magari non mi sono resa conto di aver dato qualcosa anch'io».

Ci salutiamo da affamati. Morena, prima di uscire, si adagia ancora una volta sul sofà di donna innamorata:

«E allora, ci va a trovare mio marito? Glielo consiglio. Vedrà che uomo, Marco, che fascino, che fantasia». E io non ci penso due volte. Chiedo di incontrare questo Marco Medda di cui tutti parlano a San Vittore. Due omicidi, forse tre, un bel po' di rapine, un'evasione, tre ergastoli.

Bussiamo alla sua cella.

XVII

VITA, CRIMINI E ARTE DI UN JEAN GABIN

Un fragore di cancelli, al quale sono ormai abituato. Una stretta scala sulla sinistra, due piani da salire. Ed eccoci in un larghissimo corridoio che potrebbe rappresentare una hall del Grand Hotel San Vittore, primo raggio, settore penale maschile. Mi accompagna Luigi Pagano, guida e legge di questo mio viaggio. Al primo detenuto che incontra, chiede: «Dov'è il maestro Medda?».

Si è raccolta una piccola folla, fuori delle celle, attorno a noi. Persone di ogni età. Ogni minimo fatto nuovo, ogni ventata di curiosità è un appiglio qui dove i tempi sono lenti e infiniti. A un'estremità della hall c'è una minuscola palestra, bene attrezzata, dove vedo un uomo anziano impegnato sulla cyclette. All'altra estremità, una saletta, a luci basse, con un televisore spento. Sembra un quadro di natura morta. Ma lo scenario cambia la sera, soprattutto quando ci sono le partite.

Il maestro Marco Medda – ci informano – è nel suo studio di pittura. Pochi gradini ancora, un detenuto lo avverte, lui sa della visita e ci viene incontro. «Prego, accomodatevi pure.» Il locale è piccolo, ma tutto si svolge in perfetta regola. Luigi Pagano vorrebbe presentarmi, ma l'uomo dei tre ergastoli lo anticipa: «Conosco da tempo il signor Cannavò. Ho anche letto il suo libro. E poi, me ne ha parlato mia moglie

Morena in modo, come dire?, del tutto rassicurante. E magari con qualche aggettivo in più...».

Non c'è che dire: parola di donna, ho una credenziale di ferro. Il direttore Pagano aveva tutte le intenzioni di aiutarmi, ma capisce l'antifona: «Io vi saluto, guaglio', ho la scrivania piena di problemi». E napoletanamente si congeda. Medda lo accompagna con lo sguardo e chiarisce subito il suo rapporto con il personaggio che da quattordici anni guida e gestisce San Vittore: «Io ho trent'anni di carcere alle spalle, nei posti più impensati. Non devo arruffianarmi nessuno. C'è stato un tempo in cui ho mandato affanculo chiunque mi capitasse davanti, anche il direttore, ma mi creda: Pagano è un uomo meraviglioso, unico. La legge è il suo vangelo, senza deroghe e senza debolezze, ma lui sente l'odore del carcere, il sudore del carcere, lui vive il carcere, partecipa al nostro dolore e alle nostre speranze. Glielo dico in due parole: Pagano è un uomo vero. Non soffro della sindrome di Stoccolma, che lega il carcerato al suo carceriere: dico quel che penso di lui. Un giorno, quando ero proprio nel momento peggiore della mia vita, catturato dopo l'evasione da Trani e dopo un conflitto a fuoco, costretto su una sedia a rotelle, Pagano mi ha detto: "Ma non sei stanco di farti sbattere da un carcere all'altro?". Mi prese a San Vittore e io assunsi un impegno morale. Ci sono stati due episodi per i quali il direttore avrebbe potuto punirmi, sbattermi via da qui e rispedirmi in qualche altro carcere di massima sicurezza. In uno dei due c'entra anche Morena: una tentazione irresistibile, bloccata dall'intervento di un agente. Pagano mi ha punito e salvato, mi ha tenuto a San Vittore dove vive mia moglie, la donna che amo intensamente, l'unica ragione e l'unica speranza della mia vita. Io a quell'uomo devo riconoscenza e rispetto».

Ora siamo faccia a faccia, a porta chiusa, io e lui. Io

impegnato a gestire l'emozione di un'esperienza umana e professionale che mai avrei immaginato di vivere e quell'omaccione tarchiato, bruno, con un passato di violenza e due occhi grandi che ti scrutano come fari nella notte del carcere. Io, con un paio di foglietti sui quali incido parole, scarabocchi e pensieri da sviluppare. E lui che parla con studiata lentezza, con ricercata proprietà di linguaggio, articolando verbi difficili e pesando parole mai vacue.

«Immagino, caro Candido, che possiamo darci del tu...» Immagina bene. E per festeggiare la piccola conquista comune si abbandona a qualche riflessione generale, introduttiva: «È inutile che ci soffermiamo troppo sui problemi di un carcere. Devi capire che fuori di qui *loro* hanno troppi problemi per occuparsi di noi». E poi, con un tocco di ermetismo: «Il carcere è stato costruito da uomini per uomini. Qui non ci sono mostri con due teste, c'è gente che paga. Io pago giustamente». Filosofia spicciola di tolleranza, di pace-carceraria-dei-sensi da parte di chi ha trascorso due terzi della sua vita dietro le sbarre, roso da desideri, con sedici anni di isolamento, e non ricorda neanche tutti gli istituti di pena in cui è stato: Nuoro, Pianosa, Asinara, Palmi, Trani, Ascoli, Foggia, Voghera, Ariano Irpino, Carinola, Spoleto e chissà quale altro prima di San Vittore.

Cerco di immaginare com'era nel '71, quando incappò nel primo carcere pesante, quest'uomo che oggi ha tutta l'aria del patriarca, senza esserlo, e che mi ricorda un Jean Gabin capobanda in pensione, un po' dimesso, ma sempre ammantato di quel fascino sinistro che accompagna i personaggi come lui. Medda coglie al volo il senso di questa mia voglia di passato. Da dove comincia il truce romanzo di violenza, di vendette, di espiazione, di sangue e di sbarre, illuminato adesso da una grande storia d'amore? E si tuffa nel racconto.

«A quei tempi ero, come si suol dire, un giovanotto

particolarmente vivace. Mi spiego meglio: un predestinato. Da bambino una nostra parente, Anna Sanna, mi portava ai giardinetti di Cagliari, vicino al porto. Ero ben vestito, con le scarpe nere di vernice, quelle col bottoncino laterale. Intollerabili. Me le toglievo e scappavo via a giocare scalzo con i ragazzacci del porto. Quello era il mio vero istinto. A quattordici anni rubai a mio padre, che era un piccolo produttore di vini, una banconota da 10.000 lire, di quelle grandi, a lenzuolo, e scappai di casa imbarcandomi su una nave della Tirrenia. A Milano c'era un mio cugino, Pinuccio, che è morto da poco. Qui commisi il primo furto vero, dopo le 10.000 lire di mio padre: una Lambretta. Venni arrestato e finii al Beccaria. Riuscii a fuggire e venni ripreso. Mi rimandarono a casa. Ma io di vino non volevo saperne, né di lavoro, né di studio. Mio zio Efisio Medda aveva un cinematografo a Capoterra, periferia di Cagliari. Sceglievo i film che sollecitavano la mia vocazione: i *noirs* francesi, con Jean Gabin, Jean-Paul Belmondo, Eddie Constantine, Lino Ventura, o storie americane di gangster con James Cagney, Edward G. Robinson. Fascino irresistibile. Nulla da fare: la Sardegna mi stava stretta, la piccola vita della mia dignitosa famiglia di vinai non era per me. Ero un intruso, un corpo estraneo. Pensi che mia sorella è un antiquario con negozio a Londra e un deposito a Milano. Sorretto dalla famiglia, avrei potuto darmi al commercio anch'io, ma non era ambiente per uno come me, con la febbre addosso.»

E io qui vorrei spezzare il racconto di Medda, per prendere fiato, magari per parlare un po' dei suoi quadri che sono esposti nella stanza: c'è una verde rupe da paesaggio sardo accanto a un nudo di donna. E di fronte un dolcissimo volto della Madonna di Medjugorie. Su tutti svetta un Cristo in croce con braccia e gambe mozzate. «Questo dipinto è dedicato alla rivolta del '69 a San Vittore: anche il Cristo era per quei forsennati un vecchio simbolo da abbattere. L'episodio mi ha ispirato. Io sono religioso a modo mio, ma considero Cristo il primo romantico della storia, un grande uomo.»

Il break artistico è finito. Marco Medda mi fa capire che non si può lasciare a metà il racconto di una vita come la sua, della quale lui traccia il bilancio con agghiacciante e drammatica obiettività.

«Se ho trent'anni di carcere alle spalle, è perché ho pagato e pago il prezzo di una scelta consapevole. Feci tutto a occhi aperti, non mi trascinò nessuno: diventai quello che viene definito un bandito. Per mia volontà. Entrai con tutti e due i piedi in un mondo che ti prende in modo irreversibile. I miei primi verbi sono stati: evadere, aggredire, sfidare, conquistare, punire. Una volta dentro, i confini del reato si allargano. Le tentazioni e i delitti diventano sempre più pesanti. E le vie di uscita, ammesso che uno voglia cercarle, non esistono. I meccanismi di quel mondo sono rigorosi. Se non li accetti in pieno, diventi un bersaglio facile. E io mi immersi, accettai tutto. Abitavo, vedi la predestinazione, a San Vittore Olona. Dopo tre rapine, presi i primi sedici anni di carcere. Non accuso nessuno: tutto quello che ho fatto era nel mio dna. Ho vissuto nel mondo di Turatello e Vallanzasca e, di riflesso, anche in quello di Cutolo, Barra, Pandico, Melluso. Il peggio della cronaca nera, anche con risvolti politici. La mia cartella penale è un'antologia di reati, delitti gravi e terribili. Molti sono veri, altri mi sono stati caricati addosso per chiara fama. Marco Medda era uno cui si poteva attribuire tutto: anche la strage della Uno bianca di Bologna, dalla quale poi venni dichiarato estraneo perché i colpevoli erano poliziotti e resero piena confessione. Quegli sporchi mercanti che si definiscono pentiti mi hanno messo in mezzo anche nella dolorosa vicenda di Enzo Tortora e nel rapimento di Cirillo, da parte delle Brigate Rosse. Sarei stato io a far da tramite con Cutolo per la liberazione dell'uomo politico campano. Fu esibito un biglietto autografo di Flaminio Piccoli. Sui giornali figuravo come il delfino del fondatore della Nuova camorra organizzata. A diciotto anni ho avuto una moglie: Concetta. Fu uccisa nell'82. Forse per una vendetta trasversale. Non ne sono sicuro. Quello era ormai il mio unico mondo. Nel 1980 ebbi il primo ergastolo: duplice omicidio nel carcere di Nuoro. Erano le conseguenze logiche della mia scelta. Poi venne il resto. Io dico: un ergastolo va bene, ma tre non hanno senso. Allora viva l'America: è meglio che ti ammazzino.»

Marco Medda racconta misfatti e tragedie che gli appartengono col tono di chi ha letto un libro di Mario Puzo e intrattiene gli amici. Ma nella sua freddezza vedo più raziocinio che cinismo. Non c'è un insensato «orgoglio di carriera», ma neanche l'esibizione di un patetico pentimento. Ciò che lui pensa nell'intimo gli appartiene in esclusiva. «A cosa varrebbe rinnegare il passato? Mi sentirei non soltanto un ipocrita, ma anche un uomo vuoto, un vegetale. Mi fanno ridere quelli che dicono "se nascessi un'altra volta". È la più stupida delle finzioni. La vita è una, quello che hai fatto non è mutabile: ti apparterrà per sempre. E io non mi tiro indietro. Sono stato un delinquente, un bandito, un omicida. Ma ho pagato. E poi sai cosa ti dico, caro Candido? Non ho mai ammazzato, ferito, colpito un innocente, una persona fuori del nostro giro. Sarebbe stata un'infamia. Tutto è avvenuto all'interno del mondo che avevo scelto, secondo le regole che ci eravamo dati. Adesso, dopo trent'anni di carcere, penso di avere pagato abbastanza. Intravedo un futuro che si chiama Morena. E dico in piena coscienza che quel mondo nel quale mi sono immerso e perduto non mi interessa più. Avrei buone ragioni, ora che ho cinquantacinque anni, per attaccarmi a qualche rigurgito di sentimenti o per rifugiarmi in considerazioni di carattere morale. Questi sono affari miei, appartengono alla mia intimità. Dico semplicemente che quel mondo mi ha deluso. Non ha più regole. I cosiddetti pentiti lo hanno inquinato.»

Si può parlare di onestà intellettuale per un uomo che ha saccheggiato il codice penale e ha tre ergastoli sulle spalle? Questa domanda mi perseguita. E io evado, come fece Medda l'ultima volta, quando era nel carcere di Trani. Gli avevano dato un permesso e lui tradì la fiducia di chi lo aveva aiutato. Non rientrò in cella, si prese tre mesi di libertà e poi, oltre a qualche pallottola nel giorno della cattura, confezionò un terzo ergastolo. Oggi quell'episodio gli pesa. È un ulteriore sbarramento dinanzi alle sue tenaci speranze.

La mia, per fortuna, è solo un'evasione mentale. Io, di fronte a quel personaggio inquietante, fuggo dai miei tormentati pensieri. E trovo rifugio in un'incredibile storia d'amore: quella di Morena, che chiude il rapporto con l'uomo che l'ha condotta a venticinque anni di galera e si innamora di un ergastolano che la sposa in carcere e la adora. Medda socchiude gli occhi: «Giugno del 2001, il giorno delle nozze: mi piacerebbe regalarti il film della cerimonia». Qui la filosofia del vecchio detenuto non c'entra più: la storia di Marco e Morena esce dalle pagine di un romanzo ottocentesco. Amore totale, doloroso, paradossale: mai consumato.

E adesso tiro fuori le mie carte. «Ho conosciuto la tua Morena e penso non abbia nulla del vostro mondo; vedo in lei spigliatezza, eleganza naturale, istinto alla cultura, garbo, intelligenza: ma non intelligenza del male. Ma, visti i precedenti dello spaccio di droga, rileggendo sul "Corriere della Sera" del 9 dicembre '94 la cronaca oscura del delitto di Carmela Campione, dovrei sospettare di aver preso un abbaglio. O forse, come tua moglie afferma, io ho conosciuto un'altra Morena, come sto conoscendo adesso un altro Marco. Cos'è San Vittore? Il carcere dei miracoli?»

Non so se con malizia o senza peccato, mi accorgo di aver invitato Medda a rivelarsi: «No, non hai preso alcun abbaglio: Morena è così, come tu l'hai conosciuta. Col nostro mondo non c'entra per nulla. È un'intrusa. C'è cascata perché, se metti un piede in un posto sbagliato o se fai un brutto incontro, la tua vita può cambiare da così a così. Quel che è stato è stato. Morena sta pagando. La sua vera indole è venuta fuori nel posto peggiore, il meno indicato: un carcere. E io di questa Morena mi sono innamorato, appena l'ho vista. È lei che ha ridato un senso alla mia esistenza. E mi ha fatto pensare che dopo trent'anni di carcere ci possano essere altri anni di vita vera: di felicità, noi due, insieme...». Be', qui la realtà di un triplice ergastolano supera la fantasia di uno scrittore romantico popolare...

Tra le mie carte da esibire c'è anche la cronaca che Morena mi ha fatto del colpo di fulmine. La sala dei computer del carcere: il primo sguardo, la prima frase, poi l'incendio di due cuori. Qui Medda ha qualcosa da precisare: «Sai qual è la verità? Ha fatto tutto lei, come avviene quasi sempre nelle storie che portano al matrimonio. La donna è regista. E per me il mondo si è capovolto. Ho avuto tante donne nella mia vita, ma ogni rapporto era caratterizzato dal senso del possesso: prima la conquista, poi quello che ne seguiva secondo la mia volontà. Con Morena è stato tutto l'opposto: io mi sono lasciato prendere da lei, provando una sensazione a me ignota. Stordente, bellissima. E considerando il mio stato di ergastolano, di sopravvissuto, immerso nel buio del mio orizzonte, ho provato un pesante imbarazzo, forse un rimorso: quello di farle del male, di aggiungere tristezza ed errori alla sua vita. Mi sono chiesto più volte se l'amore, pur pienamente corrisposto, poteva darmi il diritto a questo impegno, oppure se non avessi il dovere di bloccarmi per aiutare Morena. Lei è molto più giovane di me... Ma non c'è stato nulla da fare. Più io lottavo e più eravamo vicini. E adesso siamo impegnati insieme in un'altra lotta: per trovare uno squarcio, uno spazio comune nel nostro futuro. Non è facile, io ho ancora un muro davanti. L'evasione di Trani mi ha privato di quel diritto ai permessi che mi ero conquistato. Oggi mi mordo le mani. Ma allora non c'era Morena».

Qui Medda avverte forse il rischio di scivolare nel patetico. A cosa varrebbe pentirsi di quella evasione? Sarebbe un esercizio ipocrita e inutile. Già la stessa parola «pentito» gli ripugna. E allora svaria, cambia tono: «Se non vuoi la cassetta filmata del matrimonio,» mi dice «abbiamo delle foto: le ho consegnate a Morena, fattele dare quando la vedi, noi siamo d'accordo, ci fidiamo. L'ho vista stamattina nel solito colloquio. E purtroppo ho dovuto darle anche una cattiva notizia». Tira fuori un foglietto di carta, un documento. E me lo mette sotto gli occhi. Poche righe. Il magistrato di sorveglianza considera prematura, e quindi respinge, la richiesta di applicazione dell'articolo 21 avanzata da Marco Medda. Articolo 21, come ormai i lettori sapranno, significa lavoro fuori del carcere. «Ci speravo, avevo trovato anche un impiego nel Polo Ferrara, gestito da Comunione e Liberazione. Sarebbe stato il primo squarcio di futuro. Il direttore Pagano aveva accompagnato la richiesta con una relazione tanto onesta quanto positiva. Nulla da fare, dobbiamo aspettare ancora. Io sono abituato ad attendere, ma per Morena è stata una mazzata.»

Sono passate un paio d'ore. «Posso offrirti un caffè?» Medda mi accompagna nella hall di San Vittore, facendomi visitare la sua cella dove c'è anche un computer non collegabile con l'esterno. Un agente di polizia penitenziaria giustamente interviene: «Questo non è nei regolamenti». Ha ragione: nelle celle non si entra. Il caffè è buono, nel grande corridoio si è radunata una piccola folla di curiosi. Soliti discorsi. L'Inter, il Milan, la Juve, il dissestato Napoli di tanti cuori infranti, o la maledetta guerra che uccide delle creature innocenti. Mi attira un detenuto, che è poco più di un ragazzino. «Che cosa hai combinato per essere qui?» Lui non sa rispondere, è straniero, la lingua non lo aiuta. Dice solo: «Continuato», che significa reato ripetuto. Un collega anziano interviene: «In due anni dovrebbe cavarsela».

Poco più in là c'è un banchetto dove una signora dai capelli grigi dà lezione a un giovane tunisino. È grintosa e simpatica. Mi avvicino curioso e lei mi spiega che quel ragazzo che le sta davanti deve sostenere degli esami e quindi è meglio non disturbarlo. Poi aggiunge: «Siamo un'associazione di volontari e siamo felici di fare questo lavoro. Io qui mi trovo bene. Insegnare in carcere mi dà soddisfazione. Se ne vuole sapere di più, diamoci un appuntamento».

La signora tira fuori un pacchetto di sigarette e se ne accende una.

Io, salutandola, la provoco: «Se lei non fumasse, sarebbe proprio perfetta».

«Caro signore,» replica «io sono perfetta anche perché fumo.»

Medda mi consegna a un agente di custodia. Il solito sferragliare di chiavi e di cancelli mi accompagna verso l'uscita. Con questo *metal rock* carcerario si chiude un pomeriggio difficile da dimenticare. Dopo pochi mesi, Marco Medda sarà trasferito a Monza in regime di più rigida sorveglianza. La sua Morena mi ha detto: «È disperato». E aveva addosso la più cupa delle tristezze. Senza una lacrima.

XVIII

TEATRINO DELLA MITICA MARIA

«Un giorno mia figlia, finita la scuola, dice: "Aspetto mia madre che esce da San Vittore". Le compagne non sanno del mio lavoro e la guardano curiose e stupite. Le loro mamme si allarmano. Poi tutto si chiarisce. Questi e altri sono gli inconvenienti per chi lavora in un carcere. Un'altra volta, quando mia figlia era molto piccola, ho organizzato per lei una festa di compleanno. E mi sono accorta che lei perquisiva le compagne, appena arrivavano a casa. Aveva sentito, credo, di certe mie esperienze professionali e vi si era istintivamente adeguata.»

È Katia Pazzini che racconta, polizia penitenziaria, giacca blu, capelli rossi: il braccio destro dell'ispettore Carmela, quella agente che si era commossa quando comunicarono alla detenuta Maria Pecoriello, mentre si apprestava a lasciare San Vittore, che la sua condanna si allungava e nessun permesso era più possibile. «Certo, è un lavoro come un altro: ma sempre di carcere si tratta. Viviamo tra celle, sbarre, cancelli che si chiudono e tanti drammi, tante situazioni che fatalmente ci coinvolgono. Il caso di Maria Pecoriello è uno dei tanti. Poi, quando ci sono di mezzo i bambini, addio: siamo sensibilizzate al massimo. Io ho un matrimonio fallito alle spalle. Ora ho un compagno e sono madre di una ragazza splendida, che adoro. È cresciuta in fretta, ha un ottimo lavoro da Coppola, il grande parrucchiere milanese. Da un lato sono contenta, dall'altro vedo i pericoli di un ambiente di alta mondanità, molto sofisticato. Lei cosa ne pensa?» Quando i figli crescono, penso a due cose: l'autodifesa – nel senso di spiegargli tutto – e la grazia del cielo...

Katia è una delle novantatré agenti penitenziarie che lavorano a San Vittore. Alcune negli uffici, altre nel carcere vero e proprio. Ci sono le veterane e le giovanissime. Ci sono le spigliate, le allegrone, le carinissime, come Stefania, Giusi e la Valentina toscana e «tizianesca» che abbiamo già conosciuto in chiesa con una bambina in braccio: possibili candidate a una molto problematica «miss San Vittore». Stefania Pazzaglini è una ragazza romana dagli occhi chiari, figlia d'arte, avviata dalla madre al concorso penitenziario. Da otto anni a San Vittore, prima lavorava tra le celle, adesso nella segreteria di direzione: «Ma, quando c'è bisogno, vado anch'io a dare una mano nel cuore del carcere. Sono molto legata alle detenute più anziane. E anche loro mi vogliono bene. Al concorso ti insegnano: mantenere le distanze, mai farsi dare del tu. Ma come si fa, quando si vivono situazioni drammatiche sotto lo stesso tetto? Qui c'è stato un bambino di nome Antony: bello da impazzire. Mi è rimasto nel cuore. Sono stata io a trasferire la madre agli arresti domiciliari». A Milano Stefania ha trovato un bel fidanzato: agente della polizia di Stato, in servizio a Porta Genova. Coerenza anche in amore.

Ci sono, tra le agenti, le donne sagge che ricorrono all'esperienza e al buon senso. E poi le veterane come Carmela C. (un'altra Carmela dopo la ormai ben nota ispettore Fascetta), Teresa G. e Nella B., ugola d'oro. Una vita nel carcere e per il carcere. C'è la materna Dora che lavora ai conti correnti e non mancano quelle un po' fantasiose che si acconciano da punk con una bella dose di gel nei capelli. Non ho conosciuto delle «dure», del genere cinematografico americano: credo che questo modello sia tramontato o forse mai esistito. Non mi pare neanche che ci sia, nel rapporto tra detenute e agenti, una vocazione alla volgarità. Il linguaggio del carcere è quello che è. Degno dei nostri giorni. Garantisco che in un vagone della metropolitana affollato di studenti si sentono cose nettamente peggiori, magari in bocca a ragazzine. Frasi da far arrossire il frequentatore di una bettola.

In genere per le agenti penitenziarie, più che una scelta specifica, San Vittore è stato l'approdo a un lavoro, a uno stipendio sicuro. Il coinvolgimento è venuto dopo, quasi per tutte, perché il carcere non è un ambiente asettico, dove può regnare un regime impiegatizio, timbri il cartellino e non te ne frega più nulla: è pur sempre un posto di confine.

La mitica Maria «trenta chili» è arrivata, attraverso concorsi interni, al grado di sovrintendente, che viene appena dopo quello massimo di ispettore. Nata e cresciuta in una famiglia borghese di Caltagirone, è letteralmente evasa dal negozio di ceramiche gestito dal padre. «C'è di mezzo una grande delusione d'amore, di quelle che ti lasciano un trauma nella vita, anche se poi trovi una strada diversa. Io sono sposata da tanti anni e ho un figlio» qui c'è una vampata di legittimo orgoglio «che sta per laurearsi in ingegneria.» Maria è a San Vittore da quasi trent'anni. Ha conosciuto Curcio, i terroristi, i mafiosi, i politici delle tangenti, i boss e i povericristi della droga. Di questa Maria, dei suoi silenzi, delle sue apparizioni, delle sue sentenze improvvise, ho già parlato. Se fosse stato ancora in vita il mio amico Turi Ferro, sublime attore siciliano, gliela avrei presentata. Ne avrebbe fatto una di quelle irresistibili caratteriste da palcoscenico che hanno arricchito di brio e di talento il nostro teatro popolare. Anche Eduardo De Filippo se ne sarebbe innamorato.

Maria, tra l'altro, ha l'arte di storpiare le parole «alla Frassica» in una chiave di istintiva comicità. Il gusto della battuta prende il sopravvento quando «indossa i gamberetti», anziché i gambaletti, racconta di essersi fermata «sulla sogliola della casa», lamenta di essersi fatta male «al carpaccio della mano», definisce splendida la «delega» di un libro che le hanno regalato e sospira dicendo che nella sua vita ci sono state delle «virgole» dolorose, che poi sarebbero delle parentesi. Teatro o realtà? Il mistero permane. Comunque, un personaggio di spicco, con vocazione al melodramma quando racconta, per esempio, quale scalpore fece a Caltagirone la sua fuga a Milano, dopo il grande amore infranto. Tutti le vogliono bene nel carcere, anche se talvolta l'ispettore Carmela si arrabbia e gliene dice di tutti i colori, senza scuotere comunque la sua filosofica imperturbabilità.

XIX

SANTINO, TANTE CARCERI, UNA CINESE

Erano i primi mesi del 2000, i tempi di Luna Rossa, la mitica barca che tenne svegli gli italiani nelle finali di Coppa America. Miuccia Prada e Patrizio Bertelli, i promotori della spedizione, aprivano la loro casa a gente del mare o a fanatici di passaggio. E cercavano di legare quell'evento a fatti di cultura che allargassero i confini del loro mecenatismo sportivo.

Una sera ci invitarono a visitare uno «spazio d'arte». C'era la più strabiliante mostra che io abbia mai visto, uscita dal cervello fervido e rivoluzionario di un'artista americana che ha riempito la sua biografia allucinante delle più svariate esperienze nel mondo. Cattedratica e violinista, organizzatrice di eventi, cantastorie della pittura e della scultura, scrittrice e maestra di oratoria. Parlo di Laurie Anderson. La mostra si intitolava «Dal Vivo» e il suo intento era di portare l'arte in un tema bruciante di quotidianità: il carcere. Protagonista un detenuto «pesante» di San Vittore, dalla storia romanzesca: Santino Stefanini. La Anderson, invitata a Milano dalla Fondazione Prada, chiese di visitare San Vittore. E scelse lui, forse per la sua storia, forse per i suoi occhi verdi di ghiaccio nella cui profondità molte donne si sono dolcemente smarrite.

Ed ecco la creazione simbolico-rivoluzionaria. Su una sagoma di uomo impastato nel gesso, espressione di una vita ormai afflitta da sclerosi, la Anderson lancia proiezioni dell'immagine del detenuto che diventano il simbolo della vita che non tramonta o, se volete, della speranza che resiste anche in un essere che ha trascorso in carcere due terzi della propria esistenza. La Anderson aveva insegnato in carceri e manicomi newyorkesi. E immagino che là sia nata l'idea di quella che lei definisce «una clonazione luminosa e ottica, al confine tra il corporeo e il mediatico, di una persona dimezzata qual è un carcerato».

Ora Santino Stefanini è davanti a me nel settore penale di San Vittore, quello per detenuti con condanne definitive che vivono a celle aperte per molte ore al giorno, sino alle 21. Per chi non l'avesse riconosciuto, ricordo che di lui si è innamorata la bella cinese Wang Xiao Lian che abbiamo incontrato nella sartoria del settore femminile dove opera la cooperativa Alice. E Santino si è rifugiato in quella donna saggia e serena: un porto nella tempesta. Il matrimonio si è celebrato in carcere il 18 ottobre 2001. Una storia d'amore bella e non consumata. I due s'incontrano abbastanza spesso perché Xiao viene a lavorare ai computer – ed è bravissima – nel settore maschile.

Quando io arrivo, lei è nel piccolo laboratorio insieme con Angela Poirè, mitica cliente di San Vittore, una popolarissima e voluminosa Dina e una paziente e inflessibile agente penitenziaria. «Sei contenta» dico alla cinese «di poter vedere spesso il tuo Santino?» Xiao scuote la testa. «Contenta sì, ma è anche una toltula». La Poirè, sboccata e simpatica, esprime questa tortura con gesti eloquenti.

«Non possiamo parlare» dico a Santino «in mezzo a tutte queste donne.» Lui, per la verità, ci nuota dentro come un pesce goloso in quello strano gineceo carcerario, dove ogni suo sguardo produce fremiti e gelosie. Ma è d'accordo con me: abbiamo bisogno di un po' di tranquillità. C'è libera la redazione di «Magazine il due», il giornale del carcere. Un agente ci accompagna. La porta resta aperta per un'ora e mezzo. Io ho in mano il bel libro della famosa mostra organizzata da Miuccia Prada. «Lo sai, Santino, che l'ho visitata quando non sapevo nulla della tua esistenza?» Lui si inorgoglisce. «E tu sai» risponde «che con la Anderson, donna davvero straordinaria, siamo diventati amici? Lei è venuta in carcere, mi ha visto e mi ha scelto. A far da tramite è stata la giornalista Emilia Patruno che dirige il nostro "Magazine il due". Io ho accettato, dicendole che la sua idea era per me come una evasione virtuale. Modestamente di evasioni io me ne intendo... Ogni tanto la Anderson si ricorda e mi scrive. Cavolo, quante cose avrei potuto fare, quante belle persone avrei potuto conoscere, quali traguardi avrei potuto raggiungere se non fossi stato uno stronzo. Ora ho cinquant'anni e sono qui. Sarò un matto, ma vedo ancora un futuro davanti a me: diverso, non banale...»

Santino Stefanini dipinge, come il suo amico Marco Medda, ha partecipato a due documentari, *Campo corto* e *Fine di un amore mai,* ha pubblicato due raccolte di poesie, *Vent'anni di cattiva sorte* e *Con amore, con dolore,* e una sua biografia davvero straripante di reati piccoli e grandi, di conflitti a fuoco, evasioni, permessi andati a male, di donne, di amori, di piccole gang di ladri d'auto, di alta delinquenza e di viaggi da un carcere all'altro. Con un'oscura accusa di omicidio in mezzo: il solito infame che ha tradito e non merita di vivere. «Quante carceri ho conosciuto? Almeno trentacinque, non posso ricordarle tutte. Il primo fu il Beccaria, roba da minorenni. Parlo del vecchio Beccaria che sta qui vicino alla piazza Filangieri. Ma feci in tempo a conoscere il nuovo. Ero un ragazzo di sedici anni. In gergo sportivo si potrebbe dire che sono partito fortissimo.»

Ma cos'è stata, la tua, una vocazione alla delinquenza

come quella che Marco Medda avvertì sin da ragazzo, come un'attrazione irresistibile? Santino Stefanini, più che di vocazione, parla di una scelta chiara e inevitabile, di una carriera che si sviluppa piano piano. «Vivevo nel quartiere di Affori, arida periferia milanese, famoso per la canzone dedicata alla sua banda musicale. Mia madre aveva un bar-pizzeria-latteria, frequentato naturalmente da ragazzi sbandati della mia età. Lo sai cos'era Affori alla fine degli anni Sessanta? E cos'era la Comasina? Chi non rubava era una mosca bianca. In quella compagnia io ci sono cresciuto. E anche se non ero povero, sposai l'ideologia dei poveri che detestano i ricchi. Divenni uno di loro. E mi avviai al mestiere con grande slancio: prima topo d'auto, poi i primi furti nei supermercati. E così via. Il carcere minorile non fece che trasformare in odio la mia ideologia. Strinsi amicizie che non ho mai tradito, né dimenticato, pur confessando gli innumerevoli errori della mia vita bruciata. Ricorderò sempre due ragazzi della mia età, Antonio e Edo: morti sul campo. Il primo andando a sbattere contro un camion con un'auto rubata, l'altro falciato da una raffica di mitra. Stava scappando su una macchina: rimase inchiodato al volante. Erano stati miei compagni d'avventura nelle scorribande alla Standa, alla Upim e via di seguito. Avevamo conosciuto il carcere insieme. Io avevo sedici anni, Antonio quindici. Avevamo rubato dei jeans. Se ne accorse una signora e cominciò a gridare. Ci saltarono addosso i carabinieri, scesi da una Fiat 600. Prendemmo delle sberle. La prima notte fu da incubo. Al carcere di Monza non ci accettarono. Finimmo al Beccaria. Il mio salto di categoria avvenne dopo. Rapina a una banca di via Paolo Sarpi: andò bene, ma il bottino fu magro. Ebbi l'impressione di un lavoro facile. Una rapina tira l'altra. Fu così che conobbi San Vittore e, dopo alcuni brevi soggiorni, mi presi cinque anni. Non avevo neanche vent'anni. E qui cominciano quelle turbolente vicende che mi hanno portato da un penitenziario all'altro, da un isolamento a una evasione a una fuga. E soprattutto a un cumulo spaventoso di condanne. Scappai da Fossano e da Alessandria. La prima evasione nel '77 fu classica: discesa da una finestra con le lenzuola annodate. Nell'altra, che risale all'82, fui coinvolto in un conflitto a fuoco e mi presi quattro pallottole. Mi hanno asportato parte del fegato e dell'intestino. Ormai ero un superbandito. Facevo parte della banda di Renato Vallanzasca. Dopo la cattura, vissi esperienze terribili in isolamento. Per farla breve, a metà degli anni Ottanta mi trovai con centosessanta anni di carcere da scontare, tradotti naturalmente in un ergastolo che, in pratica, poi equivale a trent'anni. Era il tempo dei pentiti. E tutti mi davano addosso. Tuttavia nell'85 ottenni di uscire dal carcere e rimasi per due anni in sorveglianza con l'obbligo di firmare ogni giorno in questura. Per la legge, non potevo vedere neanche mia moglie Lucia. Il nostro rapporto si era deteriorato per via del carcere: era diventato pessimo. Volevo salvarlo, volevo convincerla che ero cambiato e che potevamo sperare di ricostruirci una vita. Chiesi invano il permesso di incontrarla. Nulla da fare. E allora agii da solo: questa fu un'evasione "per necessità" che appesantì la mia già catastrofica pena. Dall'87 in poi divenni una sorta di sepolto vivo. Una vita senza spiragli. Avevo avuto tante donne: la Tiziana in gioventù mi teneva a casa sua, poi c'è stata mia moglie Lucia, quindi Marusca, la madre di mio figlio che si chiama Eros, ha diciassette anni e un giorno disse: "So dov'è mio padre". Ci siamo conosciuti tardi perché volevano nascondergli che suo padre era un delinquente. Ora lo vedo, mi ha accettato, i nostri rapporti sono buoni. C'è stata anche una Antonella, è vero: viene qui a San Vittore a trovare i suoi figli, che sono in carcere. L'ultima volta l'ho incontrata tre anni fa.»

Osservo che tra il tentativo di salvare un matrimonio e il fare un figlio con un'altra donna il passo è stato molto breve. Santino non nega, si abbandona a una sorta di fatalità femminile: «Cosa vuoi? Ciascuno ha le sue debolezze. In questo caso, le mie sono gradevoli. Te ne racconto un'altra, molto recente. Nel 2001 ottenni di poter lavorare fuori con l'articolo 21. E trovai posto a Telelombardia, imparando anche un bel mestiere: quello del montatore televisivo. Non finirò mai di ringraziare quei signori che mi hanno accolto. Ma anche in questo caso feci una stupidata: ci fu di mezzo una donna, naturalmente. Non riuscii a resistere, mi scoprirono: addio... Io capisco la legge, ma mi chiedo: se sono in permesso, a chi faccio male se vado con una donna, o se incontro un vecchio amico, se cerco di riallacciare il rapporto con mio fratello? E perché devono impedirmi, anche questo è successo, di rivedere persino mia madre che ha un tumore maligno? Chi danneggio, a chi faccio male se derogo dalle rigorose prescrizioni del permesso?».

Stavolta la risposta gliela do io: «Fai danno e male a te stesso, Santino. E metti in gravi difficoltà chi ti ha dato fiducia, chi ha sottoscritto un documento garantendo per il tuo comportamento fuori del carcere». Stefanini fa fatica a darmi ragione. Poi ammette: «Quella bravata, facendo scattare alcuni meccanismi di legge, mi è costata altri otto anni. E chissà quando potrò avere un altro permesso o quando potrò tornare a lavorare...». E qui Santino si abbandona a una piccola contabilità: «Ho compiuto cinquant'anni e ne ho trascorsi più di ventotto in carcere». E immagino che avrebbe voglia di ripetere quel sublime: «Ma quanto sono stato stronzo».

L'impressione è che a San Vittore Santino Stefanini si sia costruito un habitat umano e accettabile, anche grazie alla Nova Spes, dove si lavora con i computer per memorizzare schede e ricette mediche. «Cosa vuoi? Io ho vissuto in carceri spaventose. Prima della riforma del '75 noi eravamo proprio spazzatura. Celle infami, col famoso bugliolo. Isolamento in tuguri sotterranei. Dal '75 la situazione è nettamente migliorata: oggi c'è vita nel carcere, c'è lavoro, studio, televisione, sport. La legge Gozzini ha introdotto il criterio del "comportati bene e sarai ripagato". Principio validissimo, sulla linea del recupero del detenuto. Certo, ogni tanto accadono cose gravi, capita che chi viene gratificato commetta un altro reato, ma nel complesso la legge sta dando ottimi frutti. Ci sono molte carceri migliori di San Vittore come struttura, più razionali, più moderne. E tuttavia nessuno di noi cambierebbe San Vittore con un penitenziario teoricamente più accogliente, ma collocato magari in aperta campagna. E poi non sai che direttore trovi. Al penale siamo in due o tre per cella. In alcuni raggi, purtroppo, anche il doppio: ammassati come bestie, talvolta malati, sani, tossici, tutti insieme. Ma siamo nel centro di Milano e qui c'è il direttore Pagano che ci chiede: "Rispettate la legge, onorate gli impegni e io vi aiuterò". Ti pare poco? Un uomo sempre disponibile, Pagano, che affronta i problemi con realismo e umanità. Prima di lui avevo incontrato al carcere della Gorgona, un'isoletta tra la Toscana e la Sardegna, un direttore eccezionale, il dottor Morucci. Per me è stato come un padre. Ho avuto altre esperienze di segno opposto. Ma lasciamo andare. Qui vivo in cella con Michele, una brava persona, e ho un amico particolare che si chiama Andrea, gente della vecchia generazione. Sai qual è il disagio in un carcere? La presenza dei pentiti. Un tempo li tenevano insieme agli altri detenuti e correvano grossissimi rischi. Ora devono isolarli. Ogni tanto penso a Renato, sì, Renato Vallanzasca. Mi pare si trovi nel carcere di Novara: finito lui, finita la sua storia. È un altro uomo, forse pieno di rimpianti. Mi piacerebbe poterlo salutare. Niente di male, solo amicizia.

Ormai sai qual è il mio impegno, il mio compito quotidiano? Dimostrare che sono veramente cambiato. Devo riuscirci. Sarei felicissimo un giorno di poter ritrovare il mio lavoro a Telelombardia. Sai chi mi ha aiutato, allora? Una tua collega, Daria Bignardi, direttrice di "Donna". Lei segue i problemi del carcere con grande sensibilità, dobbiamo esserle grati.»

Come vedete, a San Vittore o fuori, il romanzo di Santino Stefanini è sempre popolato di donne. Ma certo Xiao, la donna sposata in carcere, è fuori da ogni comune registro. «È cinese, è saggia, sa cucinare benissimo e mi fa arrivare anche, dal settore femminile, piatti di prim'ordine. Sa fare mille cose, passa dai computer alla sartoria nella quale è proprio una maestra. Guarda questi pantaloni che indosso: me li ha cuciti lei...» E i suoi occhi verdi di antico conquistatore s'illuminano, forse con un tocco di ironia, dinanzi a questo amore nuovo, semplice, maritale e non consumato: che sarà pure «una toltula», come dice Xiao, ma per Santino sembra anche una provvidenza.

XX

INDRO E LE EREDI DI SUOR ENRICHETTA

Nell'antico pianeta carcerario, dove mi aggiro da mesi come cittadino adottivo, il 1944 fu un anno terribile: di incubi, di ferocia, di tragedie. Su questi stessi pavimenti che io calpesto si muoveva, con passo di velluto e con immensa tenacia, un angelo tra vittime e carnefici. Erano i tempi della Repubblica Sociale e dell'occupazione nazista. San Vittore era diventato una sorta di parcheggio: per chi doveva essere deportato in campi di sterminio tedeschi o, semplicemente, fucilato. Tiranno del carcere era il famigerato caporale Franz, vicecomandante. Lo chiamavano Rotten Führer. Era capace delle più efferate crudeltà. L'angelo di questo inferno era Enrichetta Alfieri, donna energica e dolcissima, suora di carità dell'ordine francese di Santa Giovanna Antida Thouret. Entrò nella storia come la «mamma di San Vittore». Forse diventerà santa. Il cardinale Martini, quando era arcivescovo di Milano, ha avviato la causa di beatificazione. Ma sull'altare Enrichetta c'è già: l'altare posto nel cuore della gente che l'ha conosciuta e ne ha tratto spiragli di speranza, forza morale per superare ogni dolore, o le deve addirittura la vita. Erano ebrei o comunque cittadini accusati di collaborare con i partigiani. Sullo sfondo c'era la tragica Italia della guerra civile.

Tra le mille testimonianze della missione di suor Enrichetta c'è anche quella di Indro Montanelli che, incarcerato a San Vittore, fu condannato a morte e rischiò di essere fucilato dai tedeschi prima che qualche «santo terreno» riuscisse a farlo evadere e riparare in Svizzera.

«Di nitido nella memoria» scrisse il grande giornalista «mi è rimasto un fruscio leggero, quasi impercettibile. Ma nel deserto delle nostre giornate in cella divenne ben presto l'epicentro di ogni speranza e aspettativa. Il fruscio era quello della veste di suor Enrichetta. All'inizio quel fruscio annunciava un messaggio: poche righe di qualche persona cara, buttate giù in fretta, da leggere col cuore in gola. Ma ogni parola riaccendeva la vita. Poi una notte suor Enrichetta aprì silenziosamente la porta della mia cella. Non disse nulla. E sempre senza parlare mi guidò sin dove si trovava mia moglie. Fu il primo di brevissimi ma innumerevoli e preziosi incontri notturni. Per quei pochi secondi strappati alla mia disperazione, suor Enrichetta rischiava la deportazione, forse anche la vita.» Moglie di Montanelli era l'austriaca Margarethe Colins de Tarsienne, sposata nel novembre del 1942.

Il 23 aprile di quel funesto 1944 entrò a San Vittore anche Mike Bongiorno, arrestato per attività partigiana. Era uno studente. Per sessantaquattro giorni visse in isolamento. In carcere c'era anche sua madre, accusata di complicità. Mike fu poi deportato in diversi campi di concentramento in Austria e, infine, venne salvato, nel febbraio 1945, quando stava per essere fucilato, per un provvidenziale scambio di prigionieri tra tedeschi e americani. A salvarlo fu il suo passaporto statunitense. La vicenda è stata ricostruita storicamente in ogni particolare. Mike ebbe salva la vita proprio per un intreccio di casualità.

«Anch'io conobbi suor Enrichetta» racconta il famoso presentatore «perché tutte le volte che andavo a trovare mia madre nel settore femminile, passavo dall'infermeria dove c'era Montanelli. Indro mi affidava un biglietto con un messaggio per la moglie. Io lo mettevo in bocca e poi, grazie a suor Enrichetta, lo facevo arrivare a destinazione. Rischiavamo grosso tutti, compresa la suora. Ora so che c'è il processo di beatificazione. Sono venuti a trovarmi alcuni membri della commissione pontificia. Ho dato la mia testimonianza.»

Nelle sue memorie la suora ricorda una sorta di prodigio. Tra gli ebrei in partenza per la Germania e per la morte, c'era una donna incinta con un bambino in braccio. Enrichetta non riuscì a resistere a quella scena. Affrontò il terribile caporale Franz e gli disse: «Dinanzi a questa donna pensi a sua moglie, al suo bambino. Le creature che ha davanti a lei non hanno nulla di diverso dalle sue». Il tiranno si piegò dinanzi a quell'appello accorato. Nel suo diario Enrichetta parla di miracolo.

Ma un giorno la «mamma di San Vittore» finì in cella, accusata di spionaggio. Aveva tentato di aiutare una donna di origine armena, Marika Poutoukian, il cui marito comunista, paracadutato a Milano dagli Alleati, era ricercato dalla polizia nazista e fascista. La povera Marika, scaraventata in carcere, implorava che venisse recapitato un messaggio ai suoi fratelli perché fuggissero prima che fosse troppo tardi: tedeschi e fascisti stavano certamente cercandoli. E sarebbe stata la loro fine. Missione rischiosissima, temeraria. Suor Enrichetta fece di tutto per convincere l'armena a desistere dal suo proposito. Poi cedette. Quel messaggio passò attraverso diverse mani complici e generose. Ma al momento in cui avrebbe dovuto arrivare ai fratelli della Poutoukian finì nelle mani di un uomo in borghese, piazzato davanti alla loro casa. Era uno della polizia fascista. Vennero fuori i nomi degli artefici di quella catena misericordiosa. Tutti arrestati. Il primo era quello di suor Enrichetta. «Fui convocata dal direttore del carcere Klimser. Mi invitò a declinare le mie generalità dinanzi al registro di matricola. Divenni la detenuta numero 3209 col segno convenzionale di isolamento che era una V. Mi scaraventarono in un sotterraneo di cui ignoravo l'esistenza: non c'era né aria né luce. Piombai nel terrore, implorai invano pietà. Lo sgomento, la paura, la puzza stavano per demolirmi, ma a tenermi in piedi fu il ricordo di una missione urgente: dovevo distruggere gli scritti che portavo nella pettorina del vestito. Erano comunicazioni di detenuti che avrebbero potuto compromettere la loro vita. Ci riuscii non so come, implorando la Madonna.»

Uscita da quella tomba, Enrichetta finì nel reparto maschile dei grandi vigilati. Avrebbe dovuto essere fucilata, ma la notizia del suo arresto aveva destato un immenso clamore a Milano. Si sollevò un'ondata di solidarietà in carcere e fuori. Intervenne il cardinale Schuster, personaggio decisivo in quel terribile anno. Fu coinvolto anche Mussolini. Evitata la fucilazione della suora, si passò prima a una pena teoricamente minore: la deportazione in Germania. Poi all'internamento in un convento, lontano da Milano e scelto dai tedeschi. Suor Enrichetta finì nella Casa delle suore di carità a Brescia. Rientrerà trionfalmente nel «suo» San Vittore il 7 maggio 1945. Morirà sette anni dopo, in seguito a una caduta che le aveva procurato la frattura del femore sinistro. Aveva sessant'anni. Una donna vera, straordinaria: eroica, prima che santa.

Ho raccontato questa storia perché a San Vittore ci sono «eredità viventi» di Enrichetta. Sei suore in tutto, dell'ordine di carità della Santa Giovanna Antida Thouret. Non dormono più dentro il carcere, come avveniva tanto tempo fa, ma praticamente vi abitano: arrivano la mattina presto e se ne vanno la sera, raggiungendo la loro residenza di via Caravaggio. Quattro di loro sono infermiere, ma tutte si prodigano dove c'è bisogno: soprattutto di conforto. Stesso abito, stesso spirito: suor Enrichetta rivive in loro, anche se i tempi sono cambiati e il carcere femminile è presidiato da una grande squadra di agenti penitenziarie, da educatori, psicologi, assistenti sociali e da un drappello meraviglioso di volontari.

Ma le suorine della carità non potevano restare ai margini di questo mio viaggio nell'umanità di San Vittore. Ho chiesto di vederle e loro si sono mostrate gentili e disponibili. La più anziana si chiama Carla. È da ventidue anni a San Vittore. Le altre sono Adelia, acuta, concreta, intelligente, Enrica, Pierantonia, Maria Aurelia e Graziana. Suor Carla si è presentata un po' claudicante, camminando con l'aiuto di un bastone. Ma il mio imbarazzo nel vederla è subito sfumato dinanzi alla sua bella faccia, al suo carattere aperto, alla sua ironia e ai suoi racconti.

«Una volta,» dice «a San Vittore le suore facevano tutto. Due sole cose erano loro negate: tenere armi e fare perquisizioni. La gestione del carcere era sotto la loro responsabilità, in base a una convenzione del 1915. Da qui sono nate storie eroiche come quella di suor Enrichetta. Oggi è tutto diverso. Ma noi qui facciamo il nostro dovere e siamo felici. A parte il lavoro dell'infermeria, ci accomuna un impegno che ha una definizione generica, ma un'importanza enorme: aiutare questa gente disgraziata. Non pensate solo ai delitti, alla delinquenza, alle rapine. Qui c'è il dramma della tossicodipendenza, con le crisi di astinenza, con la richiesta straziante di aiuto. Qui c'è il dramma della povertà: donne che rubano per dare qualcosa da mangiare ai figli. Qui c'è il dramma di donne partite per disperazione da Paesi come la Colombia con ovuli di droga in pancia, nella speranza di guadagnare una somma che desse una svolta alla loro vita. Io sono un'umile suora che non si permette di dare giudizi. So soltanto che qui c'è un immenso bisogno di aiuto. Noi facciamo del nostro meglio.»

Suor Adelia dà un indirizzo più concreto a questo incontro: «Il carcere era qualcosa di molto diverso prima che arrivasse nel mondo il demone della droga. Oggi quel modello è superato. I tossicodipendenti sono una parte rilevante della popolazione carceraria. Per loro non ci dovrebbe essere una cella, ma un luogo di cura. Guardi, io a San Vittore ho anche provato momenti di felicità quando, per esempio, una giovane donna mi ha detto: "Io qui ho ritrovato la fede". E una mamma è venuta a trovarmi, dopo aver scontato la pena, per raccontarmi che si sentiva diversa e aveva riconquistato i suoi figli. Sono stata partecipe di episodi molto commoventi, ho anche avuto la gioia di accompagnare al battesimo delle donne adulte, ma mi creda: qui, in carcere, del mal di droga non guarisce nessuno. Le tossiche escono nello stesso stato in cui sono entrate. O in condizioni peggiori. E ricominciano. Il carcere, così com'è, non è una pena volta a ricostruire qualcosa: è una sofferenza inutile, un danno per tutti, anche per la società».

«La cosa più mortificante» credo che a parlare sia suor Graziana «è il problema perverso e ormai cronico del sovraffollamento. Già è grave che in una cella per tre persone ce ne stiano cinque o sei. Ma l'aspetto più deleterio è la promiscuità. Le tossiche, le malate di Aids, le ragazze sane, le donne anziane, le violente. Questa è la situazione, purtroppo. Umiliante. Per fortuna non ci sono barriere tra le detenute, le agenti e il resto del carcere. La convivenza è civile, piena di solidarietà. San Vittore è un carcere vecchio, non adeguato, ma vi regna una grande umanità.»

«Certo» interviene suor Adelia «una grande risorsa sono le occasioni di lavoro. Ma non bastano per tutte. Quelle che riescono a entrare nelle cooperative, o ottengono un impiego esterno godendo dei benefici dell'articolo 21, sono delle privilegiate. I lavori interni, quelli di pulizia per esempio, vengono assegnati a turno. Resta il grande pericolo: quello di marcire nell'inedia più totale sul letto di una cella. Le detenute che piombano in questo stato perdono ogni volontà, rinunciano a partecipare a ogni iniziativa, ignorano i corsi, perdono occasioni di studio. "Marciscono" è l'espressione giusta.»

Chiedo a suor Carla di regalarmi un episodio, uno soltanto, dei suoi ventidue anni di «vita felice», come lei la definisce, nel «suo» carcere. E lei torna, come in un brutto sogno, a una notte lontana, il suo primo Natale a San Vittore.

«Ero arrivata qui dall'Istituto Don Gnocchi, dove assistevo bambini spastici e poliomielitici. Le altre suore erano fuori per una celebrazione natalizia. A San Vittore, nel settore femminile, ero rimasta soltanto io a coprire il turno di assistenza notturna. A un tratto sentii un pianto, sempre più intenso e lacerante. Veniva da una cella nella quale era stata rinchiusa, quel giorno stesso, una mamma ancor giovane che aveva ucciso il figlio. Non con una pistola, come si potrebbe immaginare, ma a coltellate, in preda a un raptus di disperazione. Quel ragazzo aveva meno di vent'anni: era un tossicodipendente. Quando entrava in crisi, diventava violento, disposto a tutto per procurarsi la dose. Quella casa era ormai un inferno. La famiglia era praticamente distrutta. Di casi del genere ce ne sono ancora tanti. La mamma omicida adesso piangeva a dirotto. I suoi nervi avevano ceduto e davanti ai suoi occhi c'era solo la scena di sangue del delitto. Entrai nella sua cella e trascorsi tutta la notte con quella donna assassina e martire, consolandola come potevo, con parole semplici, ma facendole sentire il mio affetto, la mia comprensione. Fu il primo Natale a San Vittore. Quella donna lasciò il carcere dopo sei anni. Il suo volto mi ha seguito dovunque.»

Le suore hanno da fare, si alzano e salutano. Carla

si appoggia al suo bastone. Di colpo dal corridoio, dove sta svolgendo qualche lavoro di pulizia, irrompe Tiziana, quella detenuta caciarona e un po' matta che, vestita da clown, mi trascinò in una danza vorticosa durante la festa della donna, l'8 marzo. Porta un berretto da baseball, vuole salutarmi e lo fa alla sua maniera vivace, allegrona. Suor Carla, che la conosce bene, le dà una affettuosa sculacciata. E io immagino che Enrichetta Alfieri, mamma di San Vittore, futura santa, lassù stia sorridendo.

XXI

CARMELA, LE DONNE E LA VIOLENZA

«Oggi è meglio tenersi alla larga: nel settore femminile hanno avuto qualche problema.» Il messaggio di Luigi Pagano è chiaro. Evito piazza Filangieri e tiro dritto per via Solferino, dove c'è il mio ufficio. Per quanto sia attratto dalla grande umanità che regna in un carcere e la rincorra, so bene che si tratta sempre di una propaggine dell'inferno: dolore, espiazione, solitudine, solidarietà, ma anche tensione, violenza, pericolo. A San Vittore quel giorno era successo che quattro detenute avevano massacrato di botte una loro compagna di cella secondo uno schema delinquenziale, premeditato. Una addirittura faceva da palo, mentre l'operazione veniva compiuta.

Quella poveretta pestata a sangue era malata di Aids. Le agenti sono intervenute in tempo per salvarla. Fatto gravissimo, al quale anche le altre detenute si sono ribellate. Quando le colpevoli sono passate lungo il corridoio, scortate dalle agenti, per essere sottoposte a procedimento disciplinare, sono partiti dalle celle insulti feroci e anche delle uova marce. Tensione su tensione.

In questi casi, si cerca una ragione, si indaga sulla scintilla che ha scatenato il pestaggio. Non si trovano quasi mai motivi gravi, ma soltanto banalità: incomprensioni, gelosie fra donne, qualche parola di troppo, un'espressione ironica dinanzi a chi si trova in difficoltà, magari per un attimo. Nel carcere tutto si esaspera e si dilata: anche un sorriso può diventare un'offesa, una semplice parola equivoca può ferire come un coltello. L'essere donne non ha soltanto aspetti positivi nell'organizzazione della vita carceraria. In certi casi, i sentimenti e i risentimenti si acuiscono per quel pigmento, sublime e terribile, che si chiama femminilità. Mi dicono che certe forme di gelosia siano proprio feroci. Quelle quattro picchiatrici non avevano precedenti di violenza in carcere. Erano considerate normali. Dopo il fattaccio, non potevano più vivere a San Vittore. Decisione obbligata: sono state trasferite.

L'episodio mi trascina fatalmente in un mondo nel quale non è certo gradevole entrare, ma è necessario farlo per avere una visione completa, onesta e reale di un carcere. San Vittore ha visto rivolte spaventose, le ultime nel 1969, quando il carcere fu semidistrutto, e nell'81, quando regnava il caos e gli accoltellamenti erano quasi abituali. E poi omicidi, suicidi, aggressioni, agguati. La legge Gozzini, introducendo benefici sulla base del comportamento, ha segnato una svolta importante nella vita penitenziaria. All'inizio del secolo i detenuti di San Vittore vivevano con la famosa palla di piombo al piede. Oggi nel carcere, pur con tutte le innegabili arretratezze, si tende a dare una proiezione verso l'esterno, perché i detenuti siano partecipi di ciò che avviene nel mondo. La televisione nelle celle è stato l'elemento più vistoso di rottura rispetto al passato, ma umanamente penso che il volontariato abbia fatto e faccia molto di più per mantenere un legame tra il carcere e il mondo. E tuttavia in un luogo di detenzione la violenza è inestinguibile. Anche nell'universo femminile.

Carmela Fascetta in quindici anni di lavoro ne ha viste tante di scene difficili da rimuovere dalla memoria: come quella dell'ultima aggressione, quattro contro una, alla poveraccia malata di Aids.

«Il benvenuto a San Vittore me l'ha dato Rosa, una detenuta cui do un nome di fantasia. Un giorno comprò la sua dose consentita di vino allo spaccio, se ne procurò dell'altro acquistandolo nelle altre celle e si prese una ubriacatura vera e propria. Divenne aggressiva, cominciò a picchiare le compagne, poi si avventò come una furia su un'agente e quindi spaccò a testate una vetrata ferendosi seriamente. Ero arrivata a San Vittore da pochi giorni. Il mio primo pensiero fu: ma guarda dove sono capitata...»

Nel seguito del racconto compare uno strumento che mi sembrava fosse ormai un triste ricordo del passato: le fasce di contenzione. L'espressione che Carmela usa, a proposito di quella detenuta, è rigorosamente burocratica: «Su parere del medico abbiamo dovuto contenerla». In pratica quella donna è stata bloccata alle mani e ai piedi con delle fasce per un periodo imprecisato. La contenzione varia a seconda della gravità dei casi. La legge la consente con una rubricazione precisa: mezzo volto a evitare che il soggetto procuri danno a se stesso e agli altri. Carmela e il viceispettore Nunzia, da poco arrivata a San Vittore, mi sottopongono volenterosamente testi inconfutabili. Ma il mio sconcerto rimane. Forse perché ero rimasto scioccato tanti anni fa da scene di contenzione viste nei vecchi manicomi. «Alle fasce» cerca di consolarmi Carmela «si ricorre in situazioni estreme, spesso quando intervengono crisi psicomotorie. Non sono un mezzo di punizione, ma di difesa in chiave terapeutica. Tant'è vero che non possiamo decidere noi di adoperare le fasce. Ci vuole l'autorizzazione del medico.» E Nunzia aggiunge: «Bisogna tener conto che le agenti non possono assolutamente far uso di forza fisica».

Rievocando un altro episodio di otto anni fa, la Fascetta riapre adesso quella che lei definisce una sua dolorosa ferita. «Una detenuta, che chiamerò Laura, vi-

«Quelle mura al centro della metropoli sono una testimonianza di verità. E anche un monumento, acquisito da oltre un secolo, della fisionomia urbana. Milano ha la Scala, il Duomo, la Fiera, San Siro, San Vittore e quel che resta dei Navigli» (p. 6). (*Fotogramma*)

Sopra: La sede della cooperativa La Nave, che si occupa dell'attività teatrale di San Vittore. Sulla sinistra la regista Cristina Colombo, «un vulcano di idee».

Pagina accanto: Due immagini del call center di San Vittore, nato su iniziativa della Telecom. È una novità assoluta, che regalerà ai detenuti una prospettiva di lavoro anche dopo la loro scarcerazione. *In alto:* il comandante Francesco Moscariello. Lavora a San Vittore da 35 anni. *In basso:* Due detenuti nel call center: Maurizio Salvatore Agosta (a sinistra), futuro dottore in scienze politiche, e Pino Cantatore, «il genio dei computer», responsabile del progetto.

Foto Roby Schirer

Sopra: Il Laboratorio Ecolab, la cooperativa dove da anni vengono prodotti articoli in pelle. Sulla destra Dino Duchini, un detenuto iscritto alla facoltà di filosofia che ha ottenuto un trenta al primo esame.

Pagina accanto: «San Vittore è popolato di volontari. Non sono né santi, né missionari: ma persone che danno un senso e una ricchezza interiore alla loro vita. E ringraziano di tanta fortuna» (p. 142).
In alto: Teresa Michiara e Fiorina Carrettoni, due volontarie della Sesta Opera, nel magazzino dei vestiti all'interno del carcere.
In basso: Il laboratorio del centro clinico: qui i detenuti con problemi psichici realizzano oggetti in creta, sviluppando l'abilità manuale. Al centro Francesca Altomare Lavizzari, preside dell'Istituto Cavalieri e coordinatrice dell'attività didattica di San Vittore, ed Elisabetta Tognacci, un'insegnante laureata in psicologia.

Foto Roby Schirer

Sopra: La redazione di «Magazine il due», il giornale principale del carcere, realizzato dai detenuti e diretto dalla giornalista Emilia Patruno. *Foto Roby Schirer*

Pagina accanto: C'è sempre stato uno stretto legame tra l'arcivescovado di Milano e il carcere di San Vittore. *In alto:* Una visita del cardinale Tettamanzi ai detenuti. (*Fotogramma*) *In basso:* Il cardinale Martini. Alla sua destra, don Luigi, da 25 anni cappellano a San Vittore. Il quadro, realizzato dal detenuto Marco Medda in ricordo della rivolta del '69 nel carcere milanese, raffigura un Cristo in croce con braccia e gambe mozzate. (*Newpress*)

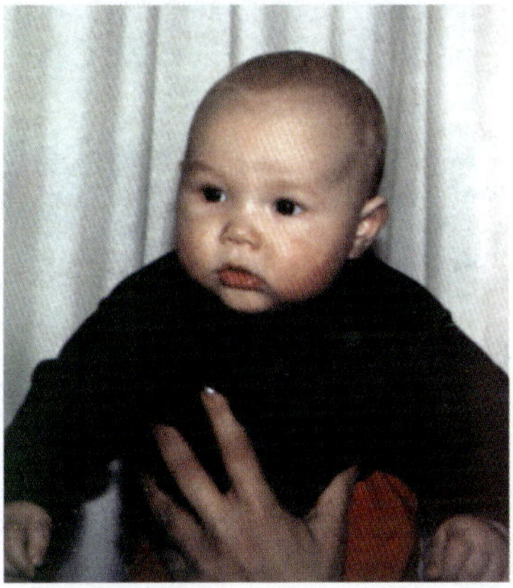

Sopra: «Se dovessi indicare chi è il vero comandante della cooperativa Alice, grande sartoria di San Vittore, direi: Matisse. Non è un erede del grande maestro francese dell'impressionismo, ma un gatto bianco e nero, forse juventino» (p. 52).

Accanto: Ha tre mesi, settimo figlio di una zingarella di 26 anni. «Quel bambolotto meraviglioso mette allegria nell'ambiente. Da qualche parte arriva una polaroid. Lui capisce di essere protagonista e si mette in posa. Basta uno scatto e io mi porto a casa il suo comico faccione» (p. 68).

Pagina accanto: Nella sala dei computer sono nati due amori. *In alto:* il matrimonio celebrato a San Vittore tra Marco Medda (30 anni di carcere alle spalle) e Morena Villa (condannata a 25 anni). *In basso:* Santino Stefanini (28 anni di carcere già scontati) nel 2001 ha sposato in carcere la cinese Wang Xiao Lian (condannata a 18 anni).

Sopra: Paola Mazzoni (condannata a 20 anni) è tra le fondatrici della cooperativa Alice. «A vederla, pensi a un'insegnante di inglese, magari irlandese, oppure a una esperta in restauri di capolavori antichi... Eloquio energico, incisivo, mente lucida, eleganza istintiva. Potrebbe essere anche una manager in carriera» (p. 61).

Pagina accanto: Giuseppina Auriemma, personaggio chiave del delitto Gucci, si occupa della biblioteca. Chiacchierando con lei, «se appena ti astrai dalla realtà... puoi anche immaginare di trovarti in uno di quei quartieri di Napoli, tra case di ringhiera, personaggi di Eduardo o di Marotta, voci musicali, nella trama di una commedia dell'arte» (p. 40).

Foto Roby Schirer

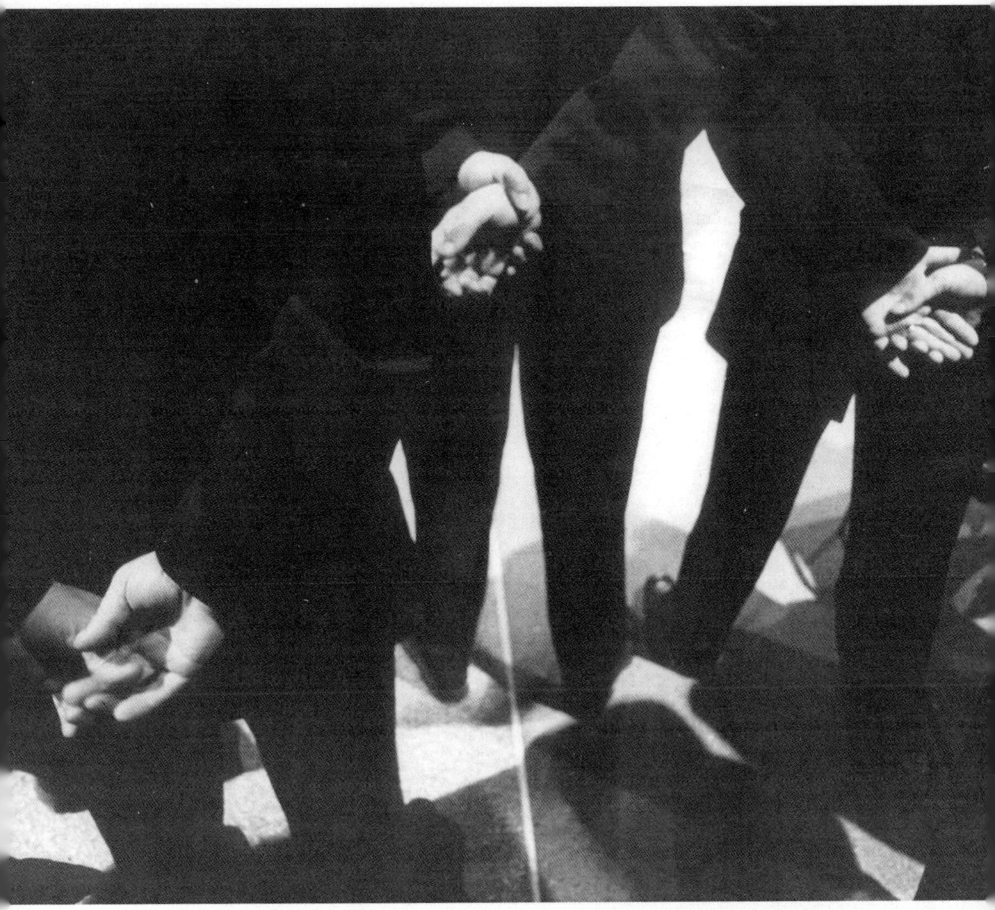

Nel novembre del 2003 San Vittore ospita più di 1500 detenuti, nonostante ci sia un raggio chiuso. In anni terribili è arrivato anche a 2300, pur essendo stato concepito per 800.
L'organico generale di San Vittore comprende quasi 1000 unità, tra ispettori, sovrintendenti, agenti e assistenti.

Foto Roby Schirer

Sopra: L'ispettore Carmela Fascetta, responsabile del settore femminile di San Vittore. «È una siciliana dagli occhi chiari... consapevole del suo ruolo, ma di facile comunicativa… Ogni tanto prende in mano una chitarra… e improvvisa un piccolo concerto, rispolverando un'antica vocazione» (p. 15).

Pagina accanto: L'educatrice Marina Signorelli «… insegnava educazione fisica in un istituto scolastico milanese per ricchi...: a un certo momento si è sentita galleggiare nel vuoto e ha preferito il carcere» (p. 16).

Foto Roby Schirer

Sopra: Lo scorcio di un cortile di San Vittore, «che ospita il rito dell'ora d'aria, ma può diventare un teatro e persino un campo di pallavolo» (p. 213). *Foto Roby Schirer*

Pagina accanto: Uno dei grandi pericoli del carcere è quello di lasciarsi andare: non tutti, purtroppo, hanno un lavoro.

Sopra: Torneo di volley a San Vittore. «... Nel cemento rovente di un cortile sconnesso, in una folla di agenti, detenute, volontari, insegnanti; nel fragore di un tifo generoso... si può anche vivere qualche ora di magia» (p. 214).

Accanto: l'arbitro internazionale Giancarlo Bolognino, che coordina, tra le altre cose, tutta l'attività sportiva del carcere.

Pagina accanto: Ogni anno all'interno di San Vittore si svolgono numerosi tornei di calcio. L'attività sportiva regala ai detenuti «un fugace senso intimo di libertà, perché i gesti dello sport sono uguali dovunque» (p. 213).

Foto Roby Schirer

In carcere la volontà sopravvive:
i detenuti fanno progetti per
quando saranno fuori, tentando
di immaginare un futuro che magari
inizierà dopo il 2020…

Foto Roby Schirer

veva in carcere col suo bambino di due anni. Lo so, non è bello, non è giusto: il carcere non è un luogo per mamme e bambini. Ma finché non si trova un'alternativa, bisogna andare avanti senza provocare ulteriori traumi. E invece una brutta mattina a quella donna arriva una notifica. All'improvviso, senza nessuna preparazione psicologica, le veniva comunicato un provvedimento di affido del suo bambino presso un imprecisato ente sociale. E subito si presentarono delle assistenti per toglierglielo. Nel testo di quel provvedimento la madre veniva definita "inaffidabile". Ne venne fuori una scena a dir poco straziante. La donna e il bambino avvinghiati in una morsa. Lei gridava come un'ossessa, il piccolo piangeva. Lei non mollava il bambino, le assistenti cercavano di strapparglielo. E così andarono avanti per alcuni minuti sin quando il figlioletto venne sottratto alle braccia della donna. E allora la disperatissima Laura si scagliò contro un cancello e si ferì alla testa. Insanguinata, continuava a gridare, a implorare. Non si dava pace. E noi ci sentivamo impotenti. Io penso che strappare un bambino alla mamma, sia pure teoricamente a fin di bene, è sempre un atto di estrema crudeltà. Farlo all'improvviso, senza una spiegazione, né una preparazione, diventa addirittura brutale. Questi sono i veri problemi del carcere. Se ne parla tanto, ma nessuno li risolve. Per una mamma e un bambino bisogna trovare un'alternativa. Pensi un po' al trauma che si porta dietro quella creatura innocente.»

La scena straziante che abbiamo ricostruito non è isolata nei ricordi dell'ispettore Carmela: «Un'altra volta, per un piccolo furto, arrivò a San Vittore una donna, che chiamo Viola, con un bambino senza documenti. La mamma, per non perderlo, dichiarava che suo figlio non aveva compiuto i tre anni. In realtà sembrava un ometto, maturo, intelligente. Però era anche malato di anemia mediterranea. In carcere non c'erano mezzi per la cura specifica che quel male richiede, né per le trasfusioni. Quel ragazzino, inoltre, si faceva toccare solo da sua madre. Entrammo in allarme. Era un caso limite. Spaventoso prendere una decisione. Ci rivolgemmo al tribunale dei minori e giustamente quel bambino venne trasferito in un istituto fuori Milano, dove poteva essere curato del suo male. Ma fu ugualmente uno strazio separare madre e figlio. Lei entrò in una crisi spaventosa, anche perché non aveva notizie del bambino. E noi dovemmo organizzare un controllo specifico per evitare che compisse un gesto estremo. Ora io mi chiedo se in chiave di riforma carceraria, in tempi in cui si parla del carcere come passaggio verso un reinserimento, non si possa evitare che un banale furto provochi questo sconquasso emotivo in una mamma e in un bambino. E mi chiedo cosa ne è stato della legge Finocchiaro che intendeva cancellare situazioni di questo genere».

Nella mia rassegna sul «carcere della violenza», che è anche violenza morale, rientrano casi strani: quello, per esempio, in cui una detenuta di nome Gigliola entrò in una spirale di odio nei confronti dell'ispettore Carmela. «Mi detestava, non so per quali ragioni. E mi minacciava apertamente. Dopo diversi tentativi di farla ragionare, di dimostrare che non c'erano ragioni che giustificassero quell'atteggiamento, decisi di confrontarmi direttamente con lei. Mi ascoltò silenziosa e poi disse: "Non ci sono vie di mezzo, o mi tagli o ti taglio". Abbiamo dovuto denunciarla, poi per fortuna è uscita da San Vittore. In carcere ci sono, purtroppo, anche soggetti psicotici, donne che vengono sbattute qui come se questa fosse una casa di cura, mentre dovrebbero essere trasferite in un ospedale psichiatrico giudiziario per essere assistite adeguatamente. Quando queste persone entrano in crisi, assumono forme spaventose di aggressività e sono capaci di distruggere le loro celle. Non ha senso tenerle qui. Per placarle dobbiamo ricorrere alla contenzione. Alcune si trasformano: ricordo che una donna cambiava aspetto e persino voce. Le turbe psichiche possono essere determinate dalla droga. Una tossica, in preda a una crisi di astinenza, non solo distrusse la propria cella, ma la allagò. Chiamammo rinforzi, ma non c'era nulla da fare. Lei buttava gli oggetti più svariati contro chiunque si avvicinasse. Entrai in azione io stessa e ricorsi a uno stratagemma: le dissi che c'era il suo avvocato di fiducia che la stava aspettando per un colloquio. Lei ci credette. Si calmò di colpo, salvo a dirmi più tardi che l'avevo tradita, presa in giro. Ma il peggio era ormai passato. Anche lei entrò in contenzione e più tardi manifestò l'intenzione di vendicarsi. Brutte storie, caro amico. Come quella della detenuta che si era procurata un proibitissimo accendino e voleva incendiare la cella. Non c'era verso di farglielo mollare. E già stava per mettere in atto il suo proposito quando mi accostai alla cella con una sigaretta in bocca e le dissi: "Mi fai accendere?". Era il tentativo più banale, più ingenuo, direi anche più stupido. Ma lei incredibilmente allungò il braccio reggendo nella mano l'accendino. E io glielo sottrassi.»

La serie del «brutto carcere» si potrebbe allungare chissà per quanto ancora. Ma mi ritengo già saturo. Per oggi basta. E poi sulla scena entra un bel giovanotto in divisa. È un agente dell'ufficio matricola. Ha un foglio dattiloscritto in mano e lo mostra a Carmela. L'ispettore si alza e lo abbraccia: «Bravo, bravissimo, sono felice». A questo punto, faccio valere i miei diritti: «Dopo tante storie drammatiche, rendetemi partecipe di questa gioia».

L'agente penitenziario Stefano Saraceni, di ventotto anni, nato a Nepi in provincia di Viterbo, riceverà un encomio solenne, nel quadro delle cerimonie che ricordano il commissario Calabresi e il vicequestore Schifani. Nell'aprile del 2002, quando il piccolo aereo svizzero andò a infilarsi dentro il grattacielo Pirelli, Stefano si trovava in quella zona, fuori servizio, davanti alla stazione ferroviaria. Intervenne subito, entrò nel grattacielo fumante, salì sino al quattordicesimo piano e salvò la vita a tre persone, rischiando la propria. Oltre a questa targa di benemerenza, c'è in arrivo anche un Ambrogino d'oro da parte del Comune di Milano.

La faccia solare e l'orgoglio di questo ragazzo in divisa mi hanno tirato su il morale. Il vento della giornata cambia. Prima di uscire, incontro Albana con un secchiello in mano. Sta lucidando un pavimento. L'avevo conosciuta nella sartoria del carcere dove lavorano le detenute della cooperativa Alice. Ha una buona notizia: «Sono entrata nell'ultimo anno». E sorride serena. Il carcere, per fortuna, è anche questo.

XXII

«SONO UNA DONNA NEL CORPO DI UN UOMO»

«Dopo ventidue anni di Milano, dotto', cosa volete che mi resti di Napoli? I ricordi, la vecchia famiglia e il dolore per quella squadra che è passata da Maradona alla miseria...» L'assistente capo Renato Leonardi è arrivato giovanissimo dalla Campania perché a San Vittore c'era un lavoro e non aveva nessuna importanza che San Vittore fosse un carcere. Da persona seria, ha fatto la sua strada, si è appassionato all'ambiente e ai suoi spaventosi problemi e adesso sta accompagnandomi in quello che viene considerato l'inferno di San Vittore, la sintesi oscura di peccati innominabili o di refusi di natura che la società non digerisce, il retaggio di un medioevo carcerario. Qui Leonardi ha un posto di responsabilità e risponde direttamente al capo ispettore. Immagineresti un gigante, un forzuto, un rambo: no, è un uomo normalissimo, ben strutturato, piccolo di statura, parla a voce bassa, mi sembra persino sereno.

Attraversiamo la famosa Rotonda e, tra cancelli che si aprono e si richiudono, agenti che si scambiano segni convenzionali, detenuti che si affacciano curiosi tra le sbarre, procediamo a passo sciolto, come se fossimo nella Galleria del Duomo, verso il sesto raggio che già a pianoterra ti sbatte in faccia quelle miserabili celle con sei o addirittura otto detenuti in uno spazio vitale da incubo. E poi c'è un primo piano ancora peggiore e soprattutto un secondo piano che lo stesso Luigi Pagano definisce sgomento «un carcere nel carcere».

Quando si parla del «Sesto-2» le facce si rabbuiano. Tutto ciò che si fa per rendere vivibile un carcere, per mantenere il soffio di una convivenza appena civile, qui sembra vanificarsi di colpo, come se non ci fossero state riforme, miglioramenti ambientali, leggi innovative. La risacca del passato travolge tutto. Siamo arrivati nel reparto dei «protetti». Non fraintendete. I protetti non sono raccomandati, ma gente che in un carcere corre rischi perché ha commesso reati che la «legge morale» del carcere non accetta: la violenza sessuale sui bambini è certamente il peggiore, ma anche quella sulle donne non viene perdonata. Sui rapimenti, invece, anche di minorenni, c'è più comprensione. Nessuno spiraglio, infine, per i pentiti, gli spioni, i traditori, racchiusi in un'espressione unica: infami. Detenuti che rientrano in queste categorie non possono convivere con delinquenti normali: rischierebbero di trovarsi circondati minacciosamente nell'ora d'aria e, dopo una finta discussione, magari con un coltello piantato tra la quarta e la quinta costola sinistra, in direzione del cuore.

Da questa realtà nasce il reparto dei cosiddetti «protetti». E francamente provo un certo imbarazzo nel vederli ammassati come bestie nelle loro celle, magari sul letto o su un materasso a terra, con un televisore perennemente acceso, anche se parecchi mi salutano e chiedono di stringermi la mano. Qui dell'atmosfera vagamente alberghiera del penale non c'è traccia. Le regole sono ferree, le celle chiuse, le ore d'aria limitate, i contatti con altri detenuti esclusi. Pagano è riuscito a tirar fuori un piccolo spazio per un patetico ed eroico tentativo di palestra. Leonardi me la mostra con un certo orgoglio. C'è un solo attrezzo. Uno. Si spera quanto meno che qualcuno regali una cyclette.

Sono venuto qui non a esplorare genericamente l'inferno di San Vittore, ma con uno scopo preciso: conoscere come vivono in un carcere i transessuali. Mi scuso se adopero, forse arbitrariamente, il genere maschile che è quello dell'anagrafe, non certo della scelta che queste creature hanno fatto, coinvolgendo corpo, mente, anima in una perenne sfida ormonale che mai arriverà a una meta definitiva. Un atroce diverbio della natura con se stessa. Un dramma affrontato a testa alta. Ma se un «trans» finisce in galera, dove lo mettono? Non tra gli uomini, status da loro rinnegato anche nell'immagine. Non tra le donne perché sotto i pantaloni l'ultimo confine maschile non è cambiato. E allora i trans finiscono tra i «protetti», nel famigerato «Sesto-2», l'estremo confine del malessere umano, il ricettacolo di San Vittore, il «carcere nel carcere».

Si apre il cancello della cella 207 ed esce, alta ed elegante nel portamento, Pamela che, come lei stessa gentilmente mi informa, è il cittadino brasiliano Santos Da Silva, nato a Bahia trentadue anni fa. Porta un paio di occhiali da intellettuale e accetta volentieri di parlare con me «perché trovo giusto che i problemi del carcere non restino chiusi nel carcere stesso». Nobile intento, certo, ma io credo pure che un'ora diversa a San Vittore, quale che sia lo scopo, sia sempre una boccata d'ossigeno nel pesante grigiore di giornate che non finiscono mai.

E allora eccoci faccia a faccia in una piccola saletta. L'avvio è molto formale: «Siamo in tre attualmente a San Vittore e viviamo nella stessa cella. Le mie compagne si scusano. Sono brasiliane anche loro, di Minas Gerais. Hanno difficoltà con la lingua. Adriana ha trentadue anni e tra pochi mesi esce. Gabriella ne ha ventidue ed è arrivata ieri, poverina, deve ancora ambientarsi...».

Essere transessuale è già un calvario nella vita, figurarsi in un carcere... Sto riflettendo a voce alta, con l'aria di chi cerca un appiglio. E Pamela, che è di intelligenza vivace, mi viene in aiuto.

«La mia storia è come tante, forse con un tocco di provocazione in più. Ho sette sorelle femmine. Mia madre ha partorito solo donne, con una sola eccezione: che sono io. Pensi che sono venuta al mondo con una gemella: femmina anche lei, morta da piccola. Chiaro che il mio essere uomo era soltanto un errore, una disattenzione della natura, un imbroglio ormonale. E infatti, superati i dieci anni, in me ho sentito crescere una donna dentro il corpo di un uomo: eccolo il dramma. E contro questo corpo estraneo, che non apparteneva al mio essere, non aveva alcuna sintonia con la mia mente, con i miei desideri, le mie debolezze, ho cominciato a lottare per accompagnarlo piano piano, o forse costringerlo, a una verità che non potrà mai essere definitiva, ma esiste, va difesa giorno per giorno. E io la difendo. Ho fattezze femminili. Ho conquistato un seno. Prendo due pillole di ormoni femminili al giorno, sotto controllo medico, per cicli di due mesi. Vivo da donna, faccio lavori femminili. In campo sessuale, dare piacere è il mio piacere. Il resto, dico l'espressione fisica del godimento, è relegato a un banale organo che spiritualmente e psicologicamente non mi appartiene.»

Passando davanti alla cella 207, quella dei trans di San Vittore, ho notato, come si suol dire, delle cosce al vento. Femminilità insospettabile nel cuore di un raggio torvo e maschilissimo. Pamela ha, invece, un aspetto molto sobrio e castigato. Indossa pantaloni scuri e una maglietta dalla quale si annuncia, molto cautamente, un tentativo di seno. La voce pende verso note femminili. I capelli sono metà biondi, metà nerissimi: «Cosa vuole? Qui non c'è spazio e tempo per il parrucchiere. Quando sono entrata in carcere ero bionda. Ora in metà della mia testa ha ripreso il sopravvento il colore naturale. Sono qui da sette mesi e sa perché? Perché l'invidia dilaga nel mondo transessuale, è il nostro veleno. Ci roviniamo da sole. Sono qui perché ho aiutato delle mie colleghe, le ho ospitate a casa mia. Erano in sei. E loro mi hanno ripagato accusandomi di sfruttamento della prostituzione. E nessuna voce onesta si è alzata per dire che non era vero. Mi sono presa cinque anni e due mesi. E il mio ex ragazzo cinque anni. Ma siamo al primo grado. Gli avvocati stanno lavorando per ristabilire la verità. Mi creda, è stata una cattiveria portata alle conseguenze estreme».

Le voci dei condannati di San Vittore, e immagino di qualsiasi altro carcere, finiscono col somigliarsi quasi tutte, quali che siano la loro provenienza e il reato cui si riferiscono. Sembrerà un paradosso, ma i racconti più veritieri e convincenti sono quelli di chi si trova da decenni dietro le sbarre e adesso non ha più nulla da confermare o da negare. Tutto è diventato dettaglio insignificante dinanzi a una vita in galera. Nel campionario infinito degli altri detenuti, verità e mistificazione sono sempre a stretto contatto. C'è una sola cosa in comune: la speranza non lontana di riaffacciarsi ripuliti alla vita. Ma in tanti casi c'è pure quella che gli psicologi del carcere definiscono «una patologica non accettazione del reato» che può portare a forme di disperazione e di autolesionismo.

Pamela, erede di Santos Da Silva, maledice la cattiveria delle persone, non quella dei giudici. E guardandola negli occhi come ho guardato tanta altra gente sventurata e carcerata, mi colloco, col cuore e la ragione, in una forma di solidarietà umana, doverosa, onesta e lontanissima da ogni giudizio. La solidarietà, in questo caso, si riferisce alla filiazione infelice di cui Pamela è il prodotto e si proietta anche al mondo dei trans che immagino sia un inferno, più del «Sesto-2» di San Vittore.

«Tra una cura, un intervento chirurgico e una trasfusione, in Brasile avevo portato avanti la mia battaglia di donna. Già cominciavo a fare la stilista di moda, professione per la quale mi sento portata. E speravo di poter esercitare questo mestiere anche in Europa. Invece sa dove sono finita? In strada. Per tre anni in Portogallo, poi in Italia. Sono diventata un viado. È inutile che le spieghi qual è la vita di un viado e quanti siano i pericoli. Ma si guadagna e i clienti non mancano. Di tutti i generi. Uomini anziani, ragazzi, coppie, professionisti insospettabili, nessuna distinzione sociale: una sera può capitarti un magistrato, un'altra un delinquente...» Credo che quest'ultima esemplificazione risenta del luogo in cui ci troviamo.

Il racconto è ormai alla sua fase finale: «Andando avanti ho cercato di sottrarmi a quella vita. Ho cominciato a organizzare spettacoli in club particolari che a Milano non mancano, a disegnare costumi, a svolgere insomma un'attività collaterale sempre legata al mondo dei trans. Come vede, sono finita qui. Non mi arrendo, cerco di dimenticarlo, ma è difficile, forse impossibile. Il lavoro nel carcere è scarso. Nel nostro reparto quasi inesistente. Io taglio e cucio pantaloni e camicie per i detenuti che ne hanno bisogno, ma ci vuole qualcuno che faccia da collegamento perché ho rapporti diretti solo con le compagne di cella, con gli agenti, i medici dell'ambulatorio e con la professoressa Rosalba che ci aiuta. Ho realizzato anche delle tende, sarei felicissima di entrare nella cooperativa Alice che è una delle iniziative più valide di San Vittore, ma nel mio stato tutto si complica. Non ho amicizie, non aspetto colloqui, perché i miei amici italiani non possono farmi visita in carcere e i miei parenti sono in Brasile. Ho ancora la mamma, il papà è morto un anno fa. Questo è lo scenario della mia vita. Televisione come soccorso: mi piacciono i telegiornali e le telenovelas. Speranze? Uscire presto dal carcere, restare in Italia, lavorare dignitosamente, dimenticare questa atroce esperienza».

Come vedete, anche le speranze si somigliano a San Vittore. Col sottofondo malinconico della paura che siano utopie. Questo, per me, è l'aspetto peggiore del carcere. In certi momenti mi accendo anch'io di queste speranze riflesse, ma in certi altri l'ottimismo della fede vacilla: sento di essere non in un luogo di espiazione e di possibile recupero, ma in una discarica in cui la società riversa con incoscienza i suoi peggiori malesseri. E il prezzo, prima o poi, si paga.

Pamela si dice credente, ma a modo suo: «Credo in Dio come credo nel diavolo. Non posso essere religiosa nelle condizioni in cui mi trovo, perché un trans è fuori della Chiesa, è un vizioso, un peccatore. Per essere in regola dovrei rinnegare la mia scelta, che viene dalla natura e quindi immagino anche da Dio. E allora mi astengo. Penso solo a stare in pace con la mia coscienza».

Provo a immaginare come venga guardata una Pamela in questo raggio di San Vittore. Chissà se qualcuno l'ha mai molestata. O se frasi oscene hanno traversato le sbarre della sua cella. Accenno appena a una domanda, provandone quasi vergogna. Pamela risponde serena: «I rapporti con gli agenti sono corretti, in gran parte gentili, in altri meno. Quanto alle possibili molestie, alle frasi oscene, caro signore, qui la gente ha cose molto più gravi cui pensare».

La nostra ora potrebbe allungarsi, ma la piccola lezione che Pamela-Santos Da Silva mi ha dato rappresenta un degno finale. Lei si alza e si congeda come una signora in un salotto: l'accompagno sino alla cella 207 dove le discintissime compagne l'aspettano curiose. E io penso che nel mondo, in espressioni diverse, contraddittorie, dolorose, persino mostruose, ci siano soltanto persone. E nel famigerato «Sesto-2» di San Vittore ho conosciuto, appunto, una persona.

Prima che Leonardi mi riprenda in consegna, incrocio una signora che ha appena finito di parlare con un giovane detenuto. È Carilla Dominoni, psicologa. Ha scelto il «Sesto-2» e vi lavora da tre anni. «Facevo sessantaquattro ore al mese, ora soltanto trentadue perché hanno tagliato i fondi. Qui tutti hanno bisogno di aiuto. La disperazione è palpabile, il pericolo di autolesionismo è un incubo quotidiano. Nel carcere può esserci umanità, ma ci vogliono anche i mezzi perché possa esprimersi. Pensi come si trova, in questo scenario, chi ha la sfortuna di essere povero e non può comprarsi una brioche, né pagarsi un avvocato ed è afflitto da pensieri spaventosi sullo stato della sua famiglia. Qui la povertà è una tragedia doppia che si sovrappone a equilibri psicologici già devastati. Qui si salva chi perviene a una maturazione, a una coscienza del suo reato. Ma sono pochi. Il mio interlocutore più frequente è lo psichiatra. Quando vedo arrivare un detenuto nuovo e lo vedo scaraventare in una cella tra persone che non conosce, in una commistione spaventosa di lingue, di abitudini, di età e di reati, mi ritrovo anch'io sulla soglia della disperazione. Il nostro lavoro è improbo. E siamo sottopagati, lavoriamo senza garanzie, con contratto a termine. Per quanti sforzi si facciano, non è possibile coltivare alcuna potenzialità positiva. Segregazione, emarginazione, disperazione. Che orribile litania. È qui che ho scelto di vivere. E ci vivo. E ci lavoro. Domani è un altro giorno.»

Ora Leonardi ha ripreso a scortarmi. Ricomincia il rock metallico delle chiavi e dei cancelli. Mentre scendo le scale del «Sesto-2», rifletto: oggi San Vittore ospita più di 1500 detenuti, nonostante ci sia un raggio chiuso, e qualche anno fa ne aveva 1800. Che cosa doveva essere quel carcere? E che cosa dovevano essere questo sesto raggio e il piano dei «protetti» che ho appena lasciato?

Prima di raggiungere la Rotonda, passo davanti al

centro medico del settore, presidiato da una dottoressa. Grazie al cielo, si presenta pulito e bene attrezzato. Accanto alla sala principale, c'è una minuscola stanza. Leggo sull'insegna: «Sala d'attesa». Scrutando al di là dei vetri, il mio ritorno di ottimismo si arresta. Due presunti materassi a terra, due detenuti che dormono. La faccia di Leonardi è tutto un programma. Ne parlo col direttore Pagano e lui mi spiega alla sua maniera: «Caro Candido, non dimenticare che ti trovi a San Vittore, in un carcere sempre pieno: quando non teniamo posto, anche la saletta dell'ambulatorio va bene come cella. Anzi è un lusso, se penso a certe notti in cui abbiamo dovuto occupare bagni e corridoi con i detenuti in arrivo».

E mi sembra che tra i gravosi problemi della sua giornata, quei due che dormono sul pavimento appartengano a una scala minore di preoccupazioni. In fondo, meglio in due, per terra, in una saletta d'infermeria, che in dieci ammassati in una cella. Il povero Pagano non si dà pace. L'ultimo taglio ai fondi della sanità carceraria «che sino a un anno fa era di buon livello» lo costringerà a sospendere le visite specialistiche. «E se uno s'ammala agli occhi, dove lo mando? Dall'assessore, dal ministro? E se uno ha una cardiopatia, una patologia ai reni, dove lo mando? In ospedale? Ma non posso perché mi mancano gli agenti per poterlo piantonare. Questa è una maledizione. Rischiamo il fallimento. Il budget di un anno è bastato per cinque mesi, ma ti pare giusto?» Non è, purtroppo, una sceneggiata napoletana. È l'Italia parolaia e cialtrona che annuncia, promette e dimentica.

XXIII

NONNA E VOLONTARIA: DONNA FELICE

«Ho un marito che fa il grafico e un figlio che ormai va per la sua strada. Sino a nove anni fa ho lavorato in banca, che non era proprio il massimo delle mie aspirazioni. Quando ho chiuso con la mia professione, sono tornata al primo amore: il volontariato. Eccomi, qui a San Vittore, inquadrata in "Telefono azzurro", tra detenute piene di problemi, mamme e soprattutto bambini. Del resto, cosa ci si poteva aspettare da una come me che da ragazza faceva la volontaria nelle ambulanze della Croce Rossa e che proprio su un'ambulanza ha conosciuto il marito? Ero, come si suol dire, una predestinata. Siamo in sette operatrici e facciamo dei turni, in modo che ci sia una nostra presenza costante. Quale che sia la portata del dramma della detenzione, i bambini sono sempre le vittime più vulnerabili e innocenti. Qui mi sento una nonna valida e attiva, in grado di dare aiuto. Il guaio è che ti affezioni a una creatura e poi, dai tre anni in poi, non la vedi più, perché viene staccata dalla madre. E se poi sai che è finita in un istituto, stai proprio male. Nel volontariato c'è un prezzo da pagare: la condivisione di un dolore. Lo sappiamo. E io non cambierei per nessuna vacanza, per nessuna comodità, quello che faccio a San Vittore. Da qui vedi quanto siano fatue certe abitudini del mondo, vuoti privilegi di facciata.»

La signora che ho davanti si chiama Elisa Gabriella Battistel. Potresti incontrarla in un salotto, ma sarebbe il posto sbagliato. «Non sono una dama, ma una che ha cominciato a lavorare a quindici anni.» Siamo in una spoglia saletta del settore femminile e l'ispettore Carmela Fascetta non sta vivendo, come si suol dire, una giornata di relax. Entra ed esce a passo di carica, batte una lettera al computer, poi deve correre a uno dei piani superiori perché c'è qualche problema. «Oggi devo cavarmela da sola, tutte le mie collaboratrici più vicine sono state convocate a Roma per la festa della Repubblica. Pazienza.»

A un certo punto, nel suo viavai, Carmela arriva con una donna ancora giovane che non riesce a nascondere le lacrime. Si siede davanti all'ispettore che sta preparando un documento. E piange. È un'albanese. Le hanno notificato un definitivo di quattordici anni. Le lacrime scivolano in un baratro, dove in quel momento c'è il suo futuro.

La signora Battistel per delicatezza vorrebbe lasciare la saletta, ma il dramma dell'albanese è appena un flash che ci passa davanti, prima di scomparire nel ventre del carcere. Il racconto può riprendere: «Per diventare volontarie dobbiamo sottoporci a un corso di formazione e poi, di anno in anno, a test di controllo e di aggiornamento». L'idea della nonna che si cura dei bambini mi affascina. E cerco di spostare la chiacchierata su questo ruolo così dolce. «Un bel periodo è stato quello in cui ogni mattina prendevo Roberto, il figlioletto di Angela, e lo portavo a una scuola materna in via Mac Mahon. Tutto avveniva nell'anonimato, perché non si sapesse che quella creaturina arrivava dal carcere. Magari le altre mamme avrebbero avuto da ridire. Purtroppo esistono ancora queste remore nella società in cui viviamo, portata a rimuovere certi problemi. La nostra speranza era che Roberto, frequentando la scuola materna, aiutasse la madre a uscire dal carcere. Speravamo, insomma, in un provvedimento favorevole del magistrato. Ma non c'è stato nulla da fare. Roberto, a tre anni, ha dovuto staccarsi dalla mamma. Vive con dei parenti. I bambini avvertono, attraverso le parole e gli atteggiamenti dei grandi, che si avvicina il giorno del distacco. Diventano nervosi, riottosi, accusano disturbi.»

Poi c'è la storia, davvero sconcertante, del piccolo Diego. La ricostruisco pezzo per pezzo, perché nessuno ha voglia di parlarne. La signora Battistel sta male solo a evocarla. Diego era entrato in carcere a otto mesi con la madre che doveva scontare una lunga condanna. Anche il padre era a San Vittore con una pena pesante, ma aveva ottenuto la scarcerazione per ragioni di salute. Diego veniva accompagnato alla scuola materna dalle volontarie. Quando compì i tre anni, nel carcere erano tutti commossi: l'agente Simona si mise in abiti borghesi, lo prese in braccio affettuosamente e lo accompagnò fuori, dove doveva esserci solo il padre. E invece, insieme col padre, «famoso» per ragioni carcerarie, c'era un gruppo di fotografi che qualcuno aveva avvertito. Diego si sentì aggredito e, in quel momento così delicato della sua infanzia, rimase sconvolto. Ora ha sette anni e vive in un istituto di Lodi, insieme con la sorella che ha quattordici anni e soffre moltissimo di quello stato di segregazione. La madre è ancora a San Vittore e il padre, naturalmente, vi è tornato, con una nuova condanna definitiva per una vecchia storia del '97.

L'8 marzo 2003 a San Vittore, nel pieno della festa della donna, mi si avvicinò una signora semimascherata e chiese: «Ma lei chi è?». E io risposi: «L'uomo in grigio del mistero». Quella donna si chiama Gabriella Axam. È la madre di Diego. Ha una faccia di stampo germanico, che le viene dal padre di origine tedesca, due occhi chiari, lo spirito e l'eloquio di chi ama la vita e sa di averne distrutto una parte importante. Droga, naturalmente: uso personale e spaccio. «Ma non cerco attenuanti, non dico che è colpa della società o di qualche cattivo incontro. Da bambina vivevo a Bordighera con i miei. Quando ci siamo trasferiti a Milano, sa qual è stato il nostro quartiere? Baggio. Le ho detto tutto. Mia madre faceva l'ostetrica, mio padre il portiere di notte. Ho scelto la droga perché mi piaceva. Ho incontrato uomini sballati perché mi piacevano. Per fortuna, sono qui: penso di esserne venuta fuori integra come salute fisica e mentale. Una sola cosa non mi perdono. La sciocchezza che ho fatto nel 2000. Ero a San Vittore da tre anni e avevo ottenuto la misura alternativa al carcere. Avevo un lavoro in un'azienda di pulizie e potevo stare con i miei figli. Cosa ho fatto? Niente di grave. Ho parlato con un pregiudicato che avevo incontrato per caso. Mi hanno scoperto e addio: nuovo arresto. Il mondo mi è crollato addosso. E poiché in quei giorni arrestarono anche mio marito, mi trovai nella situazione più penosa per una madre: "Prendete i miei figli e metteteli in un istituto". Arrivarono i poliziotti a prelevarli senza nessun riguardo psicologico. A Lodi i due ragazzi sono cresciuti, vanno in una scuola esterna, ma vivono in un clima di costrizione quasi come noi. Vengono a trovarmi ogni due settimane. Ci parliamo, cerchiamo di capirci, assistiti da uno psicologo. Non è facile. La ragazzina non fa che ripetere: "Mamma non ne posso più". Ha ragione. Io, se tutto va bene, potrei essere libera tra pochi mesi. L'azienda di pulizie per la quale lavoravo si è detta disposta a riprendermi. Abbiamo una casa, possiamo ricostruirci una vita. In carcere convivo dignitosamente con le altre detenute. Nella nostra cella siamo in quattro. C'è chi mi ha aiutato e mi aiuta. Ma non posso dire di avere delle amiche. C'è solidarietà, ma ci sono anche invidie. Sa dove lavoro? Al nido, sembra una beffa. Faccio di tutto: dalla baby sitter alle pulizie. L'altro giorno una zingarella ha partorito una bimba settimina. È in carcere con la mamma. Ha un mese ed è una bambolina che tieni in una mano. Alle zingare non si possono accordare gli arresti domiciliari perché non hanno casa.»

La signora Battistel, che ha ascoltato in silenzio, mi regala un finale dolce. «Ricordo il battesimo in carcere di una bambina, figlia di una zingara. Il direttore consentì che partecipassero alla cerimonia parenti venuti da fuori: la suocera e due fratellini. Mancava il papà, chiuso in un altro carcere. La piccola aveva due vestiti per il battesimo, uno dei quali confezionato a San Vittore. Tutte le detenute furono invitate. Don Alberto, il più giovane dei nostri cappellani, colse il senso e l'importanza di quella cerimonia e la celebrò col cuore. La festa fu grande. Qui la ricordano come "L'Evento".»

Questa amabile e giovanile signora, che recita da nonna, mi ha introdotto con garbo nell'immenso mondo del volontariato. Stiamo entrando insieme nella parte più nobile della nostra società, dove vive un popolo senza età, lontano dagli egoismi, dagli arrivismi e da tanti altri banalissimi «ismi», gente che condivide il dolore degli altri e comunica gioia. C'è chi sceglie i malati terminali, chi i poveracci della notte, chi il carcere. San Vittore è popolato di volontari. Non sono né santi, né missionari: ma persone che danno un senso e una ricchezza interiore alla loro vita. E ringraziano di tanta fortuna.

XXIV

TERESA, UNA BORSA E UN DIARIO

Un giorno, prima della metà di giugno, sono entrato a San Vittore alle 11 e ne sono uscito, in piena turbolenza di pensieri, quasi alle 5 del pomeriggio, precipitandomi verso il primo panino possibile nello snack bar di piazza Filangieri che scherzosamente viene chiamato «Criminal Bar». Mi è stata a fianco, col passo, la lucidità e la resistenza della maratoneta, una signora milanese, Teresa Michiara, che nel carcere è proprio di casa e ha pubblicato per le Edizioni Paoline un libro che ho divorato nel giro di due notti: il ricchissimo diario di una volontaria che ha scelto San Vittore per dare una svolta e un senso alla propria vita. Lei, per la verità, si spinge oltre: «Per sentirmi felice». Entra in carcere alla ricerca dei problemi e dei drammi degli altri, avvertendo quel piacere che io stesso ho scoperto lungo questo mio viaggio. È difficile da spiegare e soprattutto da capire. «Non è masochismo,» dice «ma semplicemente la soddisfazione di sottrarre un po' di dolore a chi ne ha tanto. Se io me ne prendo una parte, lui starà meglio.»

Nella borsa di Teresa ci sono strani oggetti: buste, carta da lettere, francobolli, pezzetti di cioccolato, sigarette di poco prezzo e soprattutto taccuini per indirizzi e numeri telefonici, piccole o misere cose che nella parte povera, o poverissima, della cittadella carceraria diventano tesori: «Non ho neanche un euro per scrivere una lettera a mia madre». «Telefoni al mio avvocato, non lo sento da mesi.» «Non ho notizie di mia moglie, che è nel carcere di Monza, e non so nulla dei due bambini.» «Mi potrebbe procurare un paio di ciabatte?» «Benedette queste sigarette. Mi ero ridotto a pietire una boccata ai miei cancellini.» «Grazie di essere venuta. Non può immaginare quale sollievo sia spezzare una giornata vuota, buia, inutile conversando dieci minuti con lei.» Queste sono le voci di un'ora, nella saletta di un raggio qualsiasi dove i detenuti che ne hanno fatto richiesta accedono, a turno, disciplinatamente, come gli studenti per un piccolo esame che qui si chiama colloquio.

I volontari prendono nota, provvedono, promettono, mantengono nei limiti delle proprie possibilità. E offrono umanamente di se stessi tutto ciò che hanno: non solo il tempo libero, ma molto di più. Grazie a loro, al direttore che li incoraggia e a chi si batte dentro le mura, il carcere ha una poderosa e costante proiezione verso l'esterno. Non è un luogo blindato dinanzi alla buona e cattiva coscienza della società, né un immondezzaio. Il volontariato è un filo aureo e sottile lungo il quale scorre, insieme con la speranza, quel che resta di tante vite.

Teresa Michiara mi ha dato appuntamento al solito bar, di fronte all'ingresso principale. E mentre l'aspetto, ho un piccolo anticipo della mia esperienza. «Cosa ci fa lei da queste parti?» La signora che mi rivolge la sua attenzione si chiama Giuliana Becherini. È una disegnatrice di moda: abiti femminili. Ha un suo laboratorio a Corsico, ma ha deciso di aiutare la cooperativa Alice di San Vittore. «Se sapesse quanto sono brave quelle donne! Paola Mazzoni è un fenomeno. E pensare che quando ha iniziato non sapeva nulla di sartoria. Se hanno qualche difficoltà con i modelli, mi chiamano. E io arrivo per aiutarle. Oggi Alice è una bella realtà. Oltre al laboratorio nel carcere ce n'è un altro in via Solari per quelle detenute in semilibertà che possono lavorare all'esterno.»

E io ripenso alla Paola dai capelli rossi che ho già conosciuto, alla sua storia fuori della legge, ai dieci anni di carcere già scontati e ai dieci ancora da smaltire. Se avesse sviluppato in senso costruttivo la sua grinta, la sua intuizione, la sua intelligenza, la sua capacità di guida, oggi cosa sarebbe? Mi consolo pensando a quando uscirà: sono certo che saprà investire al meglio ciò che la sua lunga esperienza carceraria le ha dato. Lei però, quando gliene parlo, manifesta una strana e tenera idea: «Quando sarò libera, vorrei fare l'assistente del veterinario che lavora a San Vittore. Adoro gli animali». E chi può dimenticare il gatto Matisse?

Arriva Teresa Michiara e io, avendo letto il suo libro, ho la sensazione di conoscerla da tanti anni, non solo per i pochi minuti di una fuggevole presentazione di qualche giorno prima. Lei è la coordinatrice dei volontari di «Sesta Opera San Fedele», un'organizzazione filantropica antica, sorta nel 1923, che si occupa dei carcerati, li assiste, li aiuta sia quando sono in cella, sia nello smarrimento del dopo. Scopriamo insieme, allegramente, con un pizzico di stupore, che è stata moglie di un importante dirigente editoriale, mio amico, impegnato per parecchi anni anche nell'àmbito della «Gazzetta dello Sport» nel primo periodo della mia direzione. In questi casi si dice: «Ma guarda quant'è piccolo il mondo». Non sfuggiamo neanche noi a questa spontanea banalità.

L'approccio di Teresa è assai meno banale. «Vede, la mia fortuna è stata la separazione da mio marito... Lo dico adesso, che sono passati ventidue anni. Allora fu un trauma: ero madre di Michele e aspettavo Elena. Un fallimento, uno sconquasso. Ho sofferto periodi tremendi di depressione. Poi via via tutto si è assestato, i rapporti col mio ex marito sono diventati ottimi e soprattutto sereni, i figli sono andati avanti e io, che ero maestra elementare di ruolo, ho cambiato vita e ho tirato fuori il meglio di me stessa, tutto il talento, la volontà e la fantasia che avevo addosso, sorretta sempre da un'immensa fede. Sono di origine ebraica per parte di madre, ma questo non c'entra. La mia religione è fuori dalle regole, dagli apparati, dalle convenzioni. Si riassume in una parola: dare. Ne sono largamente contraccambiata. Ho lasciato la scuola, ho lavorato prima per una casa editrice, poi per un'azienda che seleziona personale, ho studiato grafologia e oggi sono grafologa in piena attività. Lavoro per i privati e per le aziende. Ma soprattutto da undici anni sono una volontaria: donna soddisfatta, impegnata e felice. Ho iniziato il mio tirocinio in un ospedale psichiatrico. Un giorno il medico del reparto mi disse: "Tu sei adatta per il carcere, perché non provi?". Aveva ragione. Il carcere è stato il mio approdo e direi anche la mia salvezza. Qui do sollievo e ricevo gioia.»

Con la vecchia sindrome del viaggiatore, azzardo due paragoni: il mal d'Africa, quello che ti spinge a tornare dove il fascino della natura si mescola ai dolori di infanzie inesistenti, addomi gonfi, quotidianità sofferta, morte lenta e precoce. O il più sottile mal di Messico, esercitato da un Paese dove, dopo un giorno, credi di aver capito tutto e dopo un mese scopri di non saper nulla. Non ricordo chi, lungo questo viaggio a San Vittore, mi ha parlato di una malattia chiamata «carcerite»: benefica, non contagiosa, la si contrae per scelta, per volontà. Giuro che esiste.

I piccoli racconti di Teresa riempirebbero altri dieci diari. Il suo libro mi ha già saziato. Ma lei mi regala, fuori dal testo, un dolcissimo episodio personale: quello di un detenuto che si è innamorato di lei, in modo classico, esplicito. E lei ha capito che quell'amore irrituale poteva essere una via di salvezza per un uomo non ancora cinquantenne, deciso a rimediare ai suoi errori. E ha corrisposto per come poteva, spiritualmente, nei brevi incontri del carcere e anche fuori, quando quell'uomo ha ottenuto la semilibertà. «Non ero certo innamorata, ma sentivo di trovarmi al centro di una storia tanto singolare quanto positiva. Ora lui è un'altra persona, ha cambiato vita, cammina con le sue gambe. A me resta un bellissimo ricordo. Ho potuto vivere questa vicenda grazie alla mia libertà interiore e pratica, all'essere fuori da qualsiasi schema. Non accetto modelli, non subisco le mode della tv, anzi neanche la guardo, e non subisco nemmeno condizionamenti: rispondo soltanto a me stessa.»

E in stridente contrapposizione con il ricordo di un amore, affiora una vicenda demoniaca, raccontata anche nel libro. Il protagonista viene chiamato Mauritius. Teresa un giorno ne raccoglie la confessione: quel ragazzo ha violentato la madre. Vive in una cella dell'inferno tra i cosiddetti «protetti» e chiede disperatamente l'impossibile: che la madre lo rinneghi, si scordi di lui, che rimuova dalla coscienza quella sua maternità. Dopo qualche tempo, nella cella scoprono il peccato di Mauritius. Lo pestano, lo massacrano. E nessuno gli dà aiuto. Uno dei detenuti, anzi, protesta con Teresa: «Con quale coraggio hai aiutato quel mostro?». Il ragazzo finisce in ospedale, poi lo trasferiscono in un altro carcere. E Teresa lo smarrisce, lo cerca invano, non ne sa più nulla.

Quando la signora che mi sta davanti tace, parlano i suoi occhi cerulei. E io, ascoltandola, penso che le vie del fascino femminile siano davvero infinite e il tempo ne abbia sempre rispetto. Prendo una decisione immediata: vivere una giornata da volontario, seguire il percorso, gli incontri e le emozioni di questa donna che combatte col sorriso sulle labbra, insieme ad altre persone della sua tempra. Teresa è d'accordo, ma bisogna chiedere il permesso. Pagano me lo concede. Lancio il mio cellulare al capoposto, che conosce la manovra a memoria. Il solito fragore di cancelli. Ne dovremo attraversare sette. Ma intanto svoltiamo a sinistra, dove c'è la sala Giudici-Avvocati, il triste parlatorio dove si discute di processi che non arrivano mai, di condanne esagerate, di appelli da portare avanti, di parcelle da pagare. Solo due box sono occupati. La nostra sosta è obbligata ma, per fortuna, dura solo pochi minuti.

Nel carcere non si spreca nulla. Qui conosco un altro volontario della Sesta Opera, Giosuè Ravone. È stato dirigente di banca, adesso è in pensione e fa il giudice di pace. Appassionato di sport, informatissimo dei fatti della vita e della politica, pieno di curiosità, innamorato anche lui di San Vittore. Ha la sua cartella, i suoi indirizzi, le sue preziose cianfrusaglie, il suo percorso, le sue richieste di aiuto.

Prima che le nostre strade si dividano, l'aria pesante del corridoio centrale è squarciata da strilli isterici di una donna in sedia a rotelle, forse preda di un attacco epilettico. Gli agenti cercano di calmarla, arrivano un medico e degli infermieri. Certo, quella donna ha qualche problema serio di salute, ma ha anche subìto un grosso trauma. Ce lo spiega Ravone: «Era venuta a San Vittore per un colloquio col marito e ha scoperto che lo hanno trasferito». Dove? Quando? Perché? Il carcere coltiva i suoi misteri.

Il trasferimento improvviso è uno dei contraccolpi più sgradevoli per un detenuto e i suoi familiari. Talvolta una mazzata. Si frantumano delle abitudini, si perdono dei punti di riferimento. È come se tutto cominciasse da capo. Un altro momento traumatico è quello dell'arrivo in carcere, soprattutto se è la prima volta. I volontari ne hanno fatto un punto-cardine della loro attività. Oltre a Sesta Opera, a San Vittore c'è un'altra valida organizzazione: «Comunità e Incontro», guidata da Mirella Bocchini, una signora che dedica da tantissimi anni la sua vita, con serenità e intelligenza, a una missione definita «progetto dignità» che ha come naturale corollario il «progetto accoglienza»: dare un approdo, un tetto, un riaggancio alla vita al detenuto che esce dal carcere.

E poi, attratta da qualsiasi posto dove c'è sofferenza, compare anche a San Vittore la squadra dei City Angels, guidata da Mario Furlan, che ha nella notte, nel freddo e nell'emarginazione più estrema il suo habitat naturale. Gli «angeli» scaricano indumenti nel carcere e assistono i detenuti più poveri, soprattutto gli extracomunitari la cui povertà è esasperata dallo status di «senza patria», dalla lontananza da tutto e da un futuro che è solo nebbia.

Tiziana Pulvirenti, una delle socie più attive di «Comunità e Incontro», mi racconta che ogni giorno i volontari si recano alla Rotonda e ritirano una sorta di mattinale: contiene l'elenco dei nuovi arrivati. Li cercano, li chiamano, li conducono in una stanzetta e parlano, parlano a lungo con loro, accompagnandoli lentamente alla nuova realtà: «In certi casi» dice la signora Tiziana «dobbiamo anche provvedere ai vestiti. Chi conosce il carcere per la prima volta spesso entra in un mutismo disperato. Bisogna stanarlo, farlo ragionare. Per gli anziani c'è talvolta il pericolo dell'infarto. Noi li assistiamo, li accompagniamo alle visite mediche, telefoniamo all'avvocato. L'arrivo in carcere si porta dietro dei drammi, delle ferite morali e fisiche. C'è chi ti mostra le violenze subite dalla polizia e chi giura di non sapere perché è stato arrestato. Ci sono casi in cui per gli stranieri la mancanza di documenti e del permesso di soggiorno diventa un reato».

Dai racconti dei volontari e da quello che ho visto direttamente, rilevo purtroppo che è veramente difficile perseguire nelle nostre carceri un «progetto dignità». Molti lati oscuri rimangono. E a San Vittore l'atmosfera di umanità si scontra spesso con situazioni ambientali vergognose: «Nell'estate del 2003 c'è stato un caldo terribile anche a Milano: quasi quaranta gradi. E nel famigerato sesto raggio mancava l'acqua per un guasto alla pompa: non c'erano i soldi per ripararla. L'acqua arrivava con i bidoni. Si rischiava di impazzire».

Ora proseguo, con Teresa Michiara, nel mio percorso da volontario. Stiamo già attraversando il penale, con le sue celle squallide sì, ma aperte, il solito viavai di detenuti e le tante facce ormai conosciute, compresa quella di un notaio milanese, finito in galera, dice lui, «per una disgrazia». Mi invita per la seconda volta a salutargli un noto giornalista suo cliente, amico comune. «L'ho già fatto,» rispondo «e il suo amico ricambia.»

XXV

NELL'INFERNO DEL SESTO RAGGIO

Quando vedo l'insegna «Sesto raggio» capisco subito dove andiamo a parare. Secondo piano, i «protetti». Transessuali, pedofili, violentatori, spioni, infami. Chiarisco: infame viene considerato anche chi, dopo aver rubato un'auto, svela il nome del ricettatore. Non è sempre la portata o il genere di reato che conta. C'è un problema di comportamento. La cosiddetta legge del carcere è implacabile. Guai a chi va fuori dalle righe.

Rieccomi, dunque, in quello che è stato definito «l'inferno di San Vittore» o «il carcere nel carcere». L'assistente capo Leonardi, che mi ha già introdotto in questo ambiente, ci offre il privilegio di una saletta particolare che per i volontari è un piccolo paradiso, abituati come sono ad avere i colloqui in posti scomodi e bui, talvolta sulle panche dei corridoi. La saletta è lunga e stretta, con quattro tavolini. Vi entra con noi – e con la sua lista di colloqui – un altro personaggio straordinario: Fiorina Carrettoni, volontaria anche lei della Sesta Opera, veterana di San Vittore, donna anziana, magra, scoppiettante, richiestissima da parte dei detenuti. Un paio di grandi occhiali dilatano i suoi occhi, che hanno una espressività da attrice popolare. Le sue conversazioni sono uno spettacolo eduardiano. Lei entra nella parte con una profondità umana che contempla stupori, dolori, risate irresistibili, entusiasmi improvvisi, piccoli sgomenti e grandi invenzioni. Quando scatta la scintilla, estrae il suo taccuino e annota: nomi, indirizzi, numeri telefonici, sempre con la stessa fantasia teatrale, ma piena di verità.

Vecchi carcerati dai capelli bianchi, giovani in fase di smarrimento, stranieri che si esprimono coi verbi all'infinito. Fiorina, nel suo vastissimo repertorio, ha qualcosa di speciale per tutti. Alla fine del colloquio, lei si alza, il detenuto la bacia. E io non finisco di ammirare questa donna e di osservare le scene che si succedono. Teresa mi dice: «Come vedi, Fiorina è adorata. Ieri ha saputo del compleanno di un detenuto e ha portato una torta. In cella hanno fatto festa».

L'approccio di Teresa è diverso. Lei parla sottovoce, dà al suo interlocutore una sensazione di timidezza, come se volesse attirarlo su un terreno comune, su un colloquio del tutto alla pari. E ne conquista piano piano la fiducia, con una forma di seduzione senza ritorno. Quanto sia gradita dai detenuti, lo dimostra la lista di coloro che hanno fatto domanda di colloquio. L'elenco è in mano al cosiddetto scrivano del settore. Un bel ragazzo, che chiamerò Matteo, chiaro di idee, efficiente, che è arrivato a San Vittore dal mondo sempre un po' misterioso della omosessualità esercitata ai confini della prostituzione o addirittura oltre: là dove affetti e interessi si confondono. Ha una condanna a quattro anni e otto mesi. Ne ha scontati una buona parte. «Se continui così, a comportarti bene,» gli dice Teresa «l'anno prossimo potrai essere libero.» E lui, con aria sognante: «Lo sai che ho un lavoro pronto per quel giorno? In un salumificio...».

Entra Alessandro, uno zingaro. Tutta la sua famiglia è in carcere, compresa la madre che si trova a Monza, lui vorrebbe parlarle, ma non ci riesce e non ha neanche i soldi per una telefonata. «Non so più nulla di nessuno dei miei, sono un disperso.» Teresa Michiara s'interessa al caso, farà qualcosa per trovare la madre. Sempre che sia ancora a Monza, si rivolgerà ai volontari di quel carcere. Dalla storia di Alessandro emergono trame di violenza all'interno della stessa famiglia. Lo sfondo è inquietante, anche se lui giura, garantisce, promette: «Sono cambiato, voglio vivere tranquillo».

Il 18 maggio ha visitato San Vittore per la prima volta il cardinale Tettamanzi, arcivescovo di Milano. Alessandro ha ricevuto la cresima. Teresa rievoca con lui quei momenti con parole dolcissime. Poi tira fuori cinque sigarette e un pezzetto di cioccolato. Alessandro accetta, saluta, esce pieno di dubbi. Più tardi vedremo un suo zio che si chiama Stefano ed è la sua copia conforme. Anche lui piagnucola, cerca la moglie Roberta, non sa nulla di due figli. Racconta storie di cui si capisce poco. Andrà a Piacenza per il processo. Una sola cosa è chiara. A rovinare la famiglia, secondo lui, è stata una nipote. Lei ha accusato tutti, lei ha raccontato cose terribili. E qui il miscuglio di falsità, odio, verità, intrighi, violenze familiari comincia a puzzare. Stefano non ha un euro nel suo conto corrente carcerario. Ma s'accontenta di buste e francobolli. Teresa provvede.

Ora entra Daniele con la sua incredibile storia. Noto che mi guarda fisso e poi, quando capisce chi sono, dice: «Lei è collega di mio padre». E fa il suo nome. Tutto vero. Daniele è figlio acquisito di un giornalista molto noto, che ha lavorato intensamente nel sindacato. Teresa lo guarda preoccupata: «Ti trovo stranito, forse stavi dormendo, hai bisogno di qualcosa di particolare?». Daniele risponde strascicando le parole, ma la rasserena: è solo imbottito di psicofarmaci, come tanti altri detenuti di questo raggio. Era tossico, ha smesso col metadone, ora si arrangia come può, aspettando il processo che è già stato rinviato un paio di volte. Il reato di Daniele è minimo rispetto alla sua storia. Lui era una sorta di cleptomane: individuava le auto aperte e le rubava. Alle spalle c'era un ricettatore. Daniele ne ha fatto il nome. Da delatore, è finito nell'inferno di San Vittore.

Che strana la vita. Ragazzo di famiglia borghese, Daniele arriva alla maturità classica in Italia, poi sceglie la Francia: si iscrive alla Scuola delle arti militari di Marsiglia. Quando ne esce, lo attende la Legione straniera. Fa il corso, lo ammettono: diventa un mercenario professionista. «Siamo andati in Croazia, pagati dagli americani. Sei mesi di guerra contro la Serbia. Vi sono stato dentro, in pieno, coinvolto in atrocità inenarrabili. Nessuno poteva immaginare che ci fosse tanto odio tra popoli che avevano vissuto insieme nella Jugoslavia di Tito. Ne sono uscito distrutto. Ora sono un pacifista totale. Penso soltanto al processo. Se mi affibbiano anche la ricettazione, mi becco almeno un paio d'anni.» Teresa lo incoraggia: «Vedrai che andrà meglio, io pregherò per te». Lui sembra stupito di ogni piccola forma di affetto. Non è la prima volta che ho questa sensazione quando, parlando con un detenuto, l'ho abbracciato o gli ho offerto una parola buona, uno spiraglio, una semplice attenzione.

Arriva il turno di Sebastiano. Viene da una cella dove sono in sei e immaginate in quali condizioni. «Se due stanno in piedi, gli altri devono restarsene a letto.» Ci sarebbe l'ora d'aria per spezzare questa angosciosa monotonia. «Ma per noi del sesto raggio vale poco. Siamo emarginati, piccoli spazi, sempre le stesse facce. Molti si lasciano andare.» Eppure dal cortile sottostante arrivano rumori diversi da quelli metallici delle porte: rumori di pallone, rifugio senza confini, piccolo sollievo dai malesseri di un carcere. Ma Sebastiano è come se non sentisse. Triste, depresso.

Era agli ultimi quattro giorni di detenzione quando gli hanno notificato un definitivo per una vecchia storia del '96. Teresa spezza il grigiore del silenzio: «Nove mesi ancora, vedrai che passano in fretta. Prima della prossima primavera sarai libero». Lui ringrazia e, improvvisamente, manifesta il desiderio di parlare. Grazie al cielo, c'è chi lo ascolta. Ha perso madre e padre quando era piccolo, la sua vita è stata un cammino nella solitudine, nella mancanza di affetti. Ma ammette i suoi errori, non cerca scuse e Teresa lo accompagna verso un possibile prossimo futuro ricordandogli che, a differenza di tanti altri, lui ha un lavoro. «Eh già,» sorride Alessandro «sono tornitore, fresatore, uno specialista, uno che può campare di lavoro. La richiesta c'è...» E si fa coraggio. Mi piace immaginare che la sua depressione si sia un po' attenuata. Ma io vedo luce dovunque, non sono un teste attendibile. Sebastiano ha bisogno di fiducia. Quanti sono disposti a darne a chi esce da un carcere?

Una volta facevo collezione di bamboline. Le portavo a casa dai miei tanti viaggi. M'incantavano quelle del Centro o del Sudamerica, facce brunite e rotonde, capelli corvini, vestiti di colori vivaci. Improvvisamente, me ne trovo una di fianco nella saletta di un carcere. Non viene da una vetrinetta di mercato, ma da una cella. Si chiama Davi Ramirez, ma la chiamano Jem: ecuadoriano, transessuale di vent'anni, femmina dichiarata. Faccia da bambola, capelli lavorati, treccine auree, azzurre o nerissime, pelle levigata di donna giovane che si cura. Il suo reato è il solito: importazione di droga, la speranza del colpo della vita, l'arresto all'aeroporto, la condanna a sette anni. Penso agli ovuli nella sua pancia di ragazzina.

Jem è serena, non ha bisogno di nulla, è in carcere da sette mesi, nella sua cella si trova bene, le compagne la coccolano, parla come se si trovasse in un campeggio. Teresa cerca gentilmente di indagare dentro questa sua impressionante serenità, ma finisce col prenderne atto. Nel famigerato «inferno di San Vittore» c'è di tutto. Anche una creatura che di uomo ha solo un organo diventato virtuale, banalissimo e soprattutto estraneo alla femminilità del corpo che lo ospita. L'unica cosa che Jem chiede è questa: «Quando sarò libera, fatemi restare in Italia». E se ne va sorridente verso il suo mondo in una cella: da qui sino al 2010.

Mi incuriosisce un giornale dello Sri Lanka che Teresa si porta dietro sin dal mattino. Glielo ha chiesto Hanis la scorsa settimana, nell'ultimo colloquio. E lei se promette, mantiene. Hanis è arrivato da Colombo, la capitale, parla un discreto italiano e ha il fascino di Sandokan. I suoi occhi sembrano armi incendiarie. I canoni della bellezza sono freddi e, in ogni caso, molto soggettivi. Ma io, quando vedo un'indiana bella, mi spiego come Roberto Rossellini abbia lasciato Ingrid Bergman per Sonali Das Gupta. Immagino che il discorso regga anche a sessi rovesciati. Hanis è un indiano affascinante di trentadue anni, ha fatto il marinaio, ha girato il mondo e si era sistemato in Italia, lavorando come domestico, autista, accompagnatore presso una famiglia milanese prestigiosa, di cui fa il nome. In quella casa tutti lo amavano, dalla signora, che ha ottantadue anni, ai figli, ai cognati, ai nipoti. Lui era Hanis: uno della famiglia.

Improvvisamente, lungo il racconto, la voce si spezza e il nostro Sandokan si mette a piangere. «Mia madre non sa nulla di quello che è successo, non sa che io sono qui in carcere da sette mesi. Non posso darle questo dolore.» Provo sempre un po' di pudore a chiedere quale sia il reato. Ma Hanis ha voglia di confidarsi: «Mi ha tradito lei, la mia ragazza, una connazionale. Eravamo fidanzati da tanto tempo, io l'amavo, lei mi amava e voleva a tutti i costi sposarmi subito. Io non potevo, volevo aspettare, tanto vivevamo insieme. Un giorno lei mi ha denunciato. Dice che l'ho violentata. Mi sembrava uno scherzo, ma la cosa è diventata seria: lei è minorenne, non ha ancora diciotto anni. Ma io dico: un amore può diventare reato? L'età di una donna nel nostro Paese viene valutata in modo diverso. La nonna della mia ragazza si è sposata a quattordici anni. Io ho fatto l'amore, non ho violentato nessuno. Ma questa denuncia di violenza su una donna minorenne per l'Italia è una cosa grave, ho molta paura. Come faccio a spiegarlo a mia mamma? Lei piangerebbe per tutta la vita».

E Sandokan ritrova le sue lacrime. Qualcosa sfugge, del suo racconto. Perché questa denuncia di una ragazza che ama il suo uomo? La risposta evoca un tema universale: gelosia. «Lei pensava che io avessi un'altra fidanzata, non si fidava, voleva sposarmi subito. E allora, stanca di aspettare, mi ha denunciato. Un tradimento, un'ingiustizia.» Mi verrebbe da chiedere se questa seconda fidanzata Hanis ce l'avesse davvero. Ma evito. Forse per un antico vizio di solidarietà maschile. I Sandokan nascono pirati. Ma qui c'è poco da favoleggiare: la denuncia è grave, da sesto raggio, piano secondo.

Hanis chiede a Teresa se, per favore, può telefonare alla sua amatissima signora di ottantadue anni che gli voleva tanto bene. E le dà il numero, recitandolo a memoria. All'uscita dal carcere, Teresa Michiara ci prova. Si presenta, spiega, ma al posto della nonna trova una fredda voce giovanile: barriera gentile e invalicabile. Non sanno più nulla di Hanis e soprattutto non vogliono più saperne.

Ora ascoltiamo il racconto di Semir, marocchino arrabbiato, uno che non si dà pace. «Io sono un regolare: permesso di soggiorno, lavoro, amici. Una sera ci siamo riuniti per una festa marocchina. Un bicchiere tira l'altro: ed eccoci ubriachi. C'era un po' di chiasso, forse, e sono arrivati i carabinieri. A un certo punto, uno di loro tira fuori una bustina di droga, come se l'avesse cavata dalle nostre tasche. Per me, ce l'aveva lui. Un espediente per arrestarci. Io mi sono preso due anni e due mesi per questa incredibile storia. E giuro che non c'entro. E se ci penso mi viene da impazzire. Per fortuna ho una buona cella e siamo tutti marocchini.» Nessuno metterebbe le mani sul fuoco per Semir: né in carcere, né fuori. La verità qui è figlia del mistero. Teresa discute col giovanotto alla sua maniera, cerca di farlo ragionare. Poi mi dice: «Quella storia della bustina che compare all'improvviso l'ho sentita tante altre volte».

Un agente ci avverte che è giunta l'ora di togliere il disturbo. Ma ricompare Matteo, lo scrivano: «Un attimo solo, Teresa: c'è Rosario, esce domani dal carcere e vorrebbe salutarti». E Rosario arriva subito: è un ragazzo di ventitré anni, freddo di temperamento, parla sottovoce sillabando le parole. Si è fatto dieci mesi di carcere perché, in preda all'alcol, ha minacciato la madre, forse l'ha anche picchiata, ma su questo lui sorvola. Ha perso la ragazza, ma si dice certo di ritrovare il lavoro. E la mamma? Rosario socchiude gli occhi. «Non mi ha mai fatto sentire solo. La mamma perdona.» E poi, rivolto a Teresa: «Grazie, signora».

Ora è proprio tempo di andarcene. Siamo già nel corridoio, diretti verso le scale, quando da una cella non lontana vedo alcune braccia agitarsi, in un segno di richiamo. Non sarebbe consentito avvicinarsi, ma ho la sensazione che non me lo impediranno. La cella è una di quelle che non vorresti mai vedere. Sei detenuti, credo tutti marocchini, in pochi metri quadrati. «Guardi questo ragazzo,» mi dice uno di loro «è da settimane che grida la sua innocenza. Ha fatto lo sciopero della fame e della sete. E adesso, osservi...» Il ragazzo è appoggiato alla porta della cella. Due occhi da cerbiatto ferito. Una tristezza che si taglia col coltello. «Guardi, guardi» insistono dalla cella. E io scopro che quel giovane marocchino si è cucita la bocca. Proprio cucita, con dei fili, forse di nylon, che chiudono le labbra e gli impediscono non solo di mangiare e di bere, ma anche di parlare. E infatti è muto, ti sbatte addosso il suo sguardo sempre più spento. Io resto impietrito. «L'hanno sbattuto dentro» gridano dalla cella «senza ragione, lui vuole essere interrogato, vuole spiegare, vuole dimostrare che è innocente.» Quei due occhi da cerbiatto ferito hanno un nome: Jeder. Il cognome lo tengo per me, sperando che nelle maglie della giustizia si sia inserita la provvidenza. E magari la verità.

Sarà forse un generoso protettore celeste a guidarmi. Ma ogni volta che sto per lasciare questa zona così drammatica, crudele, moralmente oscena del carcere incontro una persona che mi riappacifica con la vita. La signora Maria sembra la classica nonna delle favole di cui tutti ci siamo un tempo innamorati. Bianca, dolcissima, curiosa, vivace. Ha appena finito di dare lezione di francese a due detenuti, uno grande e forzuto, l'altro piccolo e grassoccio con gli occhiali, che la guardano come una madonna. E lei discute amabilmente con loro, dice che ci vuol pazienza, perché il francese è una lingua non facile per chi non è un latino. «Ci vorrebbero più tempo e meno preoccupazioni. Ma piano piano, vedrete...»

Mi fermo a guardarla e lei gentilmente mi chiede il perché di tanto interesse. A me vien fuori una frase dannunziana: «Signora, mi conceda di ammirarla».

Maria Poloni è una professoressa in pensione: «Non mi ricordo neanche da quanto tempo» dice con un pizzico di civetteria. Non appartiene ad alcuna organizzazione. È una volontaria autonoma, indipendente, che ha scelto il carcere «per quel piacere che si prova aiutando chi ne ha bisogno». Questa signora Maria ha ottantadue anni: benedetti da Dio. Non importa quale.

XXVI

'A LIVELLA NEL CORTILE

La torrida estate milanese del 2003 è cominciata già in giugno. Trentasei gradi, alto tasso di umidità. Trasferite ora questa asfissiante anomalia meteorologica in un cortile i cui confini sono alte mura di cemento, dove non c'è una traccia di verde, neanche un vasetto di basilico. L'appuntamento è per le 13, le celle di San Vittore sono aperte, le detenute affluiscono chiassose e incuriosite. E tra poco saranno anche abbrustolite. Nel settore femminile c'è una parentesi teatrale. Alcune enormi lenzuola pendono da una tettoia: questo sarebbe il palcoscenico, che è anche una sorta di spogliatoio dove gli attori, per esempio, entrano con un camice da infermiere ed escono con una paglietta da guappo napoletano, a seconda dei ruoli.

Un attore è di quelli veri, esterno, professionista: Giovanni Palladino. Conduce lui lo spettacolo. C'è anche un maestro di musica, Alessandro Jaray. Tiene corsi all'interno del carcere e i musicanti sono detenuti, così come gli altri attori. È tutta gente che abbiamo già incontrato in marzo, nel giorno festoso della donna. Detenuti di lungo corso che fanno orgogliosamente parte della cooperativa La Nave. Ogni volta che li incontro, dico: «Siete dei privilegiati, state in una parte accettabile del carcere, avete una passione, ci sono persone che vi assistono, vi preparano, vi tengono allegri. La musica e il teatro sono grandi risorse anche in un carcere». Nessuno mi contraddice. Anche se, suonando o recitando, ciascuno si porta dentro le proprie tristezze. Tre signore già conosciute sono al centro di questo piccolo mondo: Serena Pellegrini, la coordinatrice, Graziella Bertelli, che si occupa anche del giornale, e Cristina Colombo, l'impavida regista che è un vulcano di idee.

In questo «forno» di cemento, tutti fumano. Il carcere non accetta limitazioni, né consigli in difesa della salute. Un divieto, immagino, provocherebbe una rivolta. Qui il professor Veronesi, che conduce una benemerita campagna antifumo, in chiave scientifica e divulgativa, non troverebbe alcun uditorio. Con tutto il rispetto, lo respingerebbero. Il sole è a picco, l'aria stagnante è impregnata di sigarette bruciate. Io sono appoggiato a un muro, coltivando la sensazione di un filo d'ombra. Ho una massiccia e simpatica colombiana alla sinistra; vive in Olanda e, sentendola parlare, mi sembra di percorrere un circuito classico della droga: Medellín-Amsterdam-Milano. Sulla destra, chiacchierano tre piccole albanesi, che sembrano sorelle e forse lo sono. «Che cosa avete fatto» chiedo «per essere qui?» La risposta è imbarazzante: «Lei sa cosa fanno le albanesi in Italia». Mi scopro impreparato. Non insisto.

L'inizio dello spettacolo tarda perché uno degli attori è stato chiamato per un colloquio urgente. Nessuno protesta. La cottura procede. Rivedo Tiziana, l'allegrona, la maniaca del ballo, in una versione riveduta e corretta: «Tra poco mi daranno la sospensione della pena, in attesa dell'affidamento. Una delle due mie figlie sta male. Lo shock della mia carcerazione le ha provocato un danno molto serio». E cita il nome di quella malattia complicata: la dislessia. Ma guarda cosa si nasconde sotto quella maschera da clown che incontrai nel mese di marzo.

Si alza il sipario, c'è un recital comico-poetico-musicale. In scena i «Senza paura». La claque femminile si scatena. Il titolo dice tutto: *Resti, avanzi, scarti.* Il meglio e il peggio dell'avanspettacolo classico. Ma quando è il momento di Antonio de Curtis, in arte Totò, nella nostra graticola arriva un soffio di commozione. Va in scena *'A livella.* Luca è la voce recitante attraverso la quale Totò ci porta nel luogo della socialità ideale: il cielo, lontano dagli egoismi del mondo e dalle pene di un carcere. Là il marchese (Alberto) e lo spazzino (Francesco) diventano grotteschi pupazzi. In cielo, finalmente, c'è l'unica livella che funziona.

L'applauso è limpido, prolungato, non chiassoso. Le donne di San Vittore sono emozionate, oppure totalmente cotte. Le risveglia un vivacissimo e coinvolgente finale in musica. La mia camicia gronda di sudore, ma resisto sino all'ultima nota.

Rispetto a quel cortile infuocato, i corridoi di San Vittore sembrano paradisi termali. Davanti al cancello del penale maschile, il richiamo perentorio di una voce. «Ehi, ehi, vediamo se mi riconosce.» Lui è un giovanotto alto, sottile, atletico, sicuramente magrebino. Lo guardo e cerco invano tracce del suo volto nella memoria. «Aiutami,» dico «dove ci siamo visti l'ultima volta?» E lui: «Ma come? Non si ricorda? All'Arena di Milano per la finale del Gran Prix di atletica del '96, io correvo i 1500 metri, ero un campione». E mi dice il tempo, non lontano dal record del mondo: «Sono Kisra, Abdel Kisra, marocchino, mezzofondista. Ho partecipato anche alle Olimpiadi di Seul, dove sono andato fuori al secondo turno. Ero il beniamino del famoso Auita, lo ricorda?». Auita lo ricordo benissimo. Questo Kisra francamente no. Mi rivolgo a Roberto Quercetani, il grande maestro, il grande custode degli archivi dell'atletica mondiale, ma tracce olimpiche di Kisra non ne trova. Ma che lui sia un atleta non c'è dubbio. Finito di gareggiare, ha scelto di vivere a Milano, si è sposato con una dirigente di un'importante azienda di telefonia mobile e ha una bambina che si chiama Jihad.

Resto perplesso. «Jihad? Da dove salta fuori questo nome? È lo stesso dell'organizzazione terroristica...» «È vero,» replica lui «tradotto in italiano significa lotta. Capisco il suo stupore. Non è abituale chiamare Lotta una figlia, ma da noi queste cose si usano...»

E qui salta fuori una delle tante storie paradossali, incredibili di un carcere: «Proprio il nome di mia figlia mi ha rovinato. La polizia ha fatto confusione, intercettando delle telefonate. Io parlavo di mia figlia, loro hanno pensato alla Jihad islamica. Non c'è stato verso di convincerli. Mi volevano strappare delle confessioni, mi chiamavano a testimone di chissà che cosa. Io mi sono molto arrabbiato ed è venuto il resto. Mi sono preso due anni di carcere. Se Dio vuole, dovrei uscire all'inizio del 2004. Sa qual è il mio terrore? Che mi trasferiscano. Spero proprio di no, qui c'è la mia famiglia, qui mi trovo bene. Vorrei ottenere un colloquio con il direttore. Può aiutarmi?».

Il caso vuole che dopo qualche minuto il direttore passi proprio vicino a noi. Kisra si fa coraggio: «Può concedermi un colloquio appena possibile?». Pagano risponde: «Non c'è problema». E poi mi prende da parte: «Di' al tuo amico atleta che non abbia paura. Lo terremo a San Vittore». Pagano sapeva già tutto. È ancora lecito chiedersi perché questo direttore di San Vittore sia tanto amato?

Saluto Kisra, misterioso mezzofondista di valore, e penso agli «dèi degli stadi» che ho incontrato in mezzo secolo da un'Olimpiade all'altra: li associo, li confondo con i derelitti di San Vittore, tra i quali c'è questo atletico ragazzo marocchino di trentacinque anni. Immagino che per lui l'ampio e lugubre corridoio del penale possa diventare presto una pista in tartan, non olimpica, ma volta verso il riscatto. La storia-flash di Kisra mi ha scioccato e mi ha anche riempito di dubbi. Fuori ci sono trentacinque gradi. Fuggo verso una doccia.

XXVII

NEL GIORNO DEGLI ESAMI

La voce femminile è secca, perentoria, priva di morbidezze: «È inutile che ci esercitiamo qui nella retorica del carcere aperto se poi ci vengono tagliati i fondi. Li hanno tagliati al povero direttore Pagano, che non sa più come pagare i medici specialisti che vengono a San Vittore, li hanno tagliati anche a noi della scuola. Creare aspettative che si svuotano, fare promesse che non si mantengono è controproducente».

Siamo in una saletta bene attrezzata, dove si fa di tutto, anche scuola. Sono venuti in visita i grandi arbitri del campionato di calcio, da Collina sino ai più giovani, e anche questa è un'occasione valida per spiegare che qui non ci troviamo in un approdo lunare, che il carcere non è un extraterritorio dei nostri problemi e delle nostre coscienze. Ciascuno dei presenti – Pagano, i detenuti, gli ospiti – dà il contributo di un'esperienza, di un parere o di un appello dinanzi a un alto dirigente mandato dal ministro.

La voce femminile è quella della professoressa Francesca Altomare Lavizzari, che presiede tutta l'attività didattica che si svolge a San Vittore, a livello di elementari (qui si dice: alfabetizzazione, soprattutto per gli stranieri) e medie. Questa scuola, che si pratica nei diversi raggi, in ambienti precari, con poveri mezzi e tanta buona volontà, è una diramazione dell'Istituto Comprensivo Cavalieri, posto a qualche centinaio di metri dal carcere milanese, alle spalle di piazza Filangieri.

Le donne battagliere mi sono sempre piaciute. Vivo da quarantatré anni con una di loro. Quanto alle altre che incontro, consenso pieno: magari a piccole dosi e a debita distanza. Con la preside Francesca l'intesa si trova immediatamente. Poiché è tempo di esami, vado subito al sodo: «Signora, potrei aggregarmi per vivere questa esperienza tra i detenuti?». E lei non ha bisogno di corteggiamenti. Mi mette al seguito del suo squadrone che è composto da dodici insegnanti. Li schiero secondo un immaginario schema d'attacco. Maura Boggia, Giancarlo Bolognino, Cinzia Chinaglia, Marilena Cinti, Elena Falautano, Massimo Righetti, Vincenzo Samà, Rita Alfani, Gianfranco Cogotti, Paolo Gucciardo, Dino Lopriore, Elisabetta Tognacci. L'allenatore è lei, Francesca Lavizzari.

L'appuntamento è per le 9 del mattino. Mia prima guida, Rita Alfani, una giovane mamma che mi pare mantenga questo ruolo anche nella scuola. Si va nel settore femminile, che abbiamo già conosciuto, al terzo piano, in quel piccolo locale che fa da biblioteca, da spogliatoio e ora da sala di esami. Di fronte c'è la cella numero 12 che la signora Patrizia Reggiani divide con tre donne e il mitico furetto Bambi. La porta è ornata di cagnolini. Nel corridoio si aggira una simpaticissima matrona di pelle nera, enorme, sorridente, impegnata in lavori di pulizia. È ecuadoriana e quando le parlo delle isole Galapagos, quelle delle tartarughe giganti, meraviglia naturale del suo Paese, patrimonio dell'umanità, le luccicano gli occhi. Come mai qui, signora? Lei allarga le braccia: droga, naturalmente.

A sostenere gli esami statali di licenza media sono due ragazze soltanto. Più diverse non potrebbero essere. Andy è una romena, alta più di 1,85, fisico da modella non anoressica, quindi ideale. Nancy è una peruviana vivacissima, piccola, in miniatura, occhi che pungono, capelli tra il biondo e il rosso. Si portano dietro storie diverse. Andy parla del mondo della prostituzione e mi trascina anche nel clima di spaventosa miseria del suo Paese, dove i bambini soffrono e vengono sfruttati. Poi mi guarda con i suoi occhi chiari: «Ma le sembra che io possa essere coinvolta in un problema del genere?». A me pare sincera. I dubbi che il carcere ti scaraventa addosso sono ferite. E io ne sto facendo una collezione.

I temi da svolgere sono tre, uguali in tutto il carcere. Bisogna sceglierne uno. Il primo riguarda le motivazioni che hanno spinto il detenuto allo studio e al diploma. Il secondo dice: «Scrivi una lettera alla mamma». E ottiene la grande maggioranza dei consensi. Il terzo affronta il problema del rapporto tra la vita del carcere e la tv. Cosa pensate di quei televisori sempre accesi? Quale funzione hanno? Un estroso detenuto cileno agli arresti domiciliari, che incontrerò più tardi all'Istituto Cavalieri, ha scritto una requisitoria degna del filosofo Popper: «La tv cancro della società, mezzo di stravolgimento dei valori. E l'umanità schiava di questa tiranna».

I temi devono essere consegnati entro quattro ore, ma alle nostre ragazze ne basta la metà. Sono preparatissime anche per gli orali. Hanno, come si suol dire, la promozione stampata in faccia. Si distendono un po', chiacchierano. Nel carcere c'è un problema cronico, diurno e notturno: far scorrere il tempo. Con Rita Alfani ci sono altri due insegnanti: Marilena Cinti, professoressa di diritto, e Giancarlo Bolognino, l'arbitro internazionale, che fa un po' di tutto e coordina l'attività di educazione fisica del carcere dove è stata anche costituita una regolare polisportiva affiliata al Coni.

Le candidate alla licenza elementare sono quattro. L'esame di aritmetica mi riporta lontano nel tempo, ai banchi di scuola dei miei figli. C'è un problema domestico da risolvere. Quanto ha risparmiato la signora al supermercato? Per trasposizione spontanea chiedo: quanto tempo dovete trascorrere ancora a San Vittore? Renita è una filippina di quarantacinque anni. Mi sorprende con la sua risposta: «Dovrei fare altri due anni di carcere e poi sarei certamente espulsa dall'Italia. E allora ho deciso di chiedere l'espulsione subito». Il futuro è un enigma.

Lilia è una russa allegrona che sdrammatizza tutto. Adora Perugia dove ha vissuto, lavorato e ha tanti amici che la aspettano. E a Perugia vuol tornare. «Sono caduta in una trappola, quella valigia non la dovevo prendere.» Le storie di droga non finiscono mai. Anche Maria, una boliviana triste, è a San Vittore per aver fatto da vettore di quella maledetta «roba». Il mitico colpo della vita: tentato e fallito. I soliti criminali alle spalle che non si espongono e sfruttano l'illusione di chi vive in miseria.

Katarina è una robusta ragazza arrivata dall'Ucraina. Si vede che ha studiato. Questo esame le serve per migliorare il suo italiano e «perché è sempre qualcosa in più che ti porti dietro». Si apre piano piano e racconta le sue speranze svanite, il sogno dell'Italia che finisce sul ciglio di una strada in attesa di un cliente. «Sa di cosa sono accusata? Di sfruttamento della prostituzione. Mi hanno denunciato due compagne più grandi di me. Io ho solo vent'anni. A stento posso pensare a me. L'accusa di sfruttamento è assurda.»

Al terzo raggio, quello interamente ristrutturato, la scuola è al quarto piano. Dignitosa, spaziosa. I detenuti comuni che la frequentano sarebbero sessanta, ma agli esami ne arrivano venti. Gli altri, o liberati o trasferiti, oppure hanno rinunciato. Tra i candidati alla licenza media c'è un bel ragazzo colombiano che qui chiamano Asprilla, in ricordo di quell'attaccante bravissimo e matto del Parma che riuscì a sprecare in pochi anni quattrini e talento. Vedo anche una maglia dell'Inter addosso a un cileno che si chiama Edoardo. «Indovini di chi è» mi dice. Azzecco subito pensando a un glorioso attaccante cileno: «Te l'ha regalata Zamorano». C'è anche un tedesco, di nome Wolfram, tristissimo perché a San Vittore si trovava anche sua moglie Elke e loro due potevano incontrarsi ogni settimana. E invece gliel'hanno trasferita, senza ragione. «Io colpevole, lei innocente. Io qui, lei lontana.» Droga di Germania: non ci avrei mai pensato. Accanto a Wolfram, è seduto un cinese, Xiao Fu. Ha consegnato il suo compito, si guarda intorno, sorride, non apre bocca: deve scontare due anni.

Ma ad attirare la mia attenzione c'è un uomo anziano, con gli occhiali, che sta copiando in bella il suo componimento. È italiano, vive a Rho, ispira confidenza. E io me la prendo tutta: «Che cosa ci fa qui, commendatore?». E lui: «Permette, signor Cannavò? Mi chiamo Giuseppe Frangione, molto lieto e tante grazie per il commendatore».

XXVIII

RAPINATORE E POETA

Con un tipo come Frangione, impegnato negli esami di terza media, il ghiaccio non si rompe: si frantuma. «Cosa vuole, che mi metta a dire bugie dinanzi a lei? No, di certo. Sono in carcere da nove mesi, ma questa è solo l'ultima rata. Ci sono da una vita. Ho sessantatré anni. Signor Cannavò, ognuno nasce col suo destino, con il suo ideale: io sono contro la legge, non la sopporto. E a questo principio si è ispirato il mio modo di vivere. Di San Vittore sono cliente affezionato. Se lei mi avesse incontrato fuori, avrebbe potuto chiedermi: "Cosa ci fai qui?", ma in carcere no, il carcere è la mia casa. Come vede, mi adatto. Sto facendo l'esame, scrivo anche poesie e le faccio omaggio di un libretto con la mia produzione. Con questa poesia ho vinto un premio.» E me la indica.

Ha scritto la sua poesia?
No, signor professore
Per me è difficile scrivere poesie
non sono un poeta io.
Non è vero: devi sapere
che c'è un poeta in ciascuno di noi.
È vero, professore: siamo tutti poeti
Ma le ripeto che per me è difficile
E comunque non è il momento

di scrivere qualcosa di bello.
Ho provato tutte le sere sino a tardi
ho cercato tutte le sere l'ispirazione
Ma caro professore non ci sono riuscito.
La guerra, signor professore
tutte le sere mi fanno vedere la guerra.
Le prometto che scriverò una poesia
appena la guerra sarà finita

L'attività poetica dilaga a San Vittore. Il libretto che mi ha dato Frangione è stato ideato e redatto dal professor Vincenzo Samà, centravanti dello squadrone di insegnanti che vi ho presentato. Prima che lasci il carcere, me ne danno degli altri, stampati egregiamente, con una certa pretesa di eleganza. I titoli ti sollevano da terra: *Vorrei essere il mare, Le lentiggini di Dio, Carcerite, Cade la notte, Parole per volare.* Sono frutto di corsi sperimentali di 150 ore che si tengono a San Vittore, sempre a cura dell'Istituto Cavalieri.

Ne prendo una, a caso, di Rosario Esposito:

Mi trovi sempre lì
oltre quel muro
tutto grigio e recintato.
Solo per un'ora
posso sentirmi vivo
Con una carezza
o un bacio non dato

E un'altra, di Carlo Cosco, che gronda di rabbia:

Bastarda galera
da un uomo infido
sono stato barattato
Come Gesù

venduto
per trenta denari

Ed ecco da dove spuntano le lentiggini di Dio (l'autore è Gianluca Berti):

Guarda nel cielo
E le vedi brillare.
Solo di notte
Per magia appaiono
Le lentiggini di Dio

Ma è il caso di chiudere la parentesi poetica per ritornare al racconto del mio commendator Frangione. «Dove eravamo rimasti? Ah sì, lei vuol sapere qual è il genere di reato che prediligo. Ho una risposta chiara: la rapina. Sono specialista in rapine, a mano armata, ma talvolta basta una pistola-giocattolo o un semplice taglierino. Banche, supermercati, furgoni portavalori e via di seguito. Il mio genere. La prima fu nel '69, avevo ventotto anni. L'episodio più grave è del '74. Eravamo in tre e assaltammo il furgone di un supermercato. Conflitto a fuoco con dei metronotte. Ho ancora una pallottola conficcata in testa, ma ormai siamo diventati amici. E due in altre parti del corpo. L'ultima disavventura proprio non l'ho digerita. Abbiamo rapinato una banca, io e un mio collega. Mi creda, una cosa tranquilla. C'erano solo due impiegati in quel momento. Li invitammo a non spaventarsi, a stare tranquilli. Dovevano solo aprire la cassaforte. Il congegno era complicato, bisognava aspettare un quarto d'ora. Ci sedemmo insieme chiacchierando per far passare il tempo e, quando la cassaforte si aprì, prelevammo 120 milioni. Una buona somma per spassarcela un bel po'. Lei mi chiederà: ma come vi hanno presi? Le spiego: ci hanno tradito le telecamere a circuito chiuso. Noi eravamo convinti di averle neutralizzate e invece quelle maledette funzionavano. La polizia ha visto il filmato e, figurarsi, notando la mia faccia, non ha avuto problemi. Mi conoscono tutti. Tra una cosa e l'altra, ho messo insieme diciassette anni di carcere. La saluto, signor Cannavò. Mi creda: è stato un piacere incontrarla.»

Quale tema ha scelto, commendatore? «Ho mescolato il primo col terzo. Lo studio nel carcere con il ruolo della televisione...» Sempre originale, questo Frangione. Tra un paio di settimane, dopo gli esami orali, lo troverò nell'elenco dei promossi.

Sembra proprio che tutte le strade di San Vittore portino all'inferno. Anche questo itinerario scolastico va in quella direzione: sesto raggio, secondo piano. Ormai mi conoscono tutti. Anche là c'è un'aula dove si fanno gli esami. E noi ci arriviamo quando ormai quasi tutti i compiti sono stati consegnati. Nysret è un kosovaro. L'hanno arrestato per violenze nell'àmbito della famiglia. Gli parlo del mio viaggio nel suo Paese, insieme con Ronaldo: prima a Pristina, poi a Giacova nel villaggio degli orfani. Lui mi racconta che là è nato uno stadio. L'hanno finanziato due giocatori di calcio italiani impegnati nel sociale: Tommasi e Di Francesco.

I marocchini, come abbiamo già visto, formano una colonia. Accuse di violenza, in forme e gradi diversi. Kalb ha messo insieme una condanna a quindici anni, ma è un campione sul piano scolastico. Terzo livello: diventerà presto ragioniere. Mourad, cinque anni. Seif, otto anni. Storie che si somigliano.

Tra questi scolari educati e diligenti, che vogliono uscire dalla scia di violenza e rifarsi una vita, ad attirare la mia attenzione c'è quello che definirei un ragazzino. Magro, un po' triste, ben pettinato, indossa una maglietta pulitissima. Potrebbe essere il compagno di scuola di uno dei nostri figli. Si chiama Lhaimar, ma tanto ragazzino non è. Ha ventun anni. Gli parlo con l'aria di un padre o di un nonno. E tu, che cosa hai combinato?

«Niente, glielo giuro: niente. Sono disperato, mi creda, non mi rendo ancora conto di come sono finito qui... Ricorda l'ultimo Capodanno? In piazza del Duomo, a Milano, è stata aggredita una ragazza. I responsabili erano marocchini. Il caso ha fatto scalpore. La polizia ha pescato nel mucchio. E io ci sono finito dentro. Ma giuro: non c'entro. Il compagno che era con me è stato discolpato. Cosa devo fare per dimostrare la mia innocenza? La polizia mi ha sottoposto a un confronto all'americana. La ragazza si è trovata davanti tre facce di italiani, penso fossero agenti, e la mia. Ero l'unico marocchino. Il dito della ragazza si è rivolto verso di me. Ma io lo giuro su mia madre, che piange e si dispera: non c'entro, sono innocente.» Tutto il clan dei marocchini scolari è al suo fianco. Una delle insegnanti, Maura Boggia, cerca di fargli coraggio: «Vedrai, le cose si chiariranno».

In un carcere i proclami di innocenza sono frequenti. Non so a quanti si possa prestare fede. Forse a pochi, me ne rendo conto. Ma quando osservo la cella nella quale Lhaimar sta rientrando, rifletto sulla drammaticità del dubbio che il ragazzo ha seminato in me. Alcune celle di questo sesto raggio, piano secondo, sembrano ricostruzioni oleografiche di un carcere medievale. Sei detenuti nudi, e talvolta otto, ammassati in un piccolo spazio, dove ogni pudore si consuma, dove si respira a fatica, il caldo e l'oppressione possono portare alla pazzia. Che senso ha sbattere un essere umano in un inferno del genere se non quello di trasformarlo da delinquente in un dannato e poi in una belva assetata di vendetta? E se questo essere umano è un ragazzo come Lhaimar, non si finisce col consumare quel nucleo di positività che rimane in lui e che, sviluppandosi, potrà condurlo alla salvezza? E se Lhaimar fosse davvero innocente? Oddio, è difficile scacciare questo dubbio impietoso, è difficile prender sonno dopo aver conosciuto un ragazzo che, in una cella vergognosa, piange e grida: «Lo giuro, io non c'entro».

XXIX

NEL REPARTO DEI FIORI E DEI DELIRI

In uno dei settori più angosciosi di San Vittore – il settimo – c'è un giardinetto che sembra appartenere a una villa patrizia. Lo cura con amore e cultura Pietro, un uomo che può avere trenta o quarant'anni, alto, con un bel cespo di capelli biondi e ricci, due occhi chiari e un'aria stanca. Penso che anche l'età di una persona sia difficile da definire nell'anagrafe umana del carcere. «Qui» mi dicono «la vecchiaia dei cuori è devastante.» Guardo in faccia Pietro e scorgo cicatrici profonde e trasversali sul collo. Per pudore stacco gli occhi da quello strazio e li riporto sul giardino dove ci sono panchine di pietra chiara, una tettoia, una graziosa fontana, oltre a una serie di giochi per i bambini che si accompagnano ai genitori nei giorni dei colloqui. Nelle aiuole, una geometria di macchie verdi, di fiori diversi, oleandri, petunie, qualche rosa.

Elisabetta, la mia guida, si rivolge al giovanotto: «Pietro, il signore ti fa i complimenti, sei contento?». E Pasquale, il brigadiere, capo del settore, commenta: «Pietro non sapeva nulla di giardinaggio, adesso è diventato un maestro. Potrebbe far scuola». Pietro è veramente felice: «Le piante» sussurra «sono come le persone. Soffrono, gioiscono, bisogna seguirle come creature». Poi saluta e rientra nella sua cella.

La scena idilliaco-bucolica sfuma di colpo in una

realtà ben diversa. Siamo nel centro clinico di San Vittore, al pianoterra, esattamente nel Conp (Centro osservazione neuropsichiatrico) dove si trovano i detenuti che, oltre ai reati, si portano dietro problemi mentali più o meno gravi. Pietro, il nostro amabile giardiniere, ha ucciso in un raptus la moglie e la figlia, poi ha cercato di tagliarsi la gola, ma è stato salvato. È avvenuto un paio d'anni fa. Lui aveva già problemi psichici prima del carcere. Ora sta sedimentando piano piano la tragedia. In certi giorni è chiuso, intrattabile, meglio non avvicinarlo. In altri quieto, lucido, gentile, come quando l'ho conosciuto io.

Elisabetta Tognacci è un'insegnante laureata in psicologia. L'abbiamo già incontrata nel giorno degli esami. Si è scelta una vita difficile. È impegnata al Conp e in un altro settore molto problematico che visiteremo più tardi: quello dei supercontrollati del quarto raggio, i detenuti a rischio di suicidio. «Lavoro da undici anni a San Vittore. Ogni tanto mi scopro stanca.»

Elisabetta conosce bene Pietro, gli parla come un'amica e riesce anche a portarlo in un'aula scolastica, dove s'insegna soprattutto un'arte manuale. Modellano la creta e ne vengono fuori gradevolissimi oggetti di un artigianato pieno di fantasia. Presto ci sarà una mostra. Il brigadiere Pasquale Ferraro, veterano del carcere, è un milanese di Pozzuoli. Si è legato al Conp come a una famiglia. I detenuti con problemi mentali sono da venti a venticinque. Lui li conosce uno per uno, li segue, gli regala delle sigarette, ma li invita ogni giorno a fumare di meno. Poi c'è una psichiatra, Rossana Giove, di origine calabrese, e lo si intuisce dai suoi grandi occhi che devono essere un marchio di fabbrica delle donne di quella affascinante regione. «Non siamo certo nel luogo adatto» dice «per curare questo genere di malati. Ma rispetto ad altri settori del carcere, qui c'è ordine, pulizia e il buon controllo tipico delle piccole gestioni. Facciamo del nostro meglio, lavoriamo per un recupero che è davvero problematico. Pochissimi casi hanno esito positivo completo. Alcuni detenuti in condizioni accettabili possono essere trasferiti al quarto raggio, tra i controllati ventiquattro ore su ventiquattro.»

Scopriamo che l'unica milanese del gruppo è Mara Gonevi, psicologa, una che ha scelto da sé questo lavoro e questo posto infelice. Da come si muove, da come si avvicina a quelle facce che emergono da dietro le sbarre, traggo una convinzione: per questa sottile signora, San Vittore è una dolorosa, irreversibile e dolce abitudine. Un esempio fra i tanti. La famosa «carcerite» dilaga.

«E tu, hai frequentato la scuola?» Mi rivolgo così, per rispondere alla sua attenzione, a un ragazzo alto e bruno che si è affacciato dalle sbarre della sua cella. E lui non aspetta altro, mi risponde subito a tono: «Ma come può pensare che io debba frequentare una scuola in carcere? Io ho la maturità classica, l'ho presa a Monza. E sono anche un marine. Dovevo studiare medicina, ho interrotto gli studi e ho frequentato la scuola per infermieri. Sono finiti i soldi, la direttrice mi voleva aiutare, ma io ho detto: no. Ho fatto qualche rapina. Poi sono rimasto ferito...». Ferito? Quando? Durante una rapina? «Macché, in Iraq, dove sono andato con gli americani. Mi hanno imbarcato subito. Gliel'ho detto: sono un marine.»

Per la prima volta nella mia vita assisto a un delirio in diretta. Il giovane ha un aspetto rassicurante, ragiona in un'orbita tutta sua. Restando alle sensazioni di superficie, non c'è nulla di inquietante o di penoso in lui. Se ci rifletti, è una tragedia. Ci salutiamo cordialmente e lui mi dice: «Qui non si sta male, si faccia rivedere».

Dall'ultima cella del corridoio, sta gridando Pasquale, come un bambino: vuole la maestra e vuole anche una sigaretta. Elisabetta si avvicina e lo tranquillizza. L'altro

Pasquale, il brigadiere, lo smonta: «Ti ho già dato delle sigarette stamattina, non ne ho più: devi convincerti che fumare fa male, non guarisci, anzi peggiori».

Ora dobbiamo trasferirci nella sala scolastica, dove si lavora la creta. Ma già al mio ingresso nel reparto sono attratto da una di quelle scene che si vedono nei pressi di un confessionale: una signora anziana parla sottovoce a un detenuto che l'ascolta con devozione. Forse, penso, è la sua mamma. E invece è una suora volontaria, che veste abiti borghesi: una suora della Carità.

«Mi chiamo Emma, da ventisette anni vengo in carcere quasi ogni giorno.» Non trovo una domanda specifica da rivolgerle. Ma lei trova subito una risposta: «Il mio è un compito tradizionale. Lo definirei con due verbi: dare e parlare. Il dare si riferisce ai piccoli bisogni dei detenuti, allo spazzolino da denti, alla telefonata, alla visita a un parente. Il parlare è una ricerca: piano piano si superano tutte le corazze che un carcerato si tiene addosso, il suo senso sbagliato della vita, le sue convinzioni, la sua rabbia. E si arriva all'uomo. Quello è un punto di vittoria. Il detenuto ritrova il vero se stesso. Noi non diamo mai giudizi: solo aiuto. Non ricordo casi prodigiosi di recupero totale, posso parlarle di una lotta infinita e di approdi sereni».

Penso, con un'astrazione un po' bizzarra, al numero dei drammi che possono essere contenuti in ventisette anni di volontariato carcerario. Suor Emma ne ricorda uno, straziante, e mi riporta al famigerato secondo piano del sesto raggio: «Un uomo accusato di pedofilia familiare, violenza su una figlia, è stato proclamato innocente». Ecco uno sbocco allucinante di quei dubbi atroci che mi perseguitano. Nessuno restituirà mai a quell'uomo il tempo bruciato nel dolore, nella vergogna e nell'ingiustizia tra i cosiddetti infami. «Se è per questo» mi saluta suor Emma «non gli hanno neanche restituito i figli per un inestricabile incrocio di burocrazie.»

La sala scolastica è dignitosa. In pratica, un piccolo laboratorio artigiano. Elisabetta ha disposto su un tavolo una piccola galleria di oggetti: sono in gran parte vasi, coloratissimi, fantasiosi, dal disegno elegante, mai banale. «Sai» mi dice «quale sarebbe per noi un bellissimo regalo? Un forno. Eh sì, perché adesso io porto qui la sabbia prelevandola da una fornace, i ragazzi la lavorano e poi mi tocca trasportare, in un forno esterno, i prodotti finiti. Una complicazione pesante, una fatica bestiale e anche un aggravio per i nostri modestissimi fondi.» Il forno è un piccolo sogno che spero possa realizzarsi al più presto. Magari appena avranno installato a San Vittore una nuova cabina elettrica.

Elisabetta ha invitato anche qualcuno degli artigiani-autori. Se ne presentano due. Giuseppe avrà poco più di trent'anni. Bruno, snello, direi un bel ragazzo. Le sue braccia sono piene di sfregi e di tatuaggi. Ha realizzato dei vasi molto originali. Lui ha voglia di parlare, ha dentro un nodo del quale non riesce a liberarsi. E gira attorno al suo problema. Basta che io gli dica: «Che cosa ti è capitato?». E lui: «Mi sono trovato in un posto sbagliato nel giorno sbagliato». Immagino una rapina, magari violenta. Ma Giuseppe sospira. «Magari fosse una rapina...»

Ho capito che c'è un morto di mezzo, ma non insisto, cambio discorso. Lui, invece, viene avanti come per liberarsi: «Io amo i bambini, per un bambino farei qualsiasi cosa. Quando ho saputo che quell'infame aveva fatto violenza a un bambino, non ho resistito. Ed è stata la mia tragedia».

Il delitto, purtroppo, ha anche una sua cornice. Giuseppe è padre di due figli. La moglie – mi dicono – è come se non esistesse: zero in tutto. E allora il magistrato ha sottratto i due figli a questa coppia disgraziata. «Dove si trovano,» chiedo «in un istituto?» «Non si sa,» è la risposta «non lo si saprà mai: sono stati adottati. Giuseppe non li rivedrà. E adesso lo sa. Deve rendersene conto, farsene una ragione.»

Giudicando così dall'esterno penso che il magistrato abbia agito nell'interesse dei due ragazzi, che forse non avrebbero mai potuto avere un futuro se fossero rimasti nel limbo, ai margini di questa vicenda. Ritengo più crudele e straziante strappare un bambino, al compimento dei tre anni, dalle braccia di una madre carcerata. Spero che un giorno Giuseppe capirà e potrà anche immaginare giorni belli per i suoi figli e gioirne con una serenità che oggi sembra impossibile.

Gli è rimasta una piccola foto dei due bambini. E quasi implora: «So che col computer se ne può realizzare un ingrandimento. Fatemi questo regalo». Elisabetta glielo promette.

Accanto a Giuseppe c'è Alfonso, più anziano: anche lui ha confezionato un vaso molto bello. Se ne sta in silenzio, ha gli occhi stanchi, è imbottito di psicofarmaci. Il suo caso è più semplice: ha ucciso la moglie.

XXX

UN «MAGO DEL VETRO»

Ogni tanto, attraversando i raggi di San Vittore, soprattutto il corridoio del penale, penso allo «struscio» pomeridiano delle nostre città, piccole o medie, che non hanno disperso i valori dell'amicizia, dell'incontro, del pettegolezzo, del chiacchiericcio. Le celle aperte sembrano porte di un quartiere popolare. Certo, il carcere milanese non ha tesori d'arte da esibire come i corsi principali di Verona, Ravenna, Lecce, Siena e via di seguito, ma lo «struscio» sopravvive come un fenomeno di umanità e forse anche di civiltà.

Capita così che incontri Marco Medda insieme con Santino Stefanini, personaggi di grande spessore carcerario, o che un giovane detenuto ti affronti con un quesito per lui urgentissimo: «Mi dica la verità, dove giocherà Beckham?». Si può anche improvvisare in un corridoio la premiazione di un torneo di calcio a sette, tra i diversi raggi, vinto dal Bayern, dopo i supplementari, davanti al Milan, con coppe e medaglie per il primo cannoniere e per il protagonista del migliore esempio di fair-play.

Uno dei protagonisti dello «struscio» è certamente Filippo Di Giovine, uomo spigliato, moderno, di impronta internazionale. Non indago sulla sua pena: mi pare che oscilli tra l'ergastolo, i trent'anni e molte possibili riduzioni per comportamento esemplare. Un cumulo di storie di droga nel quadro imponente di una «grande famiglia» di origine calabrese, molto bene rappresentata a San Vittore. Filippo veste un elegante casual, dove tutto ha il tono giusto: la maglietta, i bermuda, le scarpe, persino la curatissima pettinatura. E si impegna attivamente nel carcere, mettendo al servizio degli altri cultura ed esperienza da cosmopolita. Lavora dove c'è bisogno.

«Vede,» mi informa «tutto quello che ho fatto, nel bene e nel male, l'ho fatto all'estero. Di italiano ho solo il carcere.» E quando gli chiedo se qualcuno viene a trovarlo a San Vittore, per esempio i suoi figli, mi spiega: «È un po' complicato. Ho tre figli con tre donne diverse: una di dodici anni di mamma olandese, uno in Marocco di mamma marocchina, anche lui di dodici anni, perché li ho fatti contemporaneamente, e un altro in Spagna di tredici anni, madre spagnola naturalmente. Mogli, nessuna. Come facevo a scegliere?».

Elisabetta, l'insegnante-psicologa, sta accompagnandomi dal centro clinico al quarto raggio nel settore dei «supercontrollati», dei detenuti a rischio di suicidio. Lei naviga con naturalezza in questo doppio mondo di malati mentali e di aspiranti suicidi, ma ogni tanto un trauma riaffiora: «Una volta un detenuto si è tagliato le vene davanti a me. Come fai a dimenticarlo?». Strada facendo, passiamo dinanzi a un Ufficio coordinamento corsi, presidiato da due simpatici agenti, Raffaele Ronza e Giulio Quintavalle. Fanno un lavoro di segreteria, ma scherzosamente si definiscono «i bidelli del carcere». Passo davanti alle celle a rischio. Siamo vicini alle scene già viste di un altro inferno carcerario, quello del sesto raggio.

Anche qui la scuola consiste nello studio di lavori manuali: si fanno statue, cornici, si realizzano vivacissimi mosaici. «Si sopravvive» dice qualcuno. È il nulla che spaventa. I corsi sono finiti e il periodo estivo si prospetta con un vuoto da sgomento. Sei studenti, carattere e personalità diversi, la solita maggioranza di marocchini. Stefano è un milanese, ce l'ha con tutti i cantanti della terra, compreso Vasco Rossi. Salva soltanto Renato Zero. E poi stramaledice il prezzo delle cassette. Gli altri se ne stanno buoni. Poi entra un ragazzo altissimo, marocchino. Gli chiedo se giochi a basket. Risponde: «Faccio di tutto, sport e altro, cercando di dimenticare che mi trovo qui da innocente. Sono vittima di un errore».

Riecco il dubbio che mi insegue dovunque. Il giovanotto ha ventiquattro anni, si chiama Tarik. Si avvicina a Elisabetta e le mette al polso un braccialetto di filo e di pelle. Lo ha confezionato lui, con un gioco di pazienza e di affetto, ricamando sulla striscetta di pelle il nome dell'insegnante. Elisabetta è commossa.

E qui, nel cuore di questo raggio dove le luci non si spengono mai, piomba sulla nostra rotta uno di quei personaggi carcerari che, con un infernale paradosso, sdrammatizzano tutto, ti risollevano il morale e ti portano nella più colorita aneddotica. Lui ha quarantasei anni, mi conosce, mi ha seguito sui giornali e in tv, non ha remore, si avvicina e si presenta: «Permette? Sono Santo Tucci, uno dei fondatori della cooperativa Ali». La musica è siciliana, non c'è dubbio: «Sono nato a Catania, nella sua città, la mia famiglia è laggiù. Sono entrato in carcere minorile a sedici anni e in pratica non ne sono più uscito: qualche permesso, è vero, qualche evasione. Poca roba. La mia vita sinora si è svolta dietro le sbarre. Gliene faccio una sintesi, se vuole...».

Mi sembra di avere davanti uno di quegli infernali e bravissimi venditori di piazza. Loro esaltano la merce, Santo Tucci il suo eccezionale magistero dietro le sbarre. «Non c'è carcere che io non conosca, piccolo, grande, a Sud, a Nord. Gliene potrei fare l'elenco, ma l'annoierei. Ho vissuto anche l'esperienza del 41 bis, la massima sicurezza, anche quando ancora si chiamava carcere aggravato. Vuol sapere come è cominciato questo mio romanzo? Con un tentato piccolo furto. Mi hanno arrestato. Ho conosciuto il carcere minorile. Il seguito è un classico: il carcere mi ha abbrutito, mi ha reso violento, ha fatto di me quello che sono, o meglio quello che ero sino a pochi anni fa, prima di un'eccezionale esperienza a Voghera e del mio arrivo a San Vittore. Si chiederà quali reati abbia commesso. Be', un bel cumulo di tutto. C'è da considerare che negli anni Settanta in numerose carceri italiane c'erano delle rivolte. Magari ci scappava il morto. Io mi sono fatto coinvolgere. Agivo per quello che ero. Evasi anche dal carcere speciale di Fossombrone. La mia vita non aveva senso al di fuori di quel modello. Sin quando arrivai a Voghera...»

Mi chiedo, a questo punto, che cosa sia avvenuto a Voghera di tanto miracoloso per trasformare un detenuto di tale calibro in un uomo positivo. Santo Tucci mi parla di un «collettivo verde», di un ambiente finalmente costruttivo, della scoperta non solo di un lavoro, ma addirittura di un'arte: l'arte del vetro che appartiene alla migliore tradizione italiana. Accade così che un uomo che ha sposato la delinquenza come un'ideologia sin dall'infanzia scopra in sé non solo un talento artistico, ma anche una personalità che gli era ignota. E quando il «collettivo verde» di Voghera si chiude, quest'uomo riconquistato sbarca a San Vittore e vi fonda, insieme con Tihomir Lozina, una cooperativa che diventa, non a parole, uno dei capisaldi del «carcere aperto alla vita, al recupero, al futuro».

Oggi Santo Tucci è un riconosciuto maestro di arte vetraria. E, dilatando un po' le immagini, mi sembra che a San Vittore lui diriga una vera e propria azienda che ha fuori del carcere, in via Benedetto Marcello, una sua promettentissima diramazione. E fa anche scuola, trova proseliti, trasmette ad altri detenuti una professionalità che, in questo campo così specifico e sofisticato, può tradursi in un eccellente lavoro quando dovranno riaffrontare la vita da uomini liberi. E spiega il concetto: «Io ritengo di poter lasciare il carcere tra non molto, da uomo diverso, recuperato. Non vorrei che a San Vittore, senza di me, questo presidio di lavoro si disperdesse. Sarebbe davvero un peccato. Vede, in un luogo di pena spesso si svolgono attività semplicemente per non fare abbrutire la gente. Fare per la necessità di fare. È già un merito. Ma qui andiamo ben oltre: qui c'è il lavoro, qui ci sarà presto il guadagno dopo gli investimenti che abbiamo dovuto fare, qui c'è un futuro certo per coloro che imparano. Non restiamo fermi. Ci aggiorniamo. Le commesse dall'esterno crescono, bisogna essere sempre originali dinanzi al mercato».

Un capo di azienda non parlerebbe diversamente. Santo Tucci non si scorda delle persone che lo hanno aiutato. Ne cita una soltanto: Milly Moratti, moglie del presidente dell'Inter. Anche lei a San Vittore ha contratto la «carcerite».

La sala di esposizione è modesta, ma nello squallore del quarto raggio sembra uno squarcio di luminoso e affascinante show room. Lo sguardo scorre lungo un colorato mosaico che assume forme e dimensioni diverse: puoi incontrare una lampada, un tavolino, una maschera, una caffettiera, un violino, una racchetta. Al centro di questo vivacissimo bazar, uno stupendo esemplare di donna che sembra emergere da un bizzarro quadro impressionistico. «Doneremo questa statua di vetro» annuncia Tucci «al sindaco di Roma e ne faremo l'emblema della campagna per salvare Amina, la donna nigeriana condannata alla lapidazione. Un'arma anche questa contro la pena di morte.»

Be', fuori da ogni campanilismo, questo catanese, artista e manager in San Vittore, mi ha messo allegria. Talento e comunicativa a parte, è un uomo che si fa guardare. Gli chiedo se le donne siano rimaste fuori della sua vita, visto che è entrato in carcere a sedici anni. Mi risponde sereno, senza rimpianti: «Be', qualche pausa tra una condanna e l'altra c'è stata. E io ne ho fatto buon uso. Ora convivo con una donna...». Convivi? Come sarebbe a dire? «Lei abita a Catania, io a San Vittore. Siamo legati, lei ogni tanto mi viene a trovare. Si chiama Rosa. Mi aspetta. Anche questo è convivere.»

Provo a sognare per lui: un giorno tu esci dal carcere, l'attesa finisce, il sogno d'amore si realizza. Ma Santo Tucci resta sulla terra: «Per dopo, in verità, c'è un problema serio perché Rosa non vuol muoversi da Catania e io non voglio assolutamente lasciare Milano». E allora? San Vittore, pensaci tu.

XXXI

GARDEN PARTY TRA CLOWN E BAMBINI

«Io sono Escamillo, piacere. Vede quella ragazza là in fondo? È Nocciolina. Quel tipo che le sta a fianco e che gioca con un bambino è Arsenio Lupin...»

È un sabato particolare. Sono arrivato a San Vittore di primo mattino e, superati i primi due cancelli, il sovrintendente capo Antonio Lanzillotta – che ormai è diventato un amico – raccoglie al volo il mio cellulare e mi invita a svoltare a sinistra verso il giardino. È un napoletano doc e io, in uno slancio epico, ho deciso di chiamarlo Lancillotto. Lui apprezza. Mi dice che ha fatto anche una ricerca araldica sul suo cognome. Qui ha il ruolo del direttore della portineria di un grande albergo. Dirige il traffico con scrupolosa autorità. Chiunque entri, con relativa autorizzazione, deve lasciare un documento, che viene registrato, e depositare il proprio telefonino.

Oggi il capoposto è allegro. «Guardi che bella cosa abbiamo preparato...» Sto per essere ammesso al Garden baby party di San Vittore, una spumeggiante festa per i bambini dei detenuti che arrivano da fuori a vedere come stanno i loro papà, a prendere un po' di confidenza con loro o addirittura a conoscerli. Sono accompagnati dalle mamme, se ancora resistono, o molto spesso dalle nonne. Escamillo, Nocciolina e Lupin sono tre clown volontari venuti in carcere per divertire i piccoli ospiti e magari per insegnar loro qualcuno dei loro magici giochini. E poi ci sono altri volontari che collaborano a diverse iniziative, soprattutto la pittura. È stato allestito anche un piccolo parco giochi, con gli scivoli e l'eterna altalena dinanzi alla quale si fa la fila. Sono arrivate detenute che non hanno figli da incontrare, ma si danno da fare con le bibite, i pasticcini, i piccoli litigi. Come nelle feste che si rispettano, ci sono le signore di una certa età, e magari di maggior riguardo, detenute anche loro, che se ne stanno sedute a godersi la scena. Unico ospite sgradito, il terribile caldo. Ma nessuno se ne lamenta.

Questo party, che si celebra ogni sei mesi per due sabati consecutivi, con turni di mattina e pomeriggio, rientra in quello che definirei lo spirito di San Vittore. Il direttore Pagano ormai lo conoscete. Lui lancia delle idee, apre degli spiragli e tutti gli organismi che collaborano dall'esterno si scatenano. Protagonista di questo evento, per esempio, è l'associazione «Bambini senza sbarre» che opera da cinque anni nel carcere milanese. Ne è responsabile e animatrice una di quelle «signore da combattimento» che mi capita spesso di incontrare: si chiama Floriana Battevi. «Non c'è bisogno» dice «di spendere molte parole. Noi ci adoperiamo in mille modi perché possa esser mantenuto un rapporto tra i genitori carcerati e i loro figli. Il papà carcerato non può essere uno sconosciuto per un bambino, se non vogliamo che la sua improvvisa comparsa provochi un trauma spaventoso. Bisogna piano piano accompagnare il bambino verso la verità. Iniziative come questa festa aiutano molto. Sì, è vero, ci sono i colloqui settimanali. Ma ve lo vedete un bambino in una saletta anonima, sotto sorveglianza, magari con un viavai di persone, in un tempo limitato? Quale tipo di confidenza può nascere tra lui e il padre? Non dimentichiamo che i bambini sono le grandi vittime innocenti di ogni storia carceraria. Hanno diritto alla protezione, a ogni genere di aiuto.»

La signora Floriana, accampata in una zona ombrosa del giardino, sta discutendo con Piera Bassi, che presiede i servizi sociali della zona 1 di Milano. Cercano spazi e temi di collaborazione. Floriana ha proprio l'aria di chi si sta godendo la sua giornata ideale. È una che non si ferma. È già riuscita a ottenere due colloqui mensili particolari – più che altro incontri – riservati alle detenute mamme e ai loro figli. E ultimamente vi ha inserito anche tre papà. Pagano segue attentissimo queste manovre. Quando gliele propongono, deve preoccuparsi della sicurezza, del lavoro degli agenti, del sindacato e di mille altri problemi. Ma dove si apre uno spazio, non sarà mai lui a chiuderlo.

Rieccomi con Escamillo, il primo clown che ho incontrato. «Mi chiamo Davide. Gli altri miei colleghi sono Giacomo, Roberta e Maddalena. Io lavoro regolarmente in un ospedale: facciamo la clownterapia. Non ne ha mai sentito parlare? È una terapia riconosciuta soprattutto in psichiatria. Fuori per noi è un lavoro, qui è il piacere di offrire ai bambini un divertimento.» Hanno nasoni rossi, facce a pois, maschere coloratissime, orologi dai quali si estrae una cordicella metrica. «Posso offrirle questo regalo?» È un tubetto gonfiato come un palloncino che scompare al contatto delle mie mani.

Per i bambini, il clown è magia, è felicità. «Noi» continua Escamillo «facciamo parte dell'associazione Gruppi Vip-Italia...» Vip? Anche voi, questa vanità? «Non si allarmi. Per noi la sigla vip significa: vivi positivo. Nell'ambito di questo gruppo, ci definiamo "i livellati" nel senso della *Livella*, la famosa composizione poetica del grande Totò.»

Fiorenzo e Stefania, due volontari, sono impegnati nel «settore pittura» dove sta cimentandosi uno dei tre figli di Gigi, un gigante che sembra scolpito nella roccia. I bambini si chiamano Erika, Pietro e Paola. Il papà è un grande appassionato di ciclismo e mi chiede se un giorno posso portare a San Vittore Mario Cipollini. Ci proverò. Poi ha voglia e gusto di far quattro chiacchiere che sono, in pratica, la sintesi del solito perché. «Sono a San Vittore» racconta «perché ho massacrato di botte l'amante di mia moglie.» Io lo guardo dalla testa ai piedi, statuario, enorme, e penso a come avrà ridotto quel poveraccio: «Con un solo colpo» spiega il signor Gigi «gli ho staccato un orecchio. Mi hanno condannato a tre anni e mezzo per lesioni gravi». Incoraggiato da tanta spontaneità, chiedo se con la moglie adultera è stato possibile ricostruire un rapporto. «Neanche per idea. Chiuso per sempre. L'unico rapporto passa per i figli.» I bambini giocano chi col pennello, chi con un bicchiere di Coca-cola, mettendo in difficoltà la nonna che li ha accompagnati. «Lei» dico rivolto a Gigi «ha tre splendidi figli.» Ed è la verità. Il padre se li mangia con gli occhi. «Vedremo» dice «di non far pesare su di loro il nostro matrimonio fallito e questa storia violenta. Io ho un ottimo lavoro come muratore. Ho sempre faticato con gioia. Se i bambini stanno bene, il carcere non mi pesa, perché ho trovato anche qui da fare il mio mestiere. Stiamo ristrutturando il quinto raggio, che diventerà come il terzo, il posto migliore di San Vittore. L'ultimo mese ho guadagnato più di 1000 euro. Non c'è male, mi pare.»

C'è, poco più in là, il detenuto Francesco che girerebbe per il carcere sempre con una maglia del Milan, tanto intenso è il suo tifo. È venuto a trovarlo la piccola Alessia, sua figlia, con la giovane nonna che si chiama Maria e che io avevo scambiato per la moglie di Francesco. Ma di mogli, in queste vicende, ce ne sono poche. Non so perché il milanista sia in carcere, né glielo chiedo. Lui spera di cavarsela con un anno e mezzo. Una cosa giusta. Girando girando, una moglie la trovo. Si chiama Antonella e ha il suo da fare, perché c'è da tenere a bada Domenico, un pupo di soli sette mesi, un gioioso colosso. Il papà si chiama Massimo, ha l'aria di un professore, di un impiegato di buon livello o di un manager. Guarda il bambino e dice: «Ho fatto in tempo a vederlo nascere. Poi sono finito in galera». C'è anche Letizia, l'altra figlia che il papà chiama «la mia signorinella». Il signor Massimo mi regala una confidenza: «Alla bambina abbiamo detto che sono il direttore di questo posto. Capirà, la parola carcerato fa impressione». Giusto? Sbagliato? Chissà... La moglie commenta: «Eh già, direttore: lui deve essere sempre un leader». La signora Antonella ha un'eleganza naturale di portamento. Ho l'impressione che sia anche notevolmente provata. Ora Domenico si è addormentato sul passeggino: «Per fortuna» dice la mamma «è un bambino buonissimo».

Toh, chi si rivede! Filippo Di Giovine, l'uomo-dovunque di San Vittore, instancabile, capace di farsi coinvolgere in ogni iniziativa. Mi chiedo cosa ci faccia in una festa di bambini, lui che ha tre figli lontani, di madri diverse. «Filippo, ci hai nascosto forse un quarto figlio milanese?» Lui sorride: «No, questo proprio no. Sono qui per aiutare, come faccio da quando sono in carcere». E infatti interviene dove c'è bisogno, tiene su di morale le donne, scherza con una bella signora turca presentandola come la sua futura unica moglie quando saranno fuori del carcere. Sono amici e ridono di gusto. La signora si chiama Lily, ha due figlie che vivono in Turchia, Niohifer di ventun anni e Dila di diciannove. Lei ha residenza in Svizzera: da lì sarebbe arrivata la droga che ha portato Lily a San Vittore. «È una storia paradossale, con conclusione ingiusta. Ma non ho voglia di riparlarne.» Non vede le figlie da tanto tempo, ma le sente per telefono. Nel suo futuro non c'è la Turchia. «Voglio tornare in Svizzera.»

Filippo Di Giovine, il bello della compagnia, si fa serio: vuol farmi conoscere parte della famiglia. «Vede quelle persone attorno al tavolo? Una è Angela, mia sorella: ha un figlio che viveva con lei in carcere e glielo hanno tolto quando ha compiuto tre anni. Accanto a lei c'è Livia, mia cognata. So che lei l'ha sentita cantare durante la festa della donna. È brava. E poi, quel ragazzo è mio nipote, mi somiglia abbastanza. Tutti calabresi, tutti a San Vittore. È un quadretto che fotografa la nostra storia. Lei mi chiede: "Perché uno spigliato e intelligente come te ha scelto una strada sbagliata?". Guardi il quadretto e trova la risposta.»

La storia del clan non finisce qui. A San Vittore, per tempi infiniti, c'è anche il grande capo della famiglia mafiosa calabrese: la signora Serraino. Anziana, sofferente, altera, religiosa. Non lascia quasi mai la cella e trascorre molte ore con il rosario in mano. Ricordo di averla conosciuta durante una messa nella chiesa del settore femminile. Nel clan s'incrociano storie incredibili. Si dice che sia stata un'altra sorella di Filippo Di Giovine a mettere nei guai tutti con un'ampia confessione da pentita. Il fratello Emilio, pupillo della famiglia, invece, è evaso due volte. Nell'ultima occasione, era stato ricoverato all'ospedale Fatebenefratelli. Arrivarono gli amici della banda, narcotizzarono le guardie e se lo portarono via. C'è chi giura che a organizzare questa evasione da film sia stato il nostro amico Filippo, che è davanti a me e continua a darsi da fare in mille modi. Verità o leggenda metropolitana? Lui sorride e non smentisce.

Il caldo si è fatto atroce. Armanda Fioretti, una volontaria di lungo corso, mi dice: «Fuori è peggio». È una metafora, non una semplice valutazione climatica. La signora aggiunge: «Sa qual è il mio problema? Quello che avviene fuori di qui m'interessa sempre meno, anzi mi dà nausea». Uno dei clown mi offre da bere. Vuoto il bicchiere, saluto e ringrazio gli amici di San Vittore. Il capoposto Lancillotto mi riconsegna il telefonino: «Dotto', vi è piaciuta la festa?».

XXXII

VITA IN CARCERE E LAUREA IN VISTA

Dino Duchini arriva dal Laboratorio Ecolab, la cooperativa di San Vittore dove si producono da anni articoli in pelle. Davanti alla porta c'è una foto giovanile di Massimo Moratti. E sotto una scritta: «I love Inter». Duchini è uno dei responsabili del laboratorio: «I Moratti per noi sono stati il pane e il companatico». Ora ha il fiato grosso, perché ha fatto le scale di corsa, ma è felice: «Ho sostenuto il primo esame all'Università statale di Milano, storia della filosofia antica, e ho preso un bel 30». Una tenera matricola sotto le spoglie di un omone di quarantatré anni. È in carcere da circa tredici anni, in due rate. La sua uscita è teoricamente prevista per il 2020.

Maurizio Salvatore Agosta è in tenuta da cuoco. Lui ha frequentato ogni tipo di corso organizzato a San Vittore, compreso quello di «Tecnica della cucina». Nel giorno in cui lo incontro c'è una delegazione di ispettori del ministero, della Provincia e del Comune. Lasciate le celle, i cuochi hanno preparato un bel pranzo per gli ospiti, nelle moderne cucine del terzo raggio (il famoso grand hotel) e l'odore del risotto con i funghi filtra attraverso i corridoi. Presto questo dinamicissimo, esplosivo detenuto siciliano di quarantanove anni, in carcere dal 1992, diventerà il dottor Maurizio Agosta. È vicino alla laurea in scienze politiche presso la Cattolica di Milano. Ha studiato a San Vittore dove sta scontando una condanna a trent'anni. La sua liberazione è prevista per il 2017.

Il mio viaggio lungo i sentieri del «carcere aperto, del carcere che vive, del carcere patrimonio di umanità» trova, come vedete, due tappe edificanti.

Dino Duchini parla con emozione della sua storia e di questa straordinaria avventura culturale che ha così felicemente iniziato. «Pensi, è venuto in carcere il professor Trabattoni della Statale a interrogarmi insieme con un suo assistente. Ero emozionatissimo, ma tutto è andato talmente bene che ancora non ci credo. Le prossime materie sono storia della filosofia moderna e storia della filosofia psicologica. Ho qualche difficoltà per i libri. Mi servirebbe un contatto più regolare con l'università. Mi aiutano i volontari, ma non possono far tutto. Io mi mantengo in carcere con i 450 euro mensili di stipendio che mi vengono dal lavoro nell'Ecolab. Non ho altri proventi. Per gli studi e per qualche altra esigenza mi aiuta mia madre, che vive a Corsico, dove sono nato: ha settant'anni e qualche problema di salute.»

Da dove viene questa improvvisa vocazione alla filosofia? La domanda è ovvia e forse anche un po' banale. «In carcere quello che non ci manca è il tempo: non esiste misura per la riflessione, per l'approfondimento dei pensieri. Ho conosciuto la filosofia e ne sono stato attratto. Pensi che io avevo già conseguito nel '99, quando ero nel carcere di Parma, un diploma di tutt'altro genere, ragioniere, studiando con gli insegnanti dell'Istituto Bodoni. Un anno dopo mi hanno liberato, dopo nove anni di detenzione. Ma restava una vecchia vicenda da smaltire. Storie di cumuli e di pentiti. Sono stato arrestato nuovamente il 5 giugno 2001 ed eccomi qui. La filosofia e il lavoro mi aiutano a vivere nel presente e a non pensare al 2020 che, francamente, è come se non esistesse. Un miraggio.»

Dino è un uomo grande, robusto, imponente. Porta

gli occhiali e parla con toni compassati, ogni espressione al posto giusto. Non ha nessuna difficoltà a raccontarmi la sua storia. Negli anni Settanta e Ottanta ha gestito alcuni bar a Milano, un ristorante in via Pergolesi e poi un altro ancora. Era uno del mestiere, senza problemi economici. E allora? La sua sintesi è efficace: «Sono andato fuori di testa. Rapine, furti. Il peggio è avvenuto nel '91 quando abbiamo preso d'assalto il furgone blindato di un supermercato. C'è stata una sparatoria e sono rimasto ferito. Oggi non ha senso rivangare, lo so, ma questo è l'unico episodio per il quale mi sono riconosciuto colpevole. Per il resto, mi hanno attribuito di tutto. I pentiti parlano, sparano nel mucchio e vengono premiati. Ma ormai è acqua passata. La mia vita è qui. Il lavoro all'Ecolab mi dà soddisfazione e questo primo esame di filosofia antica, con quel 30 scritto sul libretto, mi sembra un sogno o un dono della provvidenza. Ora devo salutarla, lassù al laboratorio mi stanno aspettando».

Maurizio Agosta è arrivato a Milano da Palermo nel '67, quando era ancora un ragazzino. Socchiude gli occhi e scava nei ricordi: «Questa laurea in scienze politiche che sto per conseguire la dedicherò a mio padre Antonio, il perno della nostra famiglia. È morto nell'ottobre del '98. Ha tirato su sei figli ed è stato per tutti noi un punto di riferimento. Sempre. Aveva una Simca 1000. Ricordo che lui e la mamma occupavano i sedili anteriori e noi sei dietro, tutti piccoli, quasi invisibili. Un grande uomo. Se ho sbagliato, è colpa mia. Senza di lui, forse mi sarei suicidato. Ci ho pensato, mi creda. Uno dei miei fratelli è detenuto per gli stessi miei reati e un altro, che si chiama Giuseppe, è consigliere comunale a Cinisello. Pensi, era ed è un disabile. Non riusciva a camminare. Mio padre ha fatto sacrifici immensi, lo ha portato anche al Gaslini di Genova, per metterlo in piedi. E c'è riuscito. Gli altri due fratelli e l'unica sorella, Maria Rita, hanno una vita normale. Questa mia laurea avrebbe reso felice il papà. Mi mancano solo quattro materie: diritto costituzionale comparato, inglese 2, francese 2 ed economia politica. In sei mesi ce la faccio».

Quest'uomo pieno di risorse, di facile comunicativa, portato a una furbizia istintiva e produttiva, si dichiara vittima di quella che fu negli anni Ottanta la dolce vita della Milano da bere: denaro facile, modelle, night famosi, notti senza confini. «E purtroppo» aggiunge lui «anche droga. Cocaina, la mia rovina.»

La storia parte bene: è quella di un ragazzo che studia sino alla terza media, poi lavora da gommista, quindi trova un posto stabile all'Istituto sieroterapico milanese dove rimane per sette anni. «Alla fine degli anni Settanta l'azienda entra in una fase delicata, ai margini della crisi. E decide di incentivare chi lascia il posto. Io mi prendo la liquidazione ed esco. Lavoro con mio padre e studio per diventare geometra all'Istituto De Nicola, corso serale, a Sesto San Giovanni. Stavo per diplomarmi, quando mi sono, come dire, ubriacato. E qui comincia un'altra storia.»

Maurizio elenca una serie di night alla moda che via via sono diventati il suo regno: l'Amnesy, il Nephenta, il Charly Max, il Good Moon. «Sono entrato in un giro di persone che mi sembravano importanti. Ho conosciuto donne piene di fascino. Tutto bello, eccitante, facile. Ero convinto di aver fatto un salto sociale, visto come mi trattavano. Facevo parte della cosiddetta alta società, si figuri... Giravo il mondo, ho imparato a parlare l'inglese e il francese. Ma nello schema di quella vita c'era la cocaina. Dall'uso allo spaccio. E mi ci sono trovato dentro, in pieno. Ero ben introdotto negli ambienti che alimentavano quella spirale vorticosa di piacere e di perdizione. Il resto, cosa vuole che le dica? È una storia di processi, di condanne, di assoluzioni, di appelli, di nuove condanne. Venni assolto in Corte d'Appello per i fatti dell'86, dell'87 e dell'88. La Cassazione annullò la sentenza. Si rifece il processo e venni condannato dalla stessa terza sezione di Appello dalla quale ero stato assolto. In sintesi: nel 1992 mi presi quindici anni e mezzo. Mentre ero in carcere, dal 1993 al 1999, mi arrivarono altre condanne per un totale di quindici anni. In tutto fanno trent'anni. Avevo una fidanzata che appartiene a una famiglia importante di Milano. Dieci anni siamo stati insieme. Poi, quando il mio carcere è diventato a lunghissima scadenza, l'ho convinta che non poteva rovinarsi la vita con me.»

Nel discutere con quest'uomo così lucido e vivace, ho l'impressione che si sia lanciato in tutte le iniziative del carcere con lo stesso entusiasmo che lo indusse a tuffarsi nella ingannevole e rovinosa Milano da bere. «Sono socio della cooperativa Out & Sider, che occupa cinquanta detenuti in diverse carceri della zona milanese. Partecipo al telelavoro che ci viene dalle commesse che arrivano dalla Getronix per conto della Rai. Inseriamo nei computer i dati sugli abbonamenti. Ho studiato in carcere cinque anni da ragioniere e ho superato l'esame di Stato nel '98. Ho preso il diploma di informatica e quello di cucina, ho partecipato alla serie televisiva di Daria Bignardi, *Tempi moderni*, e molta gente mi ha scritto in carcere. Ma l'università è stata la mia grande scommessa. E sono vicinissimo a vincerla con la laurea in scienze politiche. Lei potrà chiedermi: perché alla Cattolica? Io le rispondo: perché no? Come vede, non ho sprecato il mio tempo in carcere.»

Parliamo girando nelle zone consentite del carcere. In fondo al corridoio del penale, un detenuto sta studiando. Si chiama Tarek, è tunisino. Si alza rispettoso e dice: «Tra pochi giorni sosterrò l'esame per diventare ragioniere». Agosta lo incoraggia: «Sei bravo, ce la farai». Tarek è in Italia da quattordici anni. È entrato a San Vittore nel '98 per la solita, stupida, crudele, malvagia storia di droga. Maurizio Agosta, prima che si torni a parlare dei suoi studi, inventa una piccola predica: «Sulla terra è arrivato il demonio: la droga. Anch'io mi sono rovinato, ma ammetto che la cocaina è vizio da ricchi, l'eroina è un diavolo interclassista: devasta tutti, anche i poveracci».

Salutiamo il tunisino prossimo ragioniere per riportarci alla carriera universitaria del nostro detenuto speciale. Mi incuriosisce, al di là della scelta, il rendimento di questo studente, il modo in cui Maurizio si prepara, le difficoltà che incontra. E lui spiega, approfondisce, si dilunga, ama i particolari: «Per le ore di studio, non c'è problema: qui il tempo non manca. Da quando vivo al penale in una cella singola, che si ottiene per anzianità carceraria, affronto l'impegno in una situazione ideale. Certo, i problemi sono altri: comprare i libri, ottenerli in prestito, tenere un rapporto con l'università. C'è un grave handicap per me: non poter frequentare le lezioni. Il docente non solo spiega, illustra, risponde alle domande, ma trasmette anche lo spirito di una materia. Comunque, io non mi lamento: ho la media del 28, potrei laurearmi col massimo dei voti. Ho preso 28 nella mia materia preferita, che è storia delle dottrine politiche, da Aristotele ai nostri giorni. Mi ha esaminato il professor Ornaghi, che poi è diventato rettore. Ho preso 30 in storia contemporanea, storia medievale e nei due esami di teologia. Ma, a dire la verità, quel 28 in storia delle dottrine politiche, una materia così appassionante, resta la mia gemma».

Questo colloquio con Agosta si conclude nell'anticamera delle nuove cucine del terzo raggio. Carla Faccini, una giovane signora, coordina i corsi per conto della Provincia di Milano. Tutti mi parlano di Walter, un fenomeno in cucina, un maestro di rara cultura. È poco più che un ragazzo. Fa lo chef fuori, ma si dedica con gioia alla scuola di San Vittore. La delegazione delle autorità ritarda. Maurizio Agosta ci rimane male, si inquieta: «Ci ho messo l'anima a preparare il risotto con i funghi. Sta' a vedere che adesso si scuoce». Un agente si offre volontario: «Vado io a sollecitare quei signori». Grazie al cielo, anche questo è carcere.

XXXIII

DON LUIGI, 25 ANNI DA GUERRIERO

«L'autobus sul quale mi trovavo passava per viale Papiniano. Alla nostra destra, le mura grigie di San Vittore. Un uomo disse: "Io butterei una bella bomba su questo carcere, così risolveremmo il problema". Accanto al cinico cantore della soluzione finale c'era una suora, con il crocifisso sul petto. Rivolta a quell'uomo che aveva parlato disse: "Ha ragione, io farei lo stesso". E allora il mio autocontrollo andò in frantumi. Affrontai l'uomo dicendogli che doveva vergognarsi di quello che aveva detto. E poi mi avvicinai alla suora: "Se la sua carità cristiana è a questo infimo livello, si tolga quel crocifisso dal petto. Al di là di quelle mura ci sono persone, esseri umani che magari hanno più dignità di molti uomini che stanno fuori". E scesi dall'autobus per raggiungere il mio carcere, dove passo le mie giornate da venticinque anni.»

Don Luigi Melesi, salesiano, è il più anziano dei cappellani di San Vittore. Senza offesa per la sua tonaca, un prete che a Roma definirebbero «fumantino», uno che lotta anche quando dorme, protesta, si arrabbia, maledice le ingiustizie, prende di petto autorità e magistrati se vede che la pratica da cui dipende la libertà di un detenuto si arena per eccesso di burocrazia o di cialtroneria. Non ha paura della forma, né delle parole: «Sul Calvario di Cristo» dice «c'erano anche delinquenti, bestemmiatori, ubriachi». Nonostante l'abito talare e i suoi settant'anni, immagini che da un momento all'altro possa prendere per il collo qualcuno che se lo merita. Ma dietro la sua porta, nel terzo raggio, c'è la fila. I detenuti sanno che don Luigi non si limita alle parole buone, alle citazioni evangeliche, alle prediche della speranza, ma li aiuterà a superare i problemi e i dolori di questa sporca terra.

«Sono un prete di frontiera,» dice «vivo in un carcere che scoppia, che oscilla tra coraggiosi tentativi di legarsi alla vita e di rendersi meno soffocante e forme di costrizione, di umiliazione, di sofferenza talvolta gratuite, inutili, arbitrarie. Il mio apostolato è nella vita reale, sulla strada, nelle celle, nei tribunali. La parola di Dio si è incarnata. L'amore cristiano non è platonico. Guardi quante scartoffie su questo tavolo. In ciascuna di esse c'è una storia, un filo di speranza, il calvario di un uomo che tenta di riscattarsi o che, magari, è innocente. Le statistiche dicono che più del quaranta per cento della gente che ha conosciuto il carcere è alla fine risultata innocente. Eppure, vogliamo chiederci come è visto il carcere dall'esterno, dai benpensanti, da quelli che predicano "sicurezza prima di tutto" e ignorano le radici del male? È visto come un extraterritorio, un luogo da blindare, da circondare, se non da bombardare come volevano quei due sull'autobus. E invece il carcere ci appartiene. Se ne facciamo una fabbrica di dannati, un giorno sarà la società a pagarne il prezzo. Il carcere così com'è non ha senso. Non cura il male, ma lo aggrava e lo trasforma alla lunga in un disastro sociale.»

Le parole di don Luigi sono, in pratica, una requisitoria senza fine. Lui stesso se ne rende conto quando dice: «No, non voglio accusare, non voglio fare della letteratura sui malesseri del carcere, sono soltanto un prete che sta qui per aiutare la gente». Ma basta la scintilla di un ricordo perché il suo volto s'infiammi. Mentre parla, ha un pensiero per la testa, fresco, di giornata. E lo tira fuori: «Ho conosciuto un giovane condannato a dodici anni. Un pugliese. E mi sono convinto moralmente e razionalmente della sua innocenza. Lo so, nel carcere è facile cadere in queste tenere suggestioni, ma dell'innocenza di quel ragazzo sono certo. C'è l'appello, ma lui non può permettersi un avvocato. Ho chiamato un legale mio amico, gli ho raccontato la storia, l'ho convinto a intervenire. Tutti dovrebbero aver diritto a uno stesso livello di difesa e quindi anche di giustizia. Ecco, questa è la mia vita».

Poi don Luigi si lancia sui piccoli reati, sui fatti paradossali, sulla agghiacciante sproporzione tra la presunta colpa e certe pene sbrigative e pesanti. «Ascolti questa storia di qualche settimana fa. Arriva in carcere una ragazzina, dico proprio ragazzina. Madre di due bambini: uno di un anno e un altro di un mese. Mi informo su quello che ha fatto. Il fratello aveva venduto un'auto di seconda mano, l'acquirente non gli pagava le rate. Lui lo ha minacciato e la sorella si sarebbe resa partecipe di questa minaccia. Entrambi sono stati denunciati per estorsione. Ora, io non entro nel merito. Ma si può sbattere in carcere una ragazza, madre di due figli piccolissimi, per una sciocchezza del genere? Sono andato io dal magistrato a implorare: "Tiratela fuori, datele gli arresti domiciliari o qualcos'altro". L'ho convinto, per fortuna. Ma quella ragazza senza un aiuto sarebbe ancora in carcere. Non è umano, non è giusto.»

Questo incontro si svolge nel piccolo «ufficio del cappellano», situato nel terzo raggio. Appena dietro la scrivania di don Luigi, c'è la porta che dà sulla cappella. Nuova, di taglio originale. L'altare è posto di fianco, come se non fosse l'elemento principale. Di fronte alle panche, ci sono tre sedie dello stesso legno. Il prete sta in mezzo e due detenuti siedono al suo fianco: «Sull'altare si recita la messa, qui si professa l'eucarestia della parola».

C'è un'altra cappella al penale e un piccolo altare nel centro clinico. La chiesa più grande e più bella è quella del settore femminile, che abbiamo già visitato. Ma anche qui don Luigi non si formalizza: «Mettiamo in piedi un altare anche nel secondo piano del sesto raggio. Ci basta un corridoio. E recitiamo messa in quello che viene considerato l'inferno di San Vittore, un raggio di cui non finiamo mai di vergognarci, dove detenuti in attesa di processo stanno ammassati, ventidue ore al giorno, in sei dentro una cella di pochi metri quadrati, dove talvolta non c'è un tavolo, né una sedia. Meglio non pensarci... E poi c'è la Rotonda, dove ogni domenica viene celebrata una messa affollatissima, vissuta con grande emozione dai detenuti. Molti piangono, tutti applaudono alla fine, esprimendo un senso di gratitudine e di liberazione. Qui a San Vittore c'è anche don Alberto, un altro cappellano. La domenica arriva un terzo prete».

Dopo aver conosciuto che tipo è questo don Luigi, la domanda che pongo diventa banale. Come si trova un prete cattolico in un carcere popolato da extracomunitari, in gran parte di religione musulmana? La risposta è molto cortese: «Non mi sono mai posto questo problema, perché la solidarietà in un carcere è trasversale, non può essere legata a una religione. Come vede, sul mio tavolo c'è il Corano, un libro che io certamente non amo. La mia porta è aperta a tutti. Ai musulmani mi limito a dire: "La vostra non è una religione, ma un'ideologia". E poi parliamo liberamente di problemi, di bisogni, di aiuti. Se la gente sapesse quali e quante sono le necessità primarie di un carcere, eviterebbe di fare tanti sprechi. Guardi, questa è una lista degli aiuti del giorno: dodici detenuti, 15 euro ciascuno, questi altri ne avranno 10 a testa. Aiuti miseri e vitali. Si chiederà da dove prendo questi soldi. Ho tanti amici, grazie al cielo. Guardi qui: sono riuscito anche a procurarmi cinquanta confezioni di shampo per i detenuti che non hanno nulla, non si possono neanche lavare. Qualche tempo fa incontrai per strada un uomo appena uscito dal carcere. Doveva tornare in Puglia. Non aveva i soldi per pagarsi il biglietto del treno. Che gestione della giustizia è mai questa se una persona che ha scontato la pena talvolta non ha soldi neanche per l'autobus?».

La giornata-tipo del cappellano ha sempre lo stesso ritmo. «Dormo dai salesiani, in via Copernico. Mi alzo presto e la mia prima tappa non è il carcere, ma il tribunale. Ho con me un bel pacco di pratiche, di domande, di piccole istanze. E ho l'impressione di camminare in un mare di sabbia, dove tutto si perde. Io cerco una risposta per ciascun detenuto, una risposta che lui da solo aspetterebbe invano per mesi, forse per anni. Ammesso che la ottenga. C'è chi non l'ha avuta mai. Un detenuto ha inviato centocinquanta lettere. Tutte perse nel nulla. Come si fa a educare degli uomini alla legalità se li tratti come relitti? Ogni tanto, come in un incubo, penso a una società impegnata a coltivare la delinquenza. Sì, perché la delinquenza dà lavoro a un apparato di settecentomila persone. Quindi la delinquenza è necessaria...»

Pensieri bizzarri, don Luigi, non crede? Lui china il capo. Siamo due uomini avanti con gli anni, faccia a faccia, nel piccolo e dignitoso presidio umanitario di un carcere. Proviamo lo stesso dolore dinanzi a certi drammi. Apprezziamo entrambi gli sforzi, la dedizione, la generosità di tanta gente. Abbiamo l'identica stima per l'uomo che dirige questo carcere con spirito aperto e un'umanità senza retorica. Ma se ci chiedessero: «Qual è la soluzione?», che cosa risponderemmo, caro don Luigi? Tutto ci sembra vago e lontano in una società che vive succhiando voracemente nel presente: investire nella scuola, rendere più rapida la giustizia, creare alternative al carcere, rendere il mondo più giusto, rispettare l'innocenza dei bambini. Da quanto tempo ne parliamo? Quando comincia questa redenzione? Comprendo la sua santa rabbia, don Luigi. E penso che ogni tanto la invada un senso di disperazione. Ma dietro la sua porta, li vede?, c'è ancora un gruppetto di detenuti che attende aiuto. E lei con loro riacquista la forza della fede. Un ragazzo dalla pelle bruna si fa avanti, avrebbe qualcosa da dire, ma è tardi: «Ora vai a mangiare, domani parleremo di tutto». Grandi lotte per piccole cose che qui diventano importanti, enormi, vitali. Così, ogni giorno, da venticinque anni. Vogliamo ripercorrerli, don Luigi, questi suoi anni di San Vittore? Magari scopriamo che non tutto è stato vano.

XXXIV

QUEL SUICIDIO E LA MESSA CON I BRIGATISTI

«L'ingegner Gabriele Cagliari aveva disteso sul pavimento della cella un tappeto di giornali, con i titoli che strillavano la sua vicenda nel pieno di Tangentopoli. Era il luglio del 1993. Fu il suo ultimo letto. Da quello strano tappeto partiva un messaggio ben preciso, un grido all'ingiustizia. Lo trovarono morto, con la testa avvolta in un sacchetto di plastica. Nei miei venticinque anni di San Vittore, quello fu un giorno bruttissimo, ma non faccio graduatorie, tanti altri ce ne sono stati. Conoscevo l'ingegnere, gli ero diventato amico. Lui un giorno mi disse: "Qui, a San Vittore, ho scoperto la messa". Non è il solo. Parlavamo a lungo e lui era inseguito dall'idea del suicidio. Anzi, rivolto ad altri nel suo stato, predicava l'idea di un suicidio collettivo. "Se ci togliamo la vita in dieci, scuotiamo finalmente l'Italia." E io gli dicevo: "Ingegnere, lei non conosce gli italiani. Assorbono tutto. Commozione e indignazione non durano più di tre giorni". Capivo che per Cagliari il carcere era insopportabile. "Qui si mira soltanto ad annichilire e distruggere una persona": questo ripeteva ogni giorno. Non si abituava al carcere, gli preferiva la morte. E metteva per iscritto questo concetto. Mi battei perché gli dessero gli arresti domiciliari. Di Pietro, pubblico ministero, e il giudice per le indagini preliminari Ghitti firmarono il provvedimento per la parte di loro competenza. Ma Cagliari doveva rispondere di un altro reato. E le carte erano in mano ad altri due magistrati, Grigo e De Pasquale. Li implorai: "Quello si toglie la vita". Non mi avevano mai visto così deciso, così arrabbiato. Ebbi l'impressione che mi dessero retta. Grigo aderì. Tutto era avviato per il verso giusto. De Pasquale, che si era mostrato molto cauto, mi disse che doveva occuparsi di una pratica urgentissima e poi avrebbe affrontato la vicenda Cagliari. C'era una promessa nell'aria, seppure non esplicita. Tornai in carcere tranquillo. Mi venne incontro il direttore Pagano e, dalla sua faccia, capii che qualcosa di grave era successo. "Don Luigi, l'ingegnere si è suicidato." Avevamo mancato la salvezza per un soffio. Avevo voglia di sbattere la testa contro un muro. Cagliari per me era una persona perbene, un uomo giusto ed equilibrato. Il suo suicidio a San Vittore fu un caso clamoroso, ma tante altre tragedie anonime ho vissuto. Quando un uomo si uccide in carcere, ci sentiamo tutti sconfitti. Quando vedo dei bambini in carcere o dei bambini che soffrono per la detenzione della mamma, mi sento umiliato. E vorrei andare dal giudice e dire: "Mettetemi in cella al posto loro". Pochi giorni fa, nel settore femminile, ho visto un bimbo partorito da una settimana. Ma vi pare una società civile, questa?»

Il racconto è ruvido, scioccante. Ma nella mia mente c'è un frullato di domande. L'ingegner Cagliari, personaggio importante, si era mai curato delle condizioni di vita, talvolta infami, di un carcere? Quale interesse ha riscosso e riscuote all'esterno lo status dei tanti detenuti che contano i mesi, e talvolta gli anni, in attesa di un processo? È accettabile che tanti uomini potenti come Cagliari abbiano scoperto la «macchina che trita le persone» solo dopo averla sfiorata o assaggiata nella bufera di Tangentopoli? Quale senso morale e civile si può dare a questa indignazione sulla propria pelle, al di là di una doverosa solidarietà umana? Il caso Cagliari si pone nel cuore di questi interrogativi che sembrano uncini piantati nella nostra coscienza. Il suo suicidio è stato un gesto di sfida o di debolezza?

Ho l'impressione che se parlassi a voce alta, e non con me stesso, il focoso e sanguigno don Luigi mi salterebbe addosso. Prima che il cappellano si scateni in una delle sue requisitorie, gli ricordo sommessamente che stiamo viaggiando nei suoi ricordi. I racconti hanno bisogno di calma.

E lui parte da Cortenova, il paese in provincia di Lecco dove nacque nel 1933: «Famiglia numerosa, sette figli, cinque ancora vivi. Un mio fratello, Pietro, è prete: missionario in Brasile, nel Mato Grosso dove nessuno voleva andare. Vive nei disagi, nella povertà, tra problemi angosciosi, ma non si muoverebbe mai da lì, se non per un ordine del cielo. Anch'io volevo essere missionario e invece mi hanno indicato una strada diversa. Sono finito in un carcere dove c'è una grande carica di umanità, un direttore unico, generoso, pieno di coraggio e fantasia, ma certe strutture sono ancora a livello del terzo mondo. In Brasile sono stato da mio fratello per venticinque giorni, nel '67, con un gruppo di ragazzi. Abbiamo portato aiuti e contribuito a far sorgere una scuola, che accoglie oggi sino a seicento bambini, e un poliambulatorio che, per un posto come quello, è una ricchezza. I ragazzi di quel gruppo ci tornano. Si è stabilito un bel rapporto. Sono a San Vittore dal 1978. Prima avevo lavorato con i minorenni ad Arese e poi nel riformatorio Ferrante Aporti di Torino dove c'erano più di cento detenuti di età minorile. Torino ha un ruolo importante nella mia vita. Vi ho frequentato l'Università pontificia... Ma perché stiamo a parlare di queste cose? È letteratura, è effimero. Conta solo la realtà che abbiamo davanti».

San Vittore nel destino. Mi chiedo perché don Luigi

non abbia fatto il missionario, come fortemente desiderava. «Semplice, perché così mi hanno ordinato. E io ho ubbidito. Prima di arrivare qui ho girato il mondo. Di carceri ne ho viste tante, tra le peggiori: in India, Messico, Brasile, Etiopia, Iran, Argentina. Sono racconti del terrore. In Argentina ci sono carceri crudelissime. E c'è anche un vomitevole turismo carcerario. Immagini che a Ushuaia, nella Terra del Fuoco, vendono souvenir di delinquenti famosi, manette e persino schiavettoni che si applicavano ai piedi del detenuto. Ma non meravigliamoci troppo. A San Vittore, quando io sono arrivato, c'erano ancora le immonde celle sotterranee nelle quali venivano seppelliti i detenuti in isolamento. Al buio, senza un filo d'aria, in un fetore insopportabile. Ci siamo appellati ai diritti dell'uomo, è arrivata una commissione europea da Strasburgo, quello sconcio è finito.»

Se don Luigi fosse un ufficiale dell'esercito, porterebbe sul petto le mostrine delle campagne alle quali ha partecipato: «Ho vissuto la stagione dei sequestri, poi quella del terrorismo, quindi quella di Tangentopoli e oggi siamo dinanzi a un male strisciante, incontrollabile, infinito: la droga. Non faccio distinzioni tra i detenuti: per me sono stati tutti uomini. Ma al tempo in cui il carcere era popolato di brigatisti ho condotto le lotte più dure e più belle. Con soddisfazioni enormi. Non c'era nessun accenno di comunicazione tra noi e quei ragazzi. Un giorno decisi: voglio celebrare la messa al primo raggio, nel corridoio tra le celle dei componenti delle Brigate Rosse. Ne parlai con loro. Non mi diedero neanche retta. Il direttore del carcere, il dottor Cangemi, era molto perplesso. Il cappellano don Giorgio pure. Io decisi di celebrare la messa lo stesso, montando l'altare nel corridoio vuoto, a celle chiuse. Se qualcuno voleva farsi vivo per sua scelta, poteva chiedere che venisse aperto il blindato che copre il cancello con le sbarre. Non successe nulla. Silenzio totale. Il direttore mi chiese notizie e io risposi che quella messa era stata un successo, perché non mi avevano insultato, non avevano fatto chiasso durante la funzione, non avevano lanciato oggetti nel corso della predica. La domenica successiva ripetei l'operazione e feci una predica sull'uomo. In quel corridoio vuoto sentivo il respiro di Dio. A un tratto si aprì uno spioncino. Uno soltanto. E io vi infilai una mano. Il brigatista sconosciuto me la strinse, la accarezzò, la baciò. Udii una voce: "Padre, abbiamo bisogno di lei". Il miracolo si era compiuto. Si aprirono tre porte, si spezzò quella dolorosa incomunicabilità, si creò tra il prete e i brigatisti un clima di fiducia. Ormai erano in trenta a parlare, a uscire dall'isolamento, a rendersi conto che la stagione del terrore era finita, a proclamare la necessità di consegnare le armi. La storia dirà che quello fu un episodio importante. I brigatisti di San Vittore evitarono oltretutto una strage nel carcere di Fossombrone indicando esattamente in una mappa i punti in cui erano state piazzate cariche di dinamite. Nessuno ci voleva credere, fu difficile trovare un interlocutore, la rivelazione non veniva considerata credibile perché il carcere di Fossombrone era una fortezza invalicabile. Ma si presume che i brigatisti avessero trovato dei complici all'interno. Dinanzi a tanti dettagli, venne deciso il sopralluogo. Tutto era esatto: la dinamite c'era. Senza quella rivelazione arrivata da San Vittore, a Fossombrone ci sarebbe stata una strage come quella della stazione ferroviaria di Bologna. Venne aperta un'inchiesta, ci furono degli arresti anche tra i dirigenti del carcere. Una storia esemplare, no? Ho ancora qualcosa di buono da raccontarle. Uno dei brigatisti, Ernesto Balducchi, bergamasco, condannato a dodici anni, ottenuta la libertà ha messo in piedi una agenzia di radiotaxi per le merci e riesce a dar lavoro a parecchi detenuti che lasciano il carcere. Oggi il cancro della società è la droga. Ma quando vedo sbattuti in cella ragazzi per piccoli furti compiuti in stato di dolorosa necessità, mi indigno, mi ribello. Quelli sono malati e il carcere non è terapia, non è rimedio, può essere perdizione».

Don Luigi, parliamo da quasi due ore. Sarà effimero, come lei dice, sarà letteratura, ma una convinzione me la sono fatta: lei è innamorato di San Vittore. «Si sbaglia, caro signore, io sono innamorato dei detenuti.»

XXXV

VOLLEY, COME UN'OLIMPIADE

Il cemento del cortile di San Vittore, che ospita il rito dell'ora d'aria, ma può diventare un teatro e persino un campo di pallavolo, trasuda calura. Come su certe pietre dell'Etna, vi si potrebbero friggere le uova. Ma è il giorno dello sport, un giorno che regala ai detenuti – e non so se sia un bene o uno struggimento – un fugace senso intimo di libertà, perché i gesti dello sport sono uguali dovunque, in un carcere o in un college americano. Attimi senza confini.

Marina Signorelli, la signora milanese che ha lasciato un collegio esclusivo per insegnare sport a San Vittore, vive la sua grande giornata. Ha organizzato un torneo di volley che nel carcere ha il sapore di un evento. Celle aperte, pubblico delle grandi occasioni, cortile – avrebbe detto Sandro Ciotti – ai limiti della capienza. Due squadre universitarie esterne, una maschile e una femminile, e due di detenuti: la prima formata dagli uomini della cooperativa La Nave, l'altra dalle ragazze del settore femminile che Marina allena con amore di sorella. Prima della partita di pallavolo, ginnastica, potenziamento muscolare, mobilità articolare, stretching, esercizi addominali. «Ciascuna delle ragazze» spiega Marina «si esprime alla sua maniera. Ci sono arabe, sudamericane, africane e dell'Est europeo. Diverse in tutto sul piano individuale, ma capaci di integrarsi nel momento agonistico o, se volete, in quello della liberazione psicologica. La ginnastica è importantissima in un carcere dove c'è il pericolo dell'abbandono fisico e mentale che ti distrugge piano piano. Lo sport scalda la linfa vitale. C'è anche dialettica tra le ragazze, dinanzi alle fasi di gioco e soprattutto agli errori: io sto zitta, lascio che siano loro a gestire i momenti polemici. Dopo gli esercizi, c'è la fase di rilassamento. E qui riaffiorano i pensieri, si richiudono mentalmente le sbarre. Vedo spesso delle lacrime. Siamo in un carcere, le mura sono barriere, il futuro è lontano, talvolta lontanissimo.»

Ma nel cemento rovente di un cortile sconnesso, in una folla di agenti, detenute, volontari, insegnanti; nel fragore di un tifo generoso, raramente sguaiato; tra corpi sudati e fondotinta che si squagliano sui volti di alcune spettatrici, si può anche vivere qualche ora di magia. Se ho riscoperto a San Vittore – e l'ho raccontato – la spiritualità di una messa, ora avverto la bellezza pura di una mattinata sportiva, dove tutto comincia e finisce nella fugace ebbrezza di un cortile chiassoso e affollato, senza altri scopi o finalità che esulino da questa piccola ondata di libertà penetrata in un carcere. E dopo aver vissuto eventi di alto agonismo in ogni parte del mondo, assaggio un brandello di sport di purezza assoluta.

Le ragazze del carcere si chiamano Melodia, Mercedes, Lizzy, Denis, Andy, Emilia, Nancy, Eleonora. Giocano con ordine, perseguono un certo stile, conquistano dei bei punti, compongono una squadra armonica e vera. Si vede che nel loro volley c'è lavoro, applicazione, studio. Ma perdono con grande dignità e con quel pizzico di salutare tristezza tipico delle «sconfitte che forse si potevano evitare».

La capitana della squadra universitaria vincente si chiama Sara Campana. Sta per laurearsi in scienze motorie con una tesi che tratta lo sport negli istituti di pena. È piccola di statura, copre il ruolo di regista. Quando le consegnano la coppa, dice: «Vorrei scambiarla con quella delle ragazze del carcere, in segno di amicizia». La capitana delle perdenti è Melodia, fascino nero e tanta dolcezza. Le due ragazze si abbracciano. Sono amiche e penso che non si perderanno mai di vista.

Dal trespolo dell'arbitro discende una signora. Si chiama Giordana Mercuriali. È stata campionessa di volley. Ora insegna ai ragazzi e viene spesso a San Vittore a dare una mano. Tre ore sotto il sole, tra un fischio e l'altro. Dopo il torneo, vinto dagli universitari, i ragazzi chiedono il permesso di giocare delle amichevoli. Squadre miste, uomini e donne, detenuti e studenti insieme. E Giordana, la nostra instancabile arbitra, là sul suo trespolo a dirigere questo happening sportivo che s'avvia, con un po' di tristezza, al momento della conclusione. Marina Signorelli, la regista dell'evento, non ha mai avuto problemi di linea: ora è asciutta come una lucertola, ma la soddisfazione le si legge in faccia. Lei e l'arbitro di calcio Bolognino, che lavora come insegnante a San Vittore, sono al centro di tre progetti-pilota che mirano a qualificare degli operatori sportivi all'interno del carcere. Al primo corso hanno partecipato quindici uomini e cinque donne. Tredici sono stati promossi.

Ora è il momento delle premiazioni. E il senso della festa sportiva si proietta in quella che definirei la «unità della famiglia carceraria», in quel vivere insieme che talvolta annulla i confini, generando magari tante tensioni, ma anche una sostanziale solidarietà. Agenti e detenuti sotto lo stesso tetto. Uno dei premiati, fuori della cerchia degli atleti, è il comandante del corpo di polizia penitenziaria Francesco Moscariello, che naturalmente non è di Belluno, ma di Teverola, provincia di Caserta. È un tipico campano un po' filosofo, dalla faccia buona, che ha l'aria del padre di famiglia e ha trascorso trentacinque anni a San Vittore. La targa gliela consegna un detenuto. Un altro riconoscimento va all'ispettore Pasquale Della Monica, caporeparto del terzo raggio. Motivazione esemplare: «Uno che ci ha sempre aiutati».

E infine, estratto dal suo abituale pudore, arriva Luigi Pagano, il direttore in maglietta e in trincea. Sembra stia friggendo, come le mie uova immaginarie, sul cemento rovente del cortile. È allergico alle cerimonie. Una voce scandisce il concetto: «Senza di lui, tutto questo non ci sarebbe stato». Pagano riceve la targa e, mentre tenta di fuggire, si leva un applauso intenso e infinito. Lo applaudono le guardie, i detenuti e le detenute, lo applaudono gli ospiti, gli insegnanti e gli studenti. E tu capisci, anche da un piccolo episodio, qual è il valore di un uomo in un carcere pieno di dolore, di problemi, di speranze.

XXXVI

PADRE PIO E IL COMANDANTE

Un solo rumore di ferraglia. Il rimbombo del cancello è breve, la musica del carcere si ferma alla prima nota. Nel grande corridoio, subito a destra, c'è l'ufficio dell'uomo che comanda il corpo di polizia penitenziaria di San Vittore: più di mille agenti, tra uomini e donne, compreso il nucleo esterno adibito alle cosiddette traduzioni. Eh già, le traduzioni. Con tutta la fantasia della lingua italiana, in un secolo non si è trovato un termine meno goffo per definire lo spostamento dei detenuti.

Stanno imbiancando le pareti, c'è un odore di vernice e di pulito. Il mio primo incontro sul ponte di comando è con uno splendido intarsio su legno che riproduce il volto di padre Pio. Immagini del frate di Pietrelcina ne ho viste tante, ma in questa c'è una sorta di trasfigurazione post-terrena. È come il negativo di una foto, dove la vita sfuma al di là del suo confine e lo sguardo di padre Pio ti arriva, con rude dolcezza, da un posto sconosciuto. Se ci trovassimo in una galleria d'arte, ne chiederei subito il prezzo.

Chi è l'autore? Il comandante Francesco Moscariello s'aspettava la domanda: «Me l'ha regalato un detenuto. È opera sua, meglio: un'invenzione sua. Si è scoperto artista in carcere. Era al terzo raggio. Lo vedevo disegnare in modo stupefacente: una matita, un pennarello, un gessetto e con pochi tratti tirava fuori un volto, un ambiente, un panorama. Sono i prodigi delle lunghe permanenze in cella. Non so quanti anni siano passati dal giorno del regalo. Lui è un calabrese, uno del clan Sergi, forse Saverio. Mi faccia riflettere, devo scavare nella memoria, qui mi passano davanti centinaia e centinaia di persone. Saverio Sergi deve essere ancora qui, con noi. Aspetti, faccio una verifica al computer. Okay, è qui a San Vittore...».

Esprimo subito il naturale desiderio di conoscerlo. «Non c'è problema,» mi rassicura il comandante «lui è al penale. La faccio accompagnare o magari mando a chiamarlo, è meglio che gli parli qui, è anche più comodo.» Tante grazie, comandante...

Il mio sguardo fa il periplo dell'ufficio e incontra un altro padre Pio, stavolta in foto, e una statuetta di sant'Antonio da Padova. Tutti regali di detenuti. E poi attorno al ritratto del presidente Ciampi, coppe, trofei, targhe, diplomi ordinatamente allineati. Sono cimeli del piccolo sport che si svolge nel carcere. È un ufficio normale, potrebbe appartenere al capodivisione di un'azienda qualsiasi.

Ma al centro di una parete c'è un pannello metallico che ti ricorda dove siamo. Vi è riprodotto per intero il disegno di San Vittore, con la sua struttura panottica. In ogni settore del carcere ci sono dei bottoncini, come piccoli nei sul corpo dell'edificio: piantati nelle celle, nei corridoi, nelle sale di colloquio, anche nelle zone d'aria. Sono minuscole lampade. Dove s'accende una luce, c'è un problema. Quando se ne accendono tante, il problema si fa serio. E così via, sino all'allarme totale che fa scattare la sirena. Il controllo del carcere, direi il suo termometro, è sotto gli occhi del comandante che è affiancato da un vice – Romano Fusco – e da una serie di ispettori capo. È lo staff del ponte di comando.

Francesco Moscariello si porta dietro trentacinque anni di San Vittore, con la sola parentesi di un anno trascorso a Brescia da vicebrigadiere. Arrivò da ragazzo nel '68. Veniva da Teverola, in provincia di Caserta, e aveva frequentato la scuola di Portici. Da agente semplice a comandante, ha fatto tutta la trafila. Di San Vittore conosce gli angoli più remoti, i piccoli rumori, i sussulti, gli umori, i sospiri. Il massimo grado glielo hanno dato nel '99, ma già da due anni agiva quale sostituto. S'è sposato con Adele, una napoletana di Milano. Un figlio e una figlia: milanesissimi. Da quando è comandante, abita in un appartamento nel recinto del carcere, come il direttore Pagano. «Capite dotto', il giorno che andrò in pensione mi toccherà di cercarmi una casa come 'nu guaglione prima del matrimonio.»

Ormai avrete capito che la lingua di San Vittore è il napoletano. Moscariello attenua l'immagine: «È la lingua del meridione, la lingua di chi cerca un lavoro stabile e non lo trova nella sua regione. Scuole per agenti penitenziari ce ne sono anche al Nord. Ma è sempre il Sud che prevale nei corsi. Campani, calabresi, pugliesi, siciliani. Uomini e donne. Lavorano con professionalità, prima di tutto, e anche con comprensione, solidarietà. Non è una bella vita, quella del carcere, ma c'è la dignità e la sicurezza di un lavoro». Per quel che vale, condivido in pieno il giudizio positivo che il comandante dà della sua truppa carceraria. Conosce il mestiere in ogni risvolto. Di militare resta ben poco. Poi, come in tutte le professioni, ci sono i bravissimi, i meno bravi, quelli che si arrangiano con buona volontà e quelli che farebbero volentieri un altro lavoro.

C'è chi si sveglia, apre una finestra e vede il suo mare o la sua collina e non sa staccarsene, perché quel mare, quella collina sono integrati nella sua vita e rappresentano anche una libera scelta che ha portato a qualche rinuncia. E c'è chi si sveglia, apre una finestra e vede uno squarcio di San Vittore, magari un torrione, al quale si è affezionato come se fosse un faraglione di Capri. «È una scelta di lavoro» dice Moscariello «che io rispetterò sempre. Dietro il lavoro, c'è la mia vita.» Ho l'impressione che voglia sgombrare il terreno da patetiche lamentazioni di genere napoletano. «Ogni lavoro merita rispetto. Noi qui viviamo a contatto con la pena, il dolore, la sofferenza, l'angoscia, la ribellione. Certo non è l'ideale. Ma pensi un po' a quei medici che vivono a contatto con i malati di cancro, o con i malati terminali. La professionalità, prima di tutto. Certo, è impossibile che non ci sia partecipazione umana in lavori di questo genere. E infatti c'è, ma io penso che prima di tutto contino l'efficienza e la correttezza del lavoro. Anche in un carcere.»

Ma com'era San Vittore quando l'agente semplice Moscariello vi arrivò? Il comandante fruga in questa lunga parte della sua vita. L'impressione è che non ami tanto raccontare il passato, ma preferisca parlare dei problemi del presente, ascoltare le pulsazioni carcerarie di una caldissima estate, stagione pericolosa là dove si vive ammassati in piccole celle dense di rabbia e di cattivi odori.

E poi confessa: «Trentacinque anni sono tanti, faccio fatica a ricostruire gli episodi, ho una grande confusione in testa. Sono arrivato qui in tempo per vivere la grande rivolta del '69. Ero in libera uscita con un collega nei pressi di piazzale Loreto, in una trattoria. Fu una vecchietta che aveva ascoltato la radio ad avvertirci: «È scoppiata una rivolta a San Vittore». Rientrammo subito. I fatti furono gravi e drammatici perché coinvolsero tutto il carcere. Scene di guerra, intervento dell'esercito, edificio circondato da mezzi blindati. Due giorni di inferno. Poi il carcere venne espugnato, le acque si calmarono. I capi della rivolta vennero trasferiti. Nulla nasce per caso. Vigeva un codice vecchio e superato. Il carcere a quei tempi era del tutto staccato dalla società, disumano, incontrollabile, dominato da prepotenti. E guai a chi non si assoggettava ai loro voleri. Circolavano anche delle armi. Io avevo già vissuto da debuttante, durante il corso, un episodio ancora più drammatico a Poggioreale. A quei tempi un agente di custodia faceva un mestiere davvero pericoloso, doveva guardarsi le spalle ogni giorno, ogni ora. Oggi è diverso».

La rivolta, la stagione delle bande famose, i rapimenti, il terrorismo, Tangentopoli, i colletti bianchi da Nobili a Cagliari, da Darida a Cusani. E poi i signori della droga, i derelitti dello spaccio, sino agli ultimi arresti dei presunti appartenenti ad al-Qaida, cioè al terrorismo islamico. Sono a San Vittore in celle diverse, non possono avere alcun contatto tra di loro.

«Ho conosciuto Turatello, Vallanzasca, Medda, Stefanini e quelli della loro generazione quand'erano ragazzini e venivano dal carcere minorile. Sono diventati capibanda, hanno assaggiato tutte le carceri d'Italia. Un crescendo, la loro carriera: piccoli furti, sfruttamento della prostituzione, rapine, estorsioni, bische, sequestri di persona. Epaminonda, Mirabella, il famoso «Seidita», il clan dei siciliani. Anche Liggio è transitato da San Vittore. Erano tempi in cui nel carcere poteva succedere di tutto. Lei sa che Vallanzasca è stato il re delle evasioni. Ma la più drammatica di queste sue imprese è avvenuta a San Vittore il 28 aprile 1980. Qui i miei ricordi sono nitidi. Erano le 13.25 quando un nostro sottufficiale, il brigadiere Chianese, venne preso in ostaggio. Un'azione di guerriglia o, se vuole, da film western. Credo si tratti dell'episodio più grave e clamoroso della storia di San Vittore, almeno dal dopoguerra in poi. Si coalizzarono in sedici, fuggirono in undici, si scatenò una caccia all'uomo in tutta la città. Ma i veri protagonisti furono due: Renato Vallanzasca e Corrado Alunni, leader di Prima Linea. Una coppia emblematica: la grande delinquenza e il terrorismo fianco a fianco. Era il segno del tempo. Nel carcere circolavano coltelli e pistole. Oggi certe situazioni non sono nemmeno immaginabili. Sì, ne ho viste proprio tante in trentacinque anni. Quel 28 aprile, però, è impossibile da dimenticare.»

La voce di una probabile azione di Vallanzasca circolava da qualche giorno. Ma nessuno si aspettava una manovra così complessa e organizzata proprio nel settore di massima sicurezza. Quel giorno il brigadiere Chianese, con la sua abituale puntualità, scortò da solo uno per uno i detenuti nel cortile per l'ora d'aria. Erano in diciassette. L'ultimo fu Antonio Colia. E qui esplose la scintilla: venne fuori un coltello e Colia lo puntò al collo di Chianese, facendone un ostaggio. Era il segnale. Non si sa come, alcuni rivoltosi erano in possesso di pistole: le sfoderarono e partì l'attacco. Corrado Alunni e Antonio Colia, spingendo avanti il povero Chianese, affrontarono le guardie, che all'interno del carcere sono disarmate, e si fecero consegnare le chiavi dei primi cinque cancelli verso l'uscita. Ma al sesto cancello c'è un cambio di scena: la guardia Enrico Tammone si rifiuta. Gli sparano addosso e si aprono la via verso l'ultimo portone, quello di piazza Filangieri. Cinque detenuti hanno già rinunciato all'azione. Ne restano dodici. La guardia al portone di uscita si chiama Giuseppe Tumminelli. Lui è il solo a essere armato. Si scatena un conflitto a fuoco. Un altro detenuto si arrende. Gli undici che rimangono si dividono in tre gruppi fuori del carcere. Li comandano Vallanzasca, Rossi e Alunni. I primi due vengono subito feriti, Alunni resiste rifugiandosi dietro alcune macchine in sosta, ma viene raggiunto da una sventagliata di mitra. Quando arriva al Fatebenefratelli sembra spacciato. Ma se la caverà.

Antonio Colia, intanto, entrato in un'abitazione di via degli Olivetani, prende in ostaggio una donna, Rosa Azara, di cinquantadue anni. È un tentativo disperato e privo di sbocchi. Poco dopo viene snidato dal capo della squadra mobile Pagnozzi che lo aveva già arrestato otto volte: «Non sparate, mi arrendo». Dopo pochi minuti, davanti al commissario Achille Serra (oggi prefetto di Roma) Colia chiede di Vallanzasca, temendo che sia morto: «Come sta René?». Il bel René deve essere operato alla testa. E si ribella dinanzi a un infermiere che, rasoio in mano, deve infierire sui suoi bei capelli.

Da un resoconto del «Corriere della Sera», firmato da Ferruccio de Bortoli (allora cronista e diciassette anni dopo direttore del giornale) e Antonio Trivulzio, estraggo uno sfogo della moglie di Vallanzasca, piombata al pronto soccorso dell'ospedale: «Che cosa potevate aspettarvi, se non un'evasione? Tre anni di isolamento fanno impazzire chiunque: tanti ne ha subiti il mio René. Le carceri italiane sono peggio di quelle dell'Iran». E le evasioni di Vallanzasca continueranno, fantasiose e incredibili. Sino ai tempi, senza ritorno, del suo tramonto. Oggi René è un nome sbiadito e lontano.

Dopo quell'aprile del 1980, da San Vittore non era più scappato nessuno sino all'agosto del 2003. Un oscuro «magnaccia» albanese, un buco nel muro consunto della cella, un paio di lenzuola annodate, un volo alla Tarzan tra i rami di un albero. Repertorio da evasioni antiche e romantiche, nulla a che vedere con l'azione di guerra di Vallanzasca. Ma il bel René è uscito anche dall'aneddotica del carcere milanese. Non è più l'ultimo tra quelli che lo hanno sfidato.

Comandante Moscariello, era così terribile San Vittore in quegli anni Ottanta? Il mio interlocutore china il capo: «Era ancora duro, disumano, invivibile anche per noi. A parte le strutture ambientali, che sono precarie o addirittura disastrose anche oggi, il clima era terribilmente teso: dava il senso di un'oppressione totale nella quale tutti i detenuti erano coinvolti alla stessa maniera, i rispettosi e i prepotenti. Era un carcere che generava solo rabbia non incoraggiando, anzi stroncando, ogni anelito di speranza. La prima riforma penitenziaria che introduce le misure alternative al carcere e il lavoro esterno è del '75, ma è rimasta sulla carta per undici anni, sino al varo della legge Gozzini nell'86. Queste leggi, in sintonia con la costituzione, offrono in pratica una possibilità concreta di reinserimento sociale al detenuto che si comporta bene. È un carcere diverso, non avulso dalla società. E dico questo, a prescindere dalla grande apertura mentale del nostro direttore Pagano e da quello che viene definito lo spirito di San Vittore.

Ormai, nel pieno del viaggio, mi considero un testimone di questi cambiamenti e soprattutto di quel soffio di speranza che anima la vita del carcere. Ma in questo San Vittore denso di umanità sopravvivono ancora squarci di Medioevo. C'è una difformità irridente, offensiva tra un raggio e l'altro. Tra le celle dei dannati del sesto o del quarto raggio e gli appartamenti carcerari del terzo. Comandante, che cosa ne pensa? «Penso che il terzo raggio è un'isola felice. È concepito addirittura per ospitare un detenuto per cella. Noi gliene mettiamo due. Il resto è inaccettabile. A quelli che sostengono la demolizione di San Vittore, io dico: non c'è bisogno, può essere ancora un carcere efficiente, vivibile, bene attrezzato. Basta ristrutturarlo. Tutti i raggi come il terzo. Presto lo sarà il quinto, dove si sta lavorando. E poi bisogna ricordare che San Vittore è nato per un massimo di ottocento detenuti. Oggi, con un raggio chiuso, ce ne sono più di millecinquecento. In altre epoche abbiamo superato i duemila. Neanche il carcere più bello e moderno resiste nella sua dignità se gli metti mille detenuti in più. Che sono esseri umani.»

Personalmente considero vigliacca l'idea di una demolizione di San Vittore. Emarginare, cancellare, esulare, dimenticare, fingere, ignorare, speculare: i verbi che avvolgono il progetto appartengono tutti alla vigliaccheria, non al progresso, alla civiltà. Ma queste cose non gliele dico al comandante Moscariello. Temo di metterlo in imbarazzo. Lui è un operatore carcerario, non un politico. La chiacchierata si è fatta lunga e pesante. L'ispettore capo Mario De Michele entra più volte con delle carte da firmare e una faccia ammonitrice.

Ma ecco, ci viene in soccorso padre Pio. Bussano alla porta e un agente introduce Saverio Sergi, l'artista prodigio di cui abbiamo parlato, un giovanotto calabrese, in maglietta e bermuda, capelli cortissimi, sorriso aperto.

Moscariello indica il ritratto ligneo del frate e gli dice: «Ne' guaglio', l'hai fatto tu questo padre Pio, bravo, bravo davvero. Il signore qui presente voleva conoscerti».

Saverio Sergi lo guarda sorpreso: «Comandante, grazie per l'onore. Ma quella non è opera mia. Il quadro l'ha fatto Antonio, ricorda?, Antonio Parisi. Gliel'ha regalato lui...».

Moscariello resta un po' sorpreso, poi china il capo e si scusa con me: «Cosa le avevo detto? Dopo trentacinque anni di San Vittore, ho una certa confusione in testa. Capirà, con tutte le persone che mi sono passate davanti...».

Il colpo di scena sfuma in allegria. Ma dov'è adesso questo Parisi, l'artista vero?

Risponde Saverio Sergi: «Antonio è fuori, beato lui. Aveva una sessantina d'anni di carcere, poi tra un appello e uno sconto, se l'è cavata con dieci. Lo conosco bene. È calabrese come me». Sorride, forse l'ha sparata un po' grossa.

E tu, a che punto sei, Saverio? «È lunga, dottore, molto lunga.»

Il giovanotto saluta rispettosamente e se ne va, portandosi dietro un odore di 'ndrangheta. Padre Pio, dal suo ritratto di legno, mi lancia il suo ultimo sguardo. Più severo che dolce: «Giornalista, impicciati degli affari tuoi...».

XXXVII

CON I DETENUTI GIORNALISTI

Sono le 11.30. A quest'ora cominciava la riunione mattutina alla «Gazzetta dello Sport» per l'impostazione del giornale. Vi partecipavano i capi di ogni settore. Il fumo si tagliava con il coltello e il grande Bruno Raschi, cantore e poeta del ciclismo, unico astemio della brigata, dopo venti minuti si alzava, chiedeva scusa, salutava e usciva. L'aria era proprio irrespirabile. Poi, piano piano, siamo entrati nella civiltà, scoprendo che si poteva sopravvivere per un'ora e mezza senza sigarette. Oggi i giornalisti fumatori sono allo stremo: trovano un misericordioso spazio in quella che io, fumatore pentito, chiamo la «sala degli appestati». Nessuna pietà. O in quel rifugio o nulla.

Sono le 11.30 a San Vittore. La redazione di «Magazine il due», il giornale principale del carcere, si trova al quarto piano del penale e il suo direttore ha convocato lo staff in omaggio all'ospite. C'è chi lascia la cella, chi sospende il lavoro, chi ritarda l'arrivo per completare un colloquio. Qui si fuma senza limiti. Le parti si capovolgono: o accetti o te ne vai. Il direttore è una signora «esterna» di gran temperamento, lombarda esemplare per quanto riguarda l'efficienza, ma con l'aria di un bel Meridione stampata in faccia, sulla pelle e nei capelli nerissimi. Non fai in tempo a indovinare. Lei ti anticipa: «Puglia, da lì sono arrivati i miei genitori». È una giornalista molto quotata e si chiama Emilia Patruno. Ha lavorato al «Secolo XIX» di Genova, poi per le rubriche televisive di Enzo Biagi e Franco Iseppi e dal 1989 è redattrice di «Famiglia cristiana», settimanale diffusissimo e ben disposto ai temi che la Patruno predilige.

«Ho sposato un marito già padre, non abbiamo altri figli, San Vittore è la palestra del mio lavoro e della mia vita. Per chi vive lontano da qui, è difficile crederlo: il carcere ti prende, ti conquista, diventa una specie di droga. Le rare volte in cui rimango lontana per un periodo di dieci giorni avverto una crisi di astinenza. Un detenuto mi ha detto: "Tu sei innamorata di noi". Dopo quattordici anni di San Vittore, non mi sento di escluderlo.»

Al tavolo c'è un altro collega «esterno»: Emilio Pozzi, uomo di cattedra, colto e paziente, che conobbe questo carcere, diciassettenne, da partigiano. Insegna alla Scuola di giornalismo di Milano e all'Università di Urbino e presiede la commissione culturale dell'Ordine. A San Vittore tiene dei corsi denominati «Approccio al giornalismo». Pochi ci crederanno, ma circa settanta detenuti fanno domanda di ammissione e almeno venti vanno avanti. «Al di là dell'interesse specifico,» spiega Pozzi «qui c'è il problema del tempo da occupare, c'è l'invenzione obbligatoria di qualcosa come mezzo di sopravvivenza, ma devo anche dire che alcuni detenuti scoprono di possedere qualità a loro ignote. Uno di questi lo vedrai più tardi: si chiama Ivano, è la forza propulsiva dei nostri giornali, lavora come un matto, sa scrivere bene e "prima" non lo sapeva.»

Emilio Pozzi cura un bollettino del carcere che esce ogni settimana. Si chiama «Il due notizie». Poco più che un ciclostile, ma un mezzo di comunicazione prezioso, che tiene vivo un filo sottile di solidarietà tra i diversi raggi. Nel numero che ho davanti viene spiegata la legge Gozzini (quella che ha introdotto la meritocrazia carceraria) e trova un piccolo spazio anche il saluto a Marco Medda che faceva parte della redazione ed è stato trasferito «senza nessun apparente motivo» nel carcere di Monza.

Medda, come ho raccontato, ha già trent'anni di detenzione alle spalle. Ha sposato Morena, un'altra ospite di San Vittore. La sua storia occupa un vasto capitolo di questo libro e mi pareva potesse concludersi presto con il pieno recupero di un uomo che era perduto. Il trasferimento a Monza interrompe un processo lento e proficuo in cui lo spirito di San Vittore aveva svolto un ruolo importante. La notizia mi ha molto rattristato.

«Magazine il due», «Bollettino del due»: sento il dovere di dare subito una spiegazione. Cos'è mai questo «due»? Me lo sono chiesto anch'io. I vecchi milanesi sorrideranno dinanzi a tanta ignoranza. Il «due» è il numero civico del portone d'ingresso di San Vittore, in piazza Filangieri. Quando si parla di un delinquente arrestato, i tradizionalisti milanesi dicono ancora: «L'è finì al dü».

Ma è tempo che vi presenti lo staff giornalistico del nostro carcere che nei quotidiani si chiamerebbe «ufficio centrale». C'è un coordinatore che mantiene i contatti con le diverse celle e raccoglie le notizie da sottoporre alla direzione. È un uomo sui cinquant'anni, dall'aria paciosa e soddisfatta di un commerciante di granaglie i cui affari vanno bene. Un uomo di panza e di sostanza, come si dice dalle sue parti. Ma è stata una merce ben diversa dalle granaglie a rovinarlo. Si chiama Giuseppe Calabrò, calabrese della Locride, nato a San Luca. «Con una disgrazia,» spiega «quella di essere chiamato Peppe, con la P, e non Beppe con la B.» Cos'è, un enigma? No, c'è di mezzo un pentito. Quella P sarebbe stata decisiva per il suo riconoscimento. «Una storia incredibile nella quale è stata coinvolta anche la polizia tedesca. Mi sono preso una condanna a sedici anni per importazione di droga, di cui dieci già scontati. Se ne parlo divento matto.» Una storia nebulosa, come tante se ne sentono in un carcere.

Sedici anni per importazione di droga. Signor Giuseppe, dovevano essere grandi quantità? «Lasciamo perdere, ormai è cosa vecchia. Io ho ritrovato un equilibrio. Parliamo del giornale. Mi sono affezionato a questo lavoro. Spendo qui il mio tempo, ci credo...» La rabbia per quella maledetta P sembra un po' sbollita.

Alla mia destra siede un uomo, milanese di Puglia, che ho incontrato più volte a San Vittore e sin dall'inizio mi ha salutato in modo confidenziale. Scavo a fatica nella memoria. E lui entra a valanga nel mio imbarazzo: «Ma come, non ti ricordi? Abbiamo lavorato tanti anni sotto lo stesso tetto, nella stessa azienda, in via Solferino, nello stabilimento dove si stampano il "Corriere della Sera" e la tua "Gazzetta dello Sport". Ricordo quando sei diventato direttore, all'inizio del 1983. Sono Ludovico, Diego Ludovico, tipografo. Ero addetto alla preparazione. Quante notti frenetiche, quanta fretta, che belle pagine. Era la nostra vita. Poi sono andato in pensione. Ora ho sessantacinque anni ed eccomi qui». E tira fuori nomi di colleghi, aneddoti vari, storie che odorano di tipografia. E quasi si commuove.

In tanta confidenza, chiedo cosa abbia portato in galera questo compagno di lavoro. Ma devo essere proprio in giornata-no e mi prendo il secondo rimprovero: «Te l'ho già raccontato» sbotta Diego «quando ti ho visto la prima volta a San Vittore e mi sono chiesto cosa ci facesse Cannavò nel carcere. Ho ucciso mia moglie e non ti dico in che modo... Dopo quarant'anni di matrimonio. Tutto qui. È avvenuto nel '97. Sedici anni e quattro mesi, mi sono preso. Ne ho già scontati sei. Questo impegno nel giornale mi piace. Sono pratico nell'uso del computer, compongo testi e titoli, impagino: è il mio mestiere. Ma spero di lavorare presto fuori, con l'articolo 21, magari in una tipografia».

Che senso ha uccidere la moglie dopo quarant'anni di matrimonio? È una battuta di pessimo gusto e me ne pento subito. Diego Ludovico allarga le braccia: «Non ne potevo più, la situazione era divenuta insostenibile, ho perso la testa, ho vissuto tre minuti terribili in mezzo a quel sangue. Poi, quando ho ritrovato la ragione, mi è parso di vivere un incubo spaventoso, lontanissimo da quella realtà nella quale ero sprofondato. Mi sono dato cinquanta coltellate addosso, ma non ce l'ho fatta a morire: sono vivo, come vedi».

Diego Ludovico è attivissimo. Oltre a lavorare nei giornali del carcere, si cimenta in avventure poetiche. Un componimento lo ha dedicato alla «sbobba», il mitico, ributtante pasto della letteratura carceraria. Dopo averla mortificata come «colla che fa perdere la voglia», le rende omaggio nel finale, immaginando il giorno della libertà: «T'amo sbobba, se son chiuso / ma non ora che non sono più recluso». Credo onestamente che l'arte del tipografo prevalga su quella del poeta.

C'è un distinto signore al nostro tavolo. Indossa una tuta. Ha parlato poco, ma esprimendo concetti severi e appropriati. I capelli lo hanno abbandonato da un pezzo e la sua pelata contrasta con i folti baffi. Due occhi chiari, sessantasei anni portati benissimo, potrebbe essere un attivo professore in pensione o, se si tagliasse i baffi, un parroco di campagna, magari un monsignore.

Ma questi miei pensieri lo farebbero inorridire: «Mi chiamo Marcello Ghiringhelli: Brigate Rosse, ventun anni da scontare, quattro o cinque evasioni all'attivo, non ricordo bene». E lo dice con il tono di uno di quei vecchi colonnelli che rievocano le loro campagne di guerra e le medaglie.

Mi stupisco che ci siano ancora brigatisti in galera, quando ormai i capi storici sono tutti fuori. Ghiringhelli mi corregge: «Ce ne sono ancora tanti dietro le sbarre. Facciamo un centinaio. Io avevo esaurito la prima condanna nell'80. Ma, appena fuori, rientrai nell'organizzazione. Facevo parte del comitato centrale. Venni arrestato e i tempi del carcere si allungarono. Ma forse sarei libero se non ci fossero state di mezzo le evasioni. Alcune veramente clamorose. Una volta, pensa, scappai in gommone da Pianosa. Che te ne pare? Mi hanno trasferito da un carcere all'altro, ho perso il conto».

La mia ingenua immagine del parroco di campagna è già cancellata. Ghiringhelli ha un aspetto mite, un tono di voce gentile, idee chiare («Anche se non ho istruzione»), lavora da volontario in carcere senza problemi, si è inserito bene nel gruppo del giornale, propone temi interessanti, ma quando i suoi pensieri rimbalzano fuori del carcere si scontrano con la solita «società di merda in cui viviamo».

In attesa che arrivi Ivano, il punto di forza della redazione, Emilia Patruno mi mostra gli ultimi numeri di «Magazine il due». È un'elegante rivista trimestrale, ben confezionata, ricca di prestigiosi collaboratori e di temi interessanti. La signora direttore mi comunica una novità rivoluzionaria: «Questa pubblicazione ha, indubbiamente, avuto un ruolo importante ma è rimasta in un circuito chiuso: il carcere, gli addetti ai lavori e pochissima diffusione all'esterno. E allora abbiamo fatto un bella pensata: quella di un giornale elettronico. La rivista esce da San Vittore riversata in un dischetto, perché dal carcere ovviamente non si può accedere alla rete, e si trasferisce sul sito Internet www.ildue.it. Ora possono leggerla in tutto il mondo. Non abbiamo limiti di spazio. Un salto enorme che risponde anche a una esigenza vitale della politica penitenziaria: portare all'esterno la vita del carcere, le sue problematiche, far conoscere i suoi piccoli patrimoni di intelligenza e di umanità. Il nostro è stato il primo sito carcerario d'Italia. Poi sono venuti quelli di Padova e Aversa. Ma l'elettronica non ha cancellato la carta. San Vittore è presente nelle iniziative editoriali di "Terre di mezzo", ha una rubrica settimanale nella rivista "Donna", grazie a Daria Bignardi. E inoltre curiamo saltuariamente altre pubblicazioni come questa che ti mostro».

Il libretto che mi arriva in mano è intitolato *I pugni nel muro*, linguaggio e frammenti di vita dei detenuti. C'è anche una sorta di glossario del carcere. Pesco a caso: «saltabanconi» sta per rapinatore di banche, «fresca» è il denaro contante, «fumato» è uno che è stato fatto fuori, «nasca» uno sniffatore dalle enormi narici, i «fratelli Branca» sono i carabinieri. La nomenclatura è vasta, fantasiosa: «taccagno» è un coltello, «zanza» uno spregevole truffatore, «zapa» appartiene allo slang femminile e significa traditrice. La redazione lavora su fronti diversi. È in uscita un cd dal titolo *Avanzi di galera*: ricette culinarie, consigli di igiene alimentare, norme penitenziarie, istruzioni varie, come si costruisce il «cartoccio», che è una sorta di fornello realizzato con un giornale.

Ma eccolo, finalmente, questo Ivano prodigio. Ha avuto un colloquio con i suoi genitori, che vivono a Corbetta, non lontano da Milano, ed è di buon umore. Attorno alla signora direttore, lo staff si completa. Riepiloghiamo. Un importatore di droga, un uxoricida, un terrorista: mancava un rapinatore. È arrivato. Per la verità, c'è ancora un posto vuoto: spetterebbe a Vladimar Andrade Silva, un brasiliano transessuale che vive la tragedia di un corpo maschile estraneo alla sua vera natura di donna. La sua cella si trova nel famigerato secondo piano del sesto raggio. Mi assicurano che scrive bellissime poesie.

Ivano Longo si presenta così: «Ho quarantun anni e ben diciassette li ho trascorsi in galera. Tossicodipendente da ragazzo, specialista in rapine. Sono sieropositivo da dieci anni e ho l'Aids da quattro. Ma, come vedete, sto benissimo, lavoro come un matto e soprattutto con estremo piacere». A ripercorrere brevemente la sua vita, si deduce che il carcere non sia la parte peggiore. «Ho cominciato col fumo, poi a sedici anni sono passato all'eroina per finirne schiavo. Per procurarmi la roba occorrevano soldi, tanti soldi. Sono diventato rapinatore senza appartenere a nessuna banda: rapinatore solitario, direi anche uno specialista. Genere preferito, le banche. Anche due al giorno, in zona o fuori zona. Se non sbaglio i conti, ho compiuto diciassette rapine, quasi tutte andate a buon fine, senza spargimento di sangue. Avevo messo insieme anche un bel gruzzolo e decisi di comprarmi una casa. Era il giorno di Pasqua e portai la mia ragazza a Como per concludere l'affare. Deve esserci stata una spiata. Mi arrestarono e mi trovarono addosso i soldi destinati alla casa. In carcere c'ero già stato. Questo fu l'ultimo atto: undici anni e quattro mesi. Ne ho già scontati quattro e mezzo. Sa cosa le dico? A San Vittore ho scoperto una mia seconda personalità. E da quando so di avere l'Aids mi sento addosso una straordinaria voglia di vivere.»

Ma come nasce questo redattore Ivano, punto di forza del giornalismo carcerario? «Entrato a San Vittore, mi sono detto: se mi lascio andare, muoio. Ho reagito, ho fatto il bibliotecario volontario. Poi c'è stato questo corso di giornalismo e mi sono buttato a occhi chiusi. Cercavo ogni tipo di esperienza per sopravvivere. Ebbene, qui si è verificato qualcosa di prodigioso: ho scoperto di avere attitudine alla scrittura. Non solo, ma di avvertire un sempre maggior piacere di scrivere. E allora ho deciso di esplorare questo istinto, di studiare, di leggere, di imparare.»

Emilia Patruno lo ascolta beata. Ci ha messo del suo. L'uomo malato ed entusiasta che le sta a fianco poteva essere un relitto. È rinato. Interviene Diego, il tipografo: «Ivano, fa' vedere quello che hai scritto per il secondo anniversario dell'11 settembre». Ma ci pensa lui stesso: va al computer, si destreggia con abilità tra i diversi files e tira fuori un foglio dalla stampante. L'articolo di Ivano ha passaggi scolastici, ma il finale sale di quota: «Ancora mi chiedo come è possibile uccidere per un ideale religioso, quando la religione stessa diffonde l'amore per il prossimo. Abbiamo tutti un solo Dio, chiamato in modi diversi, ma sempre uno solo. Ricordo quell'astronauta che, guardando la Terra dalla navetta, disse: "Mi rendo conto solo adesso che siamo un popolo solo"».

A San Vittore c'è un altro presidio editoriale. Si trova al quarto piano del nuovissimo terzo raggio. Vi lavorano quelli della cooperativa La Nave, di cui abbiamo già apprezzato l'attività teatrale. Il loro giornale si chiama «L'oblò»: otto paginette dove si passa dall'editoriale al notiziario, dalle recensioni cinematografiche e televisive ai risultati sportivi dei tornei che si svolgono in carcere, tra i quali puoi trovare un Juventus-Arsenal 7-12 e un Milan-Inter 16-13. E poi l'immancabile poesia e un modulo da compilare per essere ammessi a un lavoro, quando c'è. Direttore de «L'oblò» è Renato Pezzini, mentre l'anima del giornale ha un nome femminile: Graziella Bertelli. Lavora come educatrice. È una signora elegante e colta, con marito e figli da crescere e con il carcere nel cuore.

Sfogliando le pagine del giornale, trovo un articolo triste, intitolato *L'amicizia.*

La nobiltà del sentimento s'incrocia, in trenta righe, con l'acre odore del tradimento. Guardo la firma. Accidenti, ancora lui: Ivano Longo, l'ex rapinatore solitario che abbiamo appena lasciato nella redazione di «Magazine il due». Lui non conosce confini: scrive anche per la concorrenza. Questa vocazione esplosiva, questa voglia di esprimersi, di liberare pensieri e speranze, mi affascinano. Il giornalismo ha tanti rimorsi, tante brutture da farsi perdonare, ma in carcere ha restaurato una persona. Il vecchio cronista Cannavò quasi quasi si commuove.

XXXVIII

IL GENIO DEI COMPUTER

«Ti do una buona notizia: a San Vittore è rientrato, da Opera, Pino Cantatore...» Non è una voce lontana, ma dell'ultimo ottobre, quando questo libro era quasi interamente scritto. Perché il ritorno di un detenuto nel carcere di vecchia appartenenza è «una buona notizia»? Faccio un flashback e lo racconto.

Era un giorno del '97, o forse del '98. A San Vittore avevano installato alcuni computer ed era cominciato un corso per i detenuti che ne avessero voglia. Io guardavo ammirato un giovanotto alto, possente, con una faccia che puoi incrociare su un marciapiede di Beverly Hills. Si destreggiava agilissimo da un computer all'altro, dando istruzioni, correggendo errori, regalando suggerimenti. L'uso dei computer non era ancora diffuso e familiare come adesso, figurarsi poi in un carcere: ma lui digitava sulle tastiere a occhi chiusi, con passione istintiva e perizia da maestro.

A un certo punto, si staccò dai suoi allievi e mi disse: «Guardi che casualità. Non sapevamo della sua visita, ma abbiamo appena completato un software che la riguarda, ricavato dal magazine della sua "Gazzetta". Ne è venuta fuori una guida telematica del Mondiale di Formula 1. Nel video c'è tutto. E di volta in volta potremo aggiornare le statistiche, le classifiche, le pole position, i giri veloci. Una banca dati in piena regola. Credo che questo lavoro potrà essere un'ottima credenziale per il nostro corso».

Mi congratulai con quell'ottimo e dinamico maestro e stavo per chiedergli da quale scuola specializzata arrivasse e quale illuminata autorità lo avesse destinato a guidare il corso di San Vittore. Ma a questo punto un'educatrice lesse l'equivoco che lievitava nel mio pensiero. Mi parlò all'orecchio: «Quel giovanotto non arriva da nessuna scuola: deve scontare due ergastoli».

Fu così, con una ventata di ammirazione e con un pugno nello stomaco, che conobbi Pino Cantatore. Era il tutor di quella scuola, primo caso di un detenuto che insegna ai detenuti. Stordito dal colpo di scena, rimasi a guardare in silenzio e non ebbi il coraggio di chiedere a quel ragazzone pieno di talento e di vita quale diavolo avesse incontrato sulla sua strada per finire nell'inferno di due ergastoli. Me ne andai e, come avviene per certi motivi musicali dai quali non riesci a liberarti, nella mia mente si agitava, persecutorio, un amaro pensiero: «Ma com'è possibile, ma com'è possibile...».

È passato tanto tempo. Ogni tanto pensavo a quel ragazzo. Quando, all'inizio del 2003, decisi di immergermi nell'avventura di questo libro, chiesi di Pino Cantatore. Sarebbe stato bello cominciare il viaggio decifrando la sua storia. Ma Luigi Pagano mi disse: «L'hanno trasferito a Opera, peccato». E il tono era quello di chi prendeva atto di una ricchezza perduta. Ogni carcere ha bisogno di uomini speciali anche se purtroppo hanno compiuto dei gravi delitti. Pino era uno di questi.

Fine del flashback.

«Si sieda, signor Cannavò. E scusi se qui regna una spaventosa confusione. Capirà, non abbiamo un attimo di sosta...» Nella segreteria di San Vittore c'è un viavai di persone e di pratiche. La confusione è davvero tanta, ma Lina Drago, la signora che siede al centro della sala, la governa con l'aria di una comandante gentile ma inflessibile. Una battuta allegra e un ordine perentorio. «Un po' di pazienza, signor Cannavò, adesso la faccio accompagnare da Simone.» Napoletana anche lei? «No, sono nata a Scicli, in provincia di Ragusa. Mezza siciliana, un po' napoletana, mezza romagnola e tanto milanese. Da ventiquattro anni piantata qui, a San Vittore.» Io mi godo in piedi la scena animata da idiomi diversi, dialetti e lingue latine, ma capisco che se non mi siedo, la signora magari si offende.

«Ecco Simone, finalmente. Ma dove ti eri cacciato?» Poi, rivolta a me: «Le presento il sovrintendente Simone Porru». Una stretta di mano e in marcia: sesto raggio, terzo piano. Là è sbocciata la grande novità del carcere, una novità assoluta per l'Italia, per l'Europa, forse anche per il mondo: un call center in piena regola. La Telecom ha scelto San Vittore per questa iniziativa che apre grandi prospettive nel mondo del lavoro sia per il presente dei detenuti sia per il loro inquietante «dopo». Ispirata dall'instancabile Pagano, l'idea l'ha avuta Massimo Moratti, che nel vecchio carcere milanese chiamano «San Massimo». Tronchetti Provera, presidente di Telecom, l'ha raccolta e messa in atto. Il direttore del carcere ha fatto il resto e ne è giustamente fiero, ma bisogna leggerlo nei suoi occhi: lui non dice una parola. Nel giorno dell'inaugurazione anche Tronchetti Provera era commosso. E persino il ministro Castelli parlava con spontaneità incisiva, senza la solita fredda minestra di parole.

Il sovrintendente Porru mi accompagna con lo stile professionale di una guida turistica: «Dal cognome» dice «avrà capito la mia origine altoatesina...». E si fa una bella risata sarda.

Nel salone del terzo piano, attrezzato a tempo di record, ci sono venti computer già collegati con il circuito nazionale della Telecom. Un utente che componga il 12 per chiedere un'informazione sarà intercettato dal primo operatore libero: può quindi teoricamente imbattersi sulla linea e sul video di un detenuto che, ricorrendo alla banca dati, gli fornisce le notizie richieste. L'elettronica abbatte per qualche minuto le mura del carcere. Il detenuto dialoga con uno sconosciuto, che può chiamare da qualsiasi parte d'Italia: non esistono problemi di sicurezza, c'è invece un gran simbolismo in questa rigenerante e rivoluzionaria iniziativa. In Italia sono attivi settantatré call center della Telecom, più questo di San Vittore. Al quale assegno subito una medaglia. Già si parla di un call center carcerario per la Rai.

Il fervore lavorativo che regna nel salone è proprio entusiasmante. La Telecom ha inviato cinque formatori-supervisori. Due donne, Lorena e Maria, e tre uomini, Antonio, Uberto e Luigi. È il loro ultimo giorno. Missione conclusa: domani se ne andranno e lo dicono con un certo rimpianto. La loro familiarità con i detenuti non mi meraviglia: il carcere accelera i sentimenti, li spoglia di ogni corteccia protettiva. Maria mi dice: «È il più bel lavoro che abbia mai fatto. Si sono iscritti in trenta. Li abbiamo divisi in due turni. Ormai il lavoro è bene avviato». E Lorena aggiunge: «Penso con gioia che, quando questi ragazzi usciranno dal carcere, avranno una grande possibilità di impiego. I call center stanno sorgendo dovunque».

Al centro della scena, destreggiandosi tra un computer e l'altro, c'è lui, come il giorno lontano in cui lo conobbi: Pino Cantatore, con i suoi due ergastoli addosso – uno dei quali ridotto a quattordici anni –, la sua struttura atletica di discobolo ancora intatta e qualche capello bianco. Gli istruttori se ne vanno, lui assume la guida: è stato nominato responsabile di tutta questa operazione telematico-carceraria.

Mi guarda, mi saluta con slancio, si apre a un malinconico sorriso e dice: «Si ricorda?». E io: «Certo che mi ricordo. Quando vuoi che parliamo della tua storia?». E lui: «Quando vuole lei, qui il tempo non manca».

Pino Cantatore, rientrato da Opera, è stato destinato al penale, insieme con i detenuti sottoposti a condanne definitive. Accompagnato dal solito sovrintendente Porru, lo intercetto in un corridoio a pianoterra. Saliamo insieme due piani di scale, diretti verso una saletta dove potremo parlare tranquilli, guardati a distanza. Conosco il posto, vi ho incontrato altri detenuti, tra i quali il filosofo Duchini e l'ormai prossimo dottore in scienze politiche Maurizio Salvatore Agosta. Adesso c'è solo Tarek, il pittore tunisino, che mi mostra le ultime opere. Le pareti sono ricoperte delle sue volenterose creazioni artistiche: immagini oniriche, colori sanguigni. Arrivano alcuni detenuti a prelevare un tavolino. Lo piazzano nel corridoio dove comincia una di quelle eterne partite a carte che servono ad ammazzare il tempo e la noia, come avviene davanti alle pensioni nelle stazioni termali.

Pino, da dove comincia la storia di un uomo pieno di qualità che si prende due ergastoli? E Cantatore comincia il racconto con un atto di sincerità: «Non ci sono vizi ereditari, non posso incolpare l'ambiente. Sono cresciuto a Varese in una famiglia normale. Mio padre lavorava all'Aermacchi, nella galleria del vento. Ho un fratello che gestisce un centro estetico a Chiasso e due sorelle, Filomena e Lia, che vivono ancora in casa. Io sono il figlio maggiore. Non ero male. A sedici anni, nel '74, quando i computer erano una rarità, ho conseguito il diploma di programmatore elettronico. Tutto mi riusciva facile con questo mezzo del futuro. Anticipavo i tempi. Ma la vita è strana. Sono stato attratto dalla trasgressione, dal denaro facile, dalla delinquenza. Ho cominciato con i furti d'auto, poi un gradino alla volta:

dalle rapine sino a un reato di associazione criminale che sconvolse la mia vita. Quasi undici anni di carcere. Cominciò nel 1980, in Toscana: Volterra, Porto Azzurro. Ero un delinquente, uscii peggiorato. Il carcere di allora non aveva nulla di civile e di umano, non aveva scopi, non si coltivava alcuna speranza di recupero, era una giungla dominata dal più forte. Le associazioni camorristiche o mafiose dettavano legge. Quando nel luglio del '91 lasciai il carcere, ero letteralmente avvelenato. Mi buttai di nuovo nella mischia. Roba grossa. Ha sentito parlare della banda dell'Autoparco di via Salomone a Milano? Io c'ero in mezzo. Fui coinvolto in due delitti. Venni arrestato nel '93. Rimasi in galera sino al 2000 ed è quello il periodo in cui io e lei ci siamo conosciuti. Avevo due ergastoli addosso, poi un pentito fece marcia indietro, si attribuì uno dei delitti e il mio secondo ergastolo retrocesse a quattordici anni. Mi liberarono per decorrenza dei termini perché in sette anni i processi non erano arrivati alle sentenze definitive. Rimasi fuori per otto mesi. Avevo promesso di non scappare. Ho rispettato l'impegno. Venni di nuovo arrestato nel 2001: primo carcere Monza, poi Opera. Tutto da capo. Regime di massima vigilanza».

Pino sospira: «La chiamata a San Vittore per questo call center è stata per me una benedizione. Mi hanno nominato responsabile del progetto. Darò l'anima: per me e per gli altri. In questo carcere c'è uno dei due uomini che, al di là delle mie gravi colpe, hanno ridato dignità alla mia vita: Luigi Pagano. L'altro è un assistente sociale che ho perso di vista. Mi hanno semplicemente fatto capire, e non soltanto a parole, che anche in una vita sbagliata come la mia c'è sempre spazio per recuperare. Ci sto provando, ci spero, il Pino di una volta non esiste più: l'ho seppellito io stesso».

Il sovrintendente Porru sta chiacchierando nel corridoio con alcuni colleghi. Ricompare per un breve saluto il tipografo Diego. Nel corridoio la partita a carte è cominciata da un bel po'. Spezzo una lunga pausa: Pino, hai il senso e la dimensione di quello che hai bruciato?

«Ho quarantacinque anni. Ne ho trascorsi ventuno in carcere. Mi volto indietro e penso: avrei potuto essere un tecnico, un dirigente, avevo sin da ragazzo il computer nel sangue, tutto mi riusciva naturale. Negli otto mesi in cui sono stato libero, mi è stato offerto anche un posto alla Sony. Ho insegnato al Centro Vigorelli della Regione. I miei corsi erano frequentati dagli studenti universitari del primo anno di farmacia. Il computer è materia mia, sento di poter lavorare a ogni livello, di potermi rimettere in piedi. Dopo ventun anni di carcere, potrei sperare adesso in qualche beneficio: l'articolo 21, per esempio, un lavoro esterno tanto per cominciare. Magari in un call center di carattere sociale. Ho letto che la Maiolo vuole organizzarne uno comunale, a Milano, per gli anziani...»

Sento che Pino si arrampica su qualcosa di indefinito. Gli appigli si mostrano e si sgretolano in un futuro nebbioso e senza scadenze. «Non è certo» dice «che una condanna a vita duri soltanto trent'anni. Dipende dalla volontà dei magistrati. Ce n'è uno di grande intelletto, il dottor Nordio, che sta cercando di dare certezza alla legge sull'ergastolo.»

Sono cose lunghe e laboriose. Quello che è importante in un carcere, fuori non gode di alcuna priorità, forse neanche di alcuna considerazione. I detenuti come Cantatore lo sanno bene.

Ora anche i dipinti di Tarek sembrano diventati più tristi. Ma Pino vuol lasciarmi con un'immagine che è forse il caposaldo di ogni sua speranza. «Nell'intervallo tra le due mie grandi carcerazioni» racconta «ho incontrato la donna che sarebbe diventata mia moglie. Il matrimonio è stato celebrato dopo qualche anno, in carcere. Ci siamo uniti ed è nata Nicole, il nostro tesoro, la cosa più bella della mia vita. Ha undici anni. Io l'adoro.» Nicole? Da dove viene fuori questo nome? «Andavo spesso in Francia per ragioni di delinquenza. Mi incantava Parigi. E ho voluto renderle omaggio, dando un nome francese a mia figlia, al mio angelo.»

Ed è come se il volto di una bambina emergesse dal deserto dove Pino Cantatore, genio dei computer, ha seppellito la sua vecchia vita.

XXXIX

TANGENTOPOLI E LA «RIVOLTA» DI CUSANI

«Cusani, voi potete uscire dal carcere: vi hanno concesso gli arresti domiciliari...»

Era il 23 dicembre del '93 quando uno degli uomini-simbolo di Tangentopoli, il finanziere Sergio Cusani, aveva finito la sua detenzione preventiva. Era stato arrestato il 23 luglio e da quella data viveva in cella, prima a Opera poi a San Vittore, da cinque mesi. L'istruttoria era stata completata. Secondo il magistrato, non si potevano più inquinare le prove. Ci sarebbe stato il processo per i due capi d'imputazione legati alla vicenda Enimont: finanziamento occulto dei partiti e false comunicazioni di bilancio. Il sostituto procuratore Antonio Di Pietro, il Robespierre di quella stagione esaltante, infuocata e purtroppo anche illusoria, aveva allentato la sua morsa.

Ma proprio nel giorno del sollievo, ecco il Cusani che nessuno si attende. «Arresti domiciliari? Non se ne parla neanche. O mi liberano in attesa del processo o io non mi muovo da San Vittore. Non accetto mezze misure. Se sarò condannato, garantisco che tornerò in carcere con i miei piedi.»

Questo atteggiamento orgoglioso, atipico, provocatorio, lontano da ogni convenzione, può essere considerato il primo biglietto da visita di Sergio Cusani. In seguito avremmo conosciuto il risvolto rivoluzionario dell'unico personaggio di rilievo per il quale Tangentopoli si è tradotta in anni di carcere. A San Vittore ancora se ne parla.

Ma fermiamoci a quel 23 dicembre del '93. Con un pizzico di fantasia, provate a immaginare la scena. Sergio Cusani chiede udienza a Luigi Pagano. Sono campani entrambi, ma completamente diversi. Pagano resterebbe napoletano anche se trascorresse due secoli sulla Luna. È milanese nella testa, prussiano dinanzi alla legge, ma quando parla si pensa a un palcoscenico partenopeo: un incrocio tra espressioni pittoresche e coloriture musicali. Pensi a Eduardo e Titina, a Pupella Maggio, a De Vico, ai fratelli Giuffrè. Cusani, invece, è andato incontro a una milanesizzazione totale, interiore, espressiva, estetica. Manager da consigli di amministrazione. Non c'è musica nel suo linguaggio, ma idee solide, concetti freddi e implacabili, decisioni che non vanno discusse. «Caro direttore, io gli arresti domiciliari non li accetto. Le comunico che non lascerò il carcere...»

Pagano prima pensa a uno scherzo, poi reagisce istrionicamente: «Ma lei è impazzito? Io ho qui un ordine di ammissione agli arresti domiciliari. Come faccio a tenervi in galera? San Vittore non è una pensione. Preparatevi la valigia e buona fortuna...».

Sergio Cusani resta imperturbabile: «Capisco le sue ragioni, direttore. Ma i casi sono due: o mi liberano senza limitazioni o io da San Vittore non mi muovo. Ho detto a mia figlia di andare dall'avvocato Spazzali perché comunichi a Di Pietro questa mia decisione. Ne ho parlato anche con i detenuti del mio gruppo di lavoro. Ha capito, direttore? Non mi muovo».

«E io vi faccio cacciare con la forza, caro Cusani. Non posso accettare i vostri capricci...»

«E io, caro Pagano, mi barrico nella mia cella. E vediamo chi mi tira fuori. Oppure esco da San Vittore, attraverso via degli Olivetani, entro nel bar di fronte e commetto un reato. Mi faccio arrestare e torno qui da lei. Ho fatto cinque mesi di carcere preventivo, compreso il periodo di isolamento. Mi sono comportato correttamente. Sono stato leale con i magistrati. Ora sino al processo ho diritto a una libertà senza condizioni. Quando sarò condannato, verrò io a bussare alla sua porta, caro direttore, ancora prima che mi arrestino. Do la mia parola. Comprendo il suo imbarazzo, ma lei esponga queste mie istanze a chi di dovere. Io credo che Di Pietro e gli altri magistrati capiranno.»

Luigi Pagano finse d'arrabbiarsi, ma, se da un lato quell'uomo orgoglioso e inflessibile gli creava il più paradossale dei problemi, da un altro aveva conquistato il suo rispetto. Non so quale sia stato l'iter burocratico della vicenda. Immagino, anzi ne sono certo, che Pagano abbia dato qualche garanzia personale. Di Pietro si convinse che non c'era il rischio che quell'imputato corretto e leale si trasformasse in uno dei numerosi latitanti di Tangentopoli. Risultato finale: Cusani lasciò San Vittore, libero, senza arresti domiciliari. Affrontò i processi. Fu condannato a cinque anni e sei mesi. Nel novembre del '96, tre anni dopo la sua prima scarcerazione, onorando la parola data si presentò spontaneamente a San Vittore dove sarebbe rimasto sino al 2000.

Quando Pagano se lo ritrovò davanti, non aveva ricevuto ancora la notifica della sua condanna, né gli era stato comunicato l'arresto. Allargò le braccia come un perseguitato ormai stanco: «Ma Cusani, lei ce l'ha proprio con me. Come faccio io a mettervi in galera se non tengo un ordine di carcerazione?». Il duello tra quei personaggi piazzati su fronti opposti era appena all'inizio. Ma l'aria della sfida non fu mai acre. Peppone e don Camillo, i personaggi ritratti dalla fantasia di Guareschi, si affrontavano ogni giorno ma, in fondo, si strizzavano l'occhio, erano della stessa pasta. Pagano e Cusani pure.

A raccontarmi per primo questa storia è stato Luigi, il direttore. Poi l'ho riascoltata da Sergio, l'imputato, fingendo di non saperne nulla. La scenografia è rimasta identica nello sviluppo cronistico e nell'interpretazione. Identica anche la trama dei tanti litigi tra il rappresentante dell'istituzione, rigoroso ma aperto, e l'agitatore interno, il rivendicatore dei diritti, l'animatore del «Gruppo di trasgressione» e di una diatriba quotidiana che turbava l'ordine costituito del carcere. Non è stata una convivenza facile. Ma la lealtà non è mai venuta meno. E io, ascoltati i loro racconti, ho riunito il direttore di San Vittore e il reduce di quattro anni di carcere in un'unica immagine: due persone corrette. Una rarità.

XL

LA BANCA DELLA SOLIDARIETÀ

Il mio primo incontro con Cusani si svolse proprio nel carcere di piazza Filangieri. Io visitavo una cooperativa dove si realizzavano splendide lavorazioni in legno, lui era attivissimo con il suo gruppo di protesta e di lavoro. Un punto di riferimento. Girava ogni sera per le celle, prima della chiusura, a raccogliere un campionario di notizie, di istanze, di lamentele, di sofferenze. E si preparava a rovesciarle sul tavolo del direttore, oppure a sfruttare i suoi agganci esterni come megafono per i problemi del carcere. Cusani era un personaggio ingombrante. Lo inseguivano giornali e televisioni, faceva notizia. Enzo Biagi gli dedicò alcuni servizi. Gad Lerner organizzò con lui anche una trasmissione all'interno del carcere. Ornella Vanoni venne a cantare per i detenuti. Arrivò anche Chiambretti. Il finanziere amico dei potenti, il consulente di Gardini e di altri colossi dell'imprenditoria, a San Vittore diventava un sindacalista, un rivendicatore di diritti, una sorta di Robin Hood forte del suo status: stava pagando a testa alta i suoi peccati.

Ci perdemmo di vista, ma tra noi era nato un piccolo feeling sotterraneo. E nella vita, come sapete, non si spreca nulla. Un giorno Cusani mi telefonò. Era appena uscito dal carcere e mi fece una proposta che era il secondo biglietto da visita. Nella sua vita era entrato, attraverso una sorta di religione laica, il dogma della solidarietà. «Ti parlo» disse «a nome dei Fratelli dell'uomo. Lanciate con la "Gazzetta" una campagna in occasione del Giro d'Italia: mandiamo mille biciclette in Africa, nel poverissimo Burkina Faso. Biciclette qualunque, prelevate da una cantina, da un garage. Le ripariamo e le imbarchiamo su una nave. Non potete nemmeno immaginare l'immenso valore di una bicicletta in un villaggio africano. È l'unico mezzo di locomozione, è una risorsa preziosa di vita.»

L'idea mi piacque, il Giro la fece sua. Io salutai due ottime mountain bike che giacevano tristissime in un ripostiglio di campagna. Scattò l'operazione rosa. Mandammo davvero mille biciclette in Africa.

Il terzo Cusani della mia storia è davanti a me, incuriosito dalla nascita di un libro che lo riporta a una stagione dolorosa e intensa della sua vita, oggi trasformata in un patrimonio. È teoricamente tornato al suo mestiere. Un prestigioso tecnico finanziario e anche un benestante. Mi mostra con orgoglio un dettagliato e approfondito rapporto sulla situazione finanziaria della Fiat, commissionatogli dal maggiore sindacato italiano e redatto da un suo staff di esperti. Lui è, come si suol dire, una testa che conta e che funziona. Uomo impastato di finanza, certo, ma portato a esprimersi e ad agire, dopo il carcere, in una chiave completamente diversa rispetto al passato.

Sviluppando le basi di quella che ho definito la sua «religione laica», l'ex detenuto Sergio Cusani ha fondato la Banca della solidarietà. Nessuna operazione di credito tradizionale, ma servizi economici, consulenze aziendali, progetti gestionali ad alto livello da parte di un gruppo qualificato di esperti. E laute provvigioni destinate a finanziare progetti solidali di ogni genere in Italia e nelle zone misere del mondo. Bambini, anziani, piaghe di sottosviluppo: il programma è drammaticamente ricco. A quanto pare, questa strana banca ha una clientela sempre più vasta e felice di collaborare perché – sostiene Cusani, ed è vero – molta gente che guida grandi aziende, che gestisce potentati del mondo, che è ricca oltre misura, ha ormai scoperto che se c'è un guizzo di felicità nella vita è lottare contro le storture del pianeta, alleviare qualche sofferenza, battersi magari per una morale del profitto staccata dal bieco egoismo. Insomma, dare un senso etico alla propria fortuna.

Se ci pensate bene, è un concetto evangelico. Non credo che Cusani abbia scoperto qualcosa di nuovo o di rivoluzionario: ma è il Vangelo portato nel cuore di una banca e fornito, quindi, di tutta quella scienza, quella tecnologia, quei supporti e quei contatti che un'operazione di solidarietà richiede per diventare penetrante, tempestiva e incisiva.

Ma mi sono quasi scordato del Cusani di San Vittore che è il padre naturale del Cusani di oggi. L'èra di Tangentopoli è ricca di uomini importanti che hanno ceduto psicologicamente all'impatto col carcere. Sergio ha ricordi ancora freschi: «Dopo l'arresto, il 23 luglio del '93, mi portarono a Opera, forse volendo privilegiare uno dei cosiddetti imputati eccellenti. Ma in quel carcere moderno e asettico rimasi soltanto tre giorni. Non collaboravo. Venni trasferito a San Vittore e penso che lo abbiano fatto con un intento punitivo dovuto, appunto, alla mia non collaborazione con i magistrati. In realtà, fu tutto l'opposto. A Opera mi sembrava di affondare nel cemento e nella solitudine. Avevo l'impressione di trovarmi in un manicomio. San Vittore, rispetto a Opera, è una Napoli rispetto a Losanna. Io venni attratto dalla concitazione del carcere milanese, mi trovai immerso in una vita che, seppure in un istituto di pena grande, problematico e famoso, continuava a scorrere. Posso ben dirlo: San Vittore mi ha salvato. Venni collocato al pianterreno del sesto raggio, settore sottoposto ad alta sorveglianza. C'era stato il suicidio dell'ingegner Cagliari e temevano che io potessi seguire la stessa strada. E invece accettai quel panorama nuovo della mia vita e gradatamente mi inserii in quel circuito di umanità che ti aiuta ad andare avanti, anzi a metterci qualcosa di tuo».

Cusani non rinnega nulla. Arricchisce di colore ambientale il suo revival carcerario: «Ero in cella con un piccolo spacciatore e con un vecchio lupo della mala. Ci intendemmo presto. Capii che mi avevano accettato quando mi aiutarono a preparare la branda e mi insegnarono a fare i nodi nel lenzuolo e a gestire piccoli rapporti quotidiani. Cultura da carcere, così come l'uso del fornelletto, la preparazione degli spaghetti al pomodoro. Mi tuffai nel lavoro. Mi destinarono da volontario all'Ufficio ubicazione: registravo i detenuti, aggiornavo le loro schede e i loro spostamenti. Pura routine, che si svolgeva nel corridoio prima della Rotonda. Così passarono i cinque mesi della mia detenzione preventiva. Appresi dalla televisione che mi avevano concesso gli arresti domiciliari. Mi ribellai immediatamente. Ma di questa parte della storia abbiamo già parlato. Il seguito cominciò tre anni dopo, quando divenni titolare di condanne definitive. Ma ormai di San Vittore sapevo tutto. Vi tornai, come promesso, con i miei piedi. E non fui più il paziente impiegato di un ufficio. Su iniziativa e col grande sostegno di uno psicologo volitivo e intelligente che lavora a San Vittore da venticinque anni, il dottor Angelo Aparo, nacque il Gruppo di trasgressione. Non facciamoci impressionare dalle parole. È un organismo valido, corretto, incisivo che esiste tuttora. Tanta gente ci ha aiutato. Cito due nomi: il cardinale Martini e lo stesso direttore del carcere, Pagano, che era una controparte naturale. Gli ho reso la vita difficile, lo so, perché lui è il garante della legge, un custode delle regole carcerarie. Ma ci siamo capiti, anche litigando rumorosamente. Partivamo da posizioni diverse, ma la finalità era unica: migliorare le condizioni del carcere, sollecitare leggi annunciate e dimenticate. All'interno avevamo compiti tra i più diversi: tenere delle statistiche, istruire i detenuti sulle leggi di loro interesse e soprattutto sollevarli, col ragionamento e col dibattito, da quello stato di abbandono fisico e mentale che svuota il corpo e l'anima di una persona. Ci siamo occupati delle celle a rischio, ma abbiamo anche valorizzato detenuti di notevole spessore intellettuale o di capacità diverse: organizzative, artistiche, espressive. Non si sa mai quello che si può estrarre da un uomo. Questo lavoro dura tuttora, grazie all'impegno del dottor Aparo. Lo dico con orgoglio».

Sembra che Cusani rievochi un'avventura di viaggio, non un'esperienza carceraria. «Lavoravo sino a tardi, la sera. Le guardie ci segnalavano problemi e malesseri. Ospitai nella mia cella – per fargli coraggio – un omosessuale depresso, spezzando un muro di prevenzione. Vissi per lungo tempo al terzo piano del sesto raggio, quello dei lavoranti. Poi vollero a tutti i costi che mi spostassi al penale dove divisi la cella con due detenuti comuni. Ricordo un terribile freddo, al sesto raggio, dovuto all'ubicazione della cella. Dormivo vestito, sotto tre coperte. Al penale, invece, in estate c'era un caldo asfissiante. Insieme a grandi ricordi, mi sono portato dietro da San Vittore qualche malanno: un'ernia del disco in zona cervicale e una prostatite cronica dovuta alla mancanza di attività sessuale.»

Cusani, accorgendosi di aver deviato dal tema che più gli interessa, corregge subito la rotta. «Torniamo al nostro Gruppo di trasgressione. Il dottor Aparo è ancora al suo posto, uomo-guida e gestore di un progetto che si allarga anche all'esterno. Studenti e detenuti insieme. Ti do il numero del suo cellulare: cercalo, parlagli...» E io eseguo.

XLI

UN'ORA CON IL GRUPPO DI TRASGRESSIONE

Angelo Aparo è un ragusano di cinquantadue anni, psicologo, docente universitario, da un quarto di secolo impegnato a San Vittore. Un legame di professione e di vita. «Quando arrivai ero solo: l'unico psicologo del carcere. Oggi siamo una dozzina, dipendiamo dal ministero: io, naturalmente, sono il più vecchio di età e di militanza. In carcere ho fatto di tutto. I casi più urgenti restano quelli dei nuovi arrivati e dei tossicodipendenti. Non si sa mai quale reazione provochi l'impatto con il carcere. Lo psicologo spesso è una ciambella di salvataggio. Ho seguito tutta l'evoluzione della vita carceraria. Il passato ci fa rabbrividire. Oggi è diverso. Ci sono state delle buone leggi, si è sviluppato un tenace lavoro interno, sono stati ottenuti traguardi importanti: non privilegi o comodità, ma umanissime e giuste conquiste che tengono il detenuto agganciato alla vita. In questo quadro abbiamo fondato, nel settembre del '97, quel Gruppo di trasgressione di cui Cusani le ha parlato.»

Osservo subito che la parola «trasgressione» in un carcere sa di rottura. Può farsene interprete uno psicologo stipendiato dallo Stato? Aparo si aspettava l'osservazione. Chissà quante volte gliel'hanno fatta. «Per eliminare ogni possibilità di equivoco, le dico che in questo progetto il nostro maggiore alleato è stato il direttore Luigi Pagano. E per essere ancora più esplicito aggiungo che senza di lui non avremmo concluso un bel niente. Bisogna intendersi sulla parola trasgressione: è una sorta di filo conduttore. Chi è in carcere ha trasgredito le leggi, chi analizza freddamente la sua colpa, come avviene, trasgredisce le motivazioni che l'hanno portato a delinquere, chi affida il suo reato a un dibattito è già un uomo diverso, trasgressivo. La trasgressione va intesa come un percorso positivo. Il traguardo è il recupero di una persona. Partiamo da un concetto: riflettere su se stessi. Ci riuniamo due volte la settimana, al terzo piano del penale, il lunedì e il sabato. Sedute aperte anche agli studenti universitari che scelgono materie come la psicologia della devianza. Io l'ho insegnata per tanti anni. Si discute da pari a pari. Abbiamo istituito nel carcere una sorta di laboratorio. Oltre ai dibattiti, abbiamo organizzato tante altre cose: il convegno Prada con venti docenti universitari, il concerto in onore di De Andrè, un anno e mezzo dopo la sua morte. Cusani e io eravamo innamorati di De Andrè. Lo avevamo invitato a San Vittore. Lui aveva accettato, ma purtroppo non ha fatto in tempo. Tutto serve in un carcere, ma il lavoro di base è quello che conta.»

Mi chiedo se uno che lavora da venticinque anni a San Vittore e professa una scienza friabile come la psicologia ogni tanto si volti indietro per valutare se quello che ha fatto ha lasciato tracce o se non abbia la sensazione di arrampicarsi sugli specchi. Angelo Aparo mi dà la migliore delle risposte: «Venga a vedere. Si consideri invitato. Scelga un lunedì o un sabato. Noi l'aspettiamo». E io ho attraversato la strada, il rumore dei cancelli, i corridoi dipinti di fresco, il saluto volante di detenuti al di là delle sbarre, i tre piani di decrepite scale per approdare alla solita saletta piena di fumo. Uomini nuovi e volti ormai familiari, dopo sei mesi di frequentazioni. Ho scelto, di corsa, il primo lunedì.

Mi offrono di sedere a capotavola. Il professore si defila un po', lascia spazio ai detenuti, vorrebbe parlare il meno possibile. Il turno di conduttore spetterebbe a Ivano, l'ex rapinatore solitario, l'uomo che lavora dovunque e ha scoperto in carcere il piacere di scrivere: una scrittura asciutta, vibrante, corretta. Ma Ivano tarda, ha altri impegni. Il compito viene assegnato a Enzo, un calabrese massiccio, dalla parlata semplice e concreta di uomo di campagna che chiama ogni cosa con il proprio nome. Sembrerebbe là per caso, ma porta sul groppone, ahimè, una condanna a trent'anni, di cui soltanto nove già scontati. «Immagino» dico «che cosa hai fatto...» E lui: «Forse immagini male: non ho ammazzato nessuno. Droga, importazione di droga. Almeno così dice la sentenza...».

Più in là siede il fratello Giulio. Stesso reato, ma verdetto un po' più mite: ventidue anni e spiccioli. Il campionario è vasto. Rivedo Dino Duchini, esperto nelle lavorazioni della pelle, vocazione da filosofo: dopo il bel 30 al primo esame universitario, aspetta di dare il secondo. Scadenza carceraria: 2020. Ritrovo l'immancabile Diego, il tipografo che è andato in pensione e ha ucciso la moglie, e ci sono un po' di rapinatori, diciamo così, minori (Claudio, Aniello, Marcello) che se la sbrigheranno presto: tre, quattro anni ancora, se nel frattempo non arrivano altre sentenze definitive. Giovanni, però, si trova in una posizione diversa: ha rapinato una banca. «Aspetto il 2010...» dice. Mi ero scordato di un altro detenuto pesante, che sarà protagonista di questa seduta: Mario, cinquantatré anni ben portati, una vita avventurosa, un bel ventennio di galera alle spalle.

A vivere questa esperienza sono venuti due studenti: Silvia Casanova, che frequenta il terzo anno di psicologia alla Bicocca (indirizzo: devianza), e Cosimo Colbertardo, studente di lettere a Pavia. Temi sul tappeto: rapporto padri-figli, detenuti-guardie carcerarie, rapinatori-rapinati. E poi: la rabbia, il rancore, l'odio. Nulla di teorico. Qui bisogna raccontare, aprirsi, possibilmente per iscritto. Il laboratorio è questo. Chi accetta, non può nascondersi.

Per animare subito la scena, chiedo in quale categoria di problemi rientri a San Vittore il rapporto tra i detenuti e gli agenti penitenziari. E aggiungo: «Io qui vi vedo tutti sulla stessa barca, noto umanità, collaborazione, anche se a livelli diversi. Ma certo non mi lascio abbagliare. E allora pongo questa domanda: esistono ancora guardie che approfittano della loro divisa, che esercitano violenza gratuita, come ho letto, per esempio, nella spietata biografia di Santino Stefanini?».

Risponde Dino Duchini. Non filosofeggia, dice come stanno le cose: «Credo che ancora, tra detenuti e guardie, la contrapposizione prevalga sulla collaborazione. Il problema esiste, al di là dei ruoli. E in certe carceri assume ancora toni drammatici. San Vittore non è un paradiso, ma certamente è un carcere diverso, dove si convive civilmente. Non pensi, però, che di San Vittore ce ne siano tanti in Italia».

Enzo, il conduttore calabrese, preferisce parlare del rapporto genitori-figli. «Come posso esercitare io» si chiede «il ruolo di padre stando in carcere? Cosa posso fare perché i miei figli si tengano lontani dalle mie orme? Devo abdicare ai miei compiti, sperare nella provvidenza?» Domande inquietanti ma oneste, alle quali è difficilissimo rispondere. Enzo dice di amare profondamente i suoi figli, ma si sente impotente, la libertà è lontanissima. Ascolto quello che dicono gli altri, ma il vicolo resta cieco. Alla ricerca di un appiglio, provo ad affermare che «l'amore è pur sempre un valore assoluto, anche se non si può esercitarlo», ma è un patetico tentativo di consolazione. Alla fine le parti si capovolgono: «È l'amore dei figli quello che conta di più. È un amore attivo, concreto. I figli possono aiutare il padre carcerato, facendolo sentir fuori dall'immondezzaio».

Mario ha riempito due pagine per ricostruire la sua storia. Titolo: «Come ho bruciato la mia vita». Ma io aggiungerei: a cinquantatré anni si può ancora sperare. Patriarcato familiare, rapporti non felici con i genitori, poi il legame con una donna non gradita alla famiglia. Nasce una figlia, Carla, che oggi ha trentadue anni. Un lavoro di fattorino in banca. Ma qui una serie di sbandate: «Non capivo mia moglie, non sentivo neanche di essere padre. Avevo tenerezza solo per la bambina, ma non la sentivo come figlia. È entrata in scena un'altra donna, la mia attuale compagna. Primo carcere della mia vita: un errore, una patente di guida letta male, in pratica uno scambio di persona. Dopo un mese mi hanno scarcerato chiedendomi scusa. Ma mentre io provavo affetto per le persone che avevo conosciuto in galera, fuori venivo evitato, ero macchiato da un sospetto».

E qui Mario disegna il suo precipizio: lascia la banca e la moglie, gli muore il padre «che per me era tutto», apre un autosalone, si dà al gioco d'azzardo, entra nella malavita e ne fa di tutti i colori. Reati a catena. Lui in carcere, la figlia in collegio dove riesce a diplomarsi. Ma in questo baratro, ecco uno spiraglio: «Ho sposato Giovanna, nel '96 è nata Marta. Io avevo quarantasei anni. È difficile dire cosa sia una bambina per un uomo maturo chiuso in un carcere. Vivo per lei, penso a lei in ogni momento, aspetto il giorno in cui lei arriva e mi salta al collo, sembra capisca quanta febbre ci sia nella mia attesa e sappia bene che senza di lei sarei un uomo finito. E invece conto i giorni». C'è qualche secondo di silenzio. Enzo ha le lacrime agli occhi. Lascerà il carcere tra otto anni, quando Marta sarà una signorinella e magari lo tradirà con il primo fidanzatino.

Mi rivolgo a Mario, che ha ripreso fiato: «Molte vite sbagliate o bruciate come la tua hanno forti motivazioni di partenza: l'ambiente, l'appartenenza familiare, l'esempio paterno, il mito della rapina come atto di giustizia sociale. Ma nella tua storia il "perché" è senza appigli. Un bel papà, una donna, un lavoro, una figlia». Il laboratorio in cui ci troviamo impone sincerità. Mario china il capo: «Anch'io rifletto molto su questo. E cerco una ragione. Forse quel primo mese di carcere ingiusto, per un errore. Ma forse lo shock dell'uscita dal carcere: quella gente che mi evitava, come se fossi ormai un appestato».

Ogni tanto i miei pensieri s'ingarbugliano, come la vita di molte persone che incontro a San Vittore e che forse vi abitano da decenni. È possibile, mi chiedo, che questi uomini e queste donne come noi, che piangono, sperano, ragionano, ridono, si commuovono, amano, donne e uomini ricchi di fantasia, intelligenti, aperti, pieni di curiosità e di speranza, siano gli stessi che si fanno conquistare dal fascino del delitto, dalla religione del male, da una quotidiana sfida alla legge, spietati con gli altri e con se stessi? Non è un garbuglio mentale e neanche un mistero. Forse in questa domanda c'è la chiave che cerchiamo da tempo immemorabile, da quando esiste il carcere: non la chiave di un immondezzaio, non di una cassaforte, ma semplicemente di un serbatoio di umanità colpevole che ha evitato di dannarsi, ha cambiato anima, ha scoperto valori mai conosciuti e può essere restituita alla vita e a una società disposta a tenderle una mano.

Al tema del rancore Marcello, uomo di piccole rapine, ha dedicato dieci righe che chiamano in causa il rapporto, pessimo, con i suoi genitori. Un grumo non smaltito, forse il trampolino di una vita sbagliata, ma ancora recuperabile, perché Marcello è giovane, ha da poco superato i trent'anni. Ma il rancore, che io detesto senza conoscerlo, te lo fa assaggiare in pieno, direi in modo violento, Ivano, raccontando una lontana e truce storia di carcere.

San Vittore, 1982. Lui è al secondo raggio, sotto osservazione, da tossicodipendente. «Nella cella» ricorda tristemente «un brandello di cielo s'intravede a malapena dalle famigerate "bocche di lupo", che in seguito saranno eliminate. Un compagno si sente male in piena notte, boccheggia, diventa cianotico. Io prima grido, poi comincio a picchiare sul "blindo" [la porta che si sovrappone alle sbarre], facendo un fracasso infernale che fa svegliare i detenuti delle celle vicine. Passano due ore e finalmente arriva una guardia. "Che cos'è questo casino?" Gli mostro il compagno di cella che è in uno stato pietoso. E gli grido in faccia: "Sto chiedendo aiuto da un'eternità, possibile che nessuno abbia sentito?". L'agente prende atto. Il detenuto viene trasportato in infermeria. Grazie al cielo, supera la crisi, si riprende. L'indomani vengo convocato dall'agente. Mi portano nel locale delle docce. E mi massacrano a calci e a pugni. Qual era la colpa? Aver fatto troppo casino, svegliato mezzo carcere e soprattutto aver gridato per denunciare il tardivo intervento delle guardie. Era scattata la vendetta. Spero che adesso abbiate capito cos'è il rancore. Io me lo sono portato dietro per tanto tempo. Un episodio del genere, per fortuna, oggi a San Vittore sarebbe inconcepibile.»

Silvia e Cosimo, i due studenti, hanno parlato poco: con molto garbo e altrettanto rispetto. I loro quaderni sono pieni di appunti. Un'esperienza impagabile di studio in un'aula ai confini della vita. I detenuti mi sembrano più rilassati: la loro lenta e grigia giornata si è accorciata di due ore. Angelo Aparo è soddisfatto della seduta. Io riattraverso scale, corridoi, cancelli e i soliti saluti volanti. Ho fretta, ma non ripeterò più la frase infelice di quel giorno in cui dissi: «Scusatemi, devo scappare». E un detenuto mi sussurrò all'orecchio: «Vorrei tanto anch'io».

XLII
A TAVOLA CON CUSANI E PAGANO

Ho scelto un ristorante di largo Treves, il Rigolo, per metterli faccia a faccia. Sergio Cusani arriva in anticipo, alle 14.20, con il consueto vestito grigio da manager, addolcito da un berrettino vivace, alla siciliana, che lo preserva dal primo umido autunnale. Luigi Pagano si presenta dopo due minuti. Una polo sotto la giacca. Non l'ho mai visto con una cravatta. Il più noto detenuto di Tangentopoli e il direttore di San Vittore accedono così alla mia parca mensa. Scelgono entrambi un carpaccio con i funghi e un sorso di vino rosso per brindare a qualcosa. Non è un incontro inedito. Dopo il carcere, si sono visti qualche volta, ma casualmente, non per guardarsi in faccia alla vecchia maniera – come avviene adesso – né per rievocare gli anni difficili o per dare un senso umano e storico alla loro convivenza carceraria da opposte sponde. Io dovrei gestire il dialogo, ma come fanno i grandi arbitri (scusate l'immodestia) intervengo il meno possibile.

Una frivolezza per rompere il ghiaccio: «Spiegatemi come fate a essere entrambi napoletani, così diversi come siete. Nessuno ci crederebbe. Sergio, tu cosa c'entri con Napoli? Sei più milanese di un Brambilla».

«Eppure, il vero napoletano sono io. Pagano è di Torre del Greco, pensa un po'...»

«Nato a Cesa, nel Casertano, vissuto a Torre del Greco. Zone ad alta intensità criminale. Là non si scappa: o da una parte o dall'altra, o di qua o di là, non ci sono zone neutre.»

Proviamo a inquadrare il vostro primo incontro a San Vittore. Luglio 1993: Cusani entra nel carcere di piazza Filangieri dopo aver trascorso alcuni giorni a Opera.

Pagano ha ricordi chiari: «Io lo accolsi benissimo. Conoscevo la sua storia, le sue idee, il suo atteggiamento. Lui mi disse: "Stia attento, direttore, io sono un duro, un irriducibile..."».

Cusani lo interrompe: «Questo, per la verità, non me lo ricordo».

«Be', me lo ricordo benissimo io, caro Cusani. Pochi giorni prima si era suicidato l'ingegner Cagliari. A San Vittore eravamo tutti in allarme. Dopo una ventina di giorni, mi telefonano dal tribunale in tono allarmato: "Che cosa è successo a Cusani, qui ci sono strane voci...". Sta' a vedere, pensai, che quel tipo ci ha fatto un brutto scherzo. Mando subito il sovrintendente Fusco nella cella di Cusani a vedere come stanno le cose. E qui le versioni divergono: Fusco dice che Cusani stava giocando a carte. Cusani invece...»

Interviene l'interessato: «La verità è che io stavo dormendo. Fusco mi ha scosso e mi ha svegliato. Ho chiesto spiegazioni. Lui mi ha detto di star tranquillo, volevano solo essere certi che stessi bene».

Pagano sdrammatizza: «Nel periodo della carcerazione preventiva, tra me e Cusani tutto è filato liscio. Dopo le condanne definitive, le cose si sono complicate. Lui si era messo in testa di cambiare il carcere, di porre all'attenzione del mondo i problemi dei detenuti. Esagerava, batteva strade sbagliate, chiassose e improduttive. Ma, nonostante mi abbia reso la vita complicata, io sapevo che lui era 'nu bravo guaglione...».

«Diciamo le cose come stanno,» interviene Cusani

«se io fossi stato direttore del carcere, uno come me non lo avrei accettato.»

Ma, al di là della forma, quali erano i motivi del dissenso? In fondo avevate gli stessi obiettivi, anche se cercavate di raggiungerli in modo diverso.

Cusani: «Il carcere per chi sta fuori è un posto di cui non vuoi sapere nulla. Questa è la verità. Tanti politici, o uomini importanti, l'hanno scoperto con Tangentopoli. Da Cagliari a Nobili, a Darida, Papi, Mosconi, Armanini, lo stesso Mattioli. Questo non è giusto. Io ho cercato di sfruttare il mio nome per attirare l'attenzione sulla realtà del carcere, sulle leggi dimenticate, sulle promesse non mantenute, sulla situazione igienica, sui bambini, sui malati».

Pagano: «Non discuto le buone intenzioni. L'effetto c'è stato. Il nome di Cusani, la sua storia hanno attratto nel carcere un sacco di gente. Tempesta mediatica, fuffa... Cosa è successo al di là della facciata? Nulla. Abbiamo avuto tanti servizi giornalistici, tante visite importanti. È stata offerta vetrina anche a politici che del carcere se ne erano infischiati prima e hanno continuato dopo. Lo sconquasso è stato grande, i risultati zero o quasi...».

Cusani: «Certo, mi rendo conto della sua posizione certamente difficile, caro Pagano. Lei veniva scavalcato ingiustamente. Ricordo che quando venne Chiambretti e si rese conto del mio ruolo, disse alla sua maniera: "Chi è il vero direttore di questo carcere?". Logico che lei soffrisse questo stato di cose... Ma non è vero che non abbiamo ottenuto nulla. L'attenzione c'è stata. E credo ne sia rimasta parecchia».

Pagano: «Il mio stato d'animo è l'ultima cosa che conti. I problemi del carcere si risolvono applicando le leggi già esistenti: non solo la Gozzini, ma anche quelle che riguardano i bambini, le madri, i malati di Aids. Ci sono, facciamole funzionare. Questa sarebbe la vera rivoluzione. Pensi alle speranze deluse del Giubileo. Ci siamo battuti per l'amnistia, l'indulto. Non è arrivato nulla. Dov'erano gli onorevoli, i personaggi che avevano fatto passerella a San Vittore?».

Cusani: «Se è per questo c'è un episodio ancora più grave. Avevamo messo insieme seimila associazioni italiane per dare accoglienza e sostegno ai detenuti usciti dal carcere per indulto o amnistia. Un piano imponente che avrebbe riguardato gente per la quale la detenzione non ha senso. C'erano borse-lavoro per 240 miliardi. Una poderosa azione di recupero. Pensate che in carcere un detenuto costa 400 mila lire al giorno. Al governo c'era Amato, con Fassino alla Giustizia. Durò poco. Si andò alle elezioni e nel '94 andò al potere il primo Berlusconi. I problemi del carcere sono difficili da gestire. C'è bisogno non solo di leggi, ma di pubblico consenso. Politicamente non rendono...».

Pagano: «In questo sono d'accordo. E allora dico: non aspettiamoci grandi cose, ma facciamo funzionare le leggi che ci sono. Diamo sostegno economico alle azioni di recupero. Ma incontriamo sempre correnti contrarie. Soldi al carcere ne arrivano sempre meno. La Finanziaria ha altre esigenze da soddisfare, altre bocche da sfamare. La gente dice: "Ma come, spendete soldi per chi ha violato la legge?". Questo è l'errore di fondo».

Chiedo a Cusani se l'idea che il carcere abbia arricchito la sua vita sia soltanto un'immagine retorica, oppure...

Arriva una risposta serena. «C'era un Cusani finanziere che lavorava per Gardini, Cabassi, Varasi e tanti altri uomini potenti realizzando grandi profitti. Oggi c'è il Cusani che avete davanti: ancora finanziere, ma per la Banca della solidarietà, per la Cgil, per iniziative di beneficenza proiettate in tutto il mondo. Il carcere mi ha fatto provare la convivenza con il dolore, mi ha abituato alla sofferenza, ma mi ha dato anche forza e mi ha fatto conoscere persone straordinarie. E poi, guardi la fantasia della vita: la mia nuova moglie, Gaia, l'ho conosciuta grazie al carcere. Era assistente di Spazzali, il mio avvocato, e avvocato anche lei. Abbiamo un figlio di tre anni che si chiama Mattia e si aggiunge ai due avuti dalla prima moglie: Luca, che ha trent'anni, e Alessandro, che ci è arrivato in adozione dalla Colombia. La risposta le sembra abbastanza chiara?»

Il duetto tra il direttore e il carcerato è agli sgoccioli. Cusani, da pessimo napoletano, non prende caffè. Chiude con una scodella di lamponi al naturale. Poi si concede una piccola provocazione.

«Si ricorda, Pagano, quando dal ministero arrivò l'ordine di trasferirmi dal sesto raggio, terzo piano, dove stavo benissimo, al penale per godere di maggiore libertà di movimento? Io non volevo, ma...»

«La verità sapete qual è? Quando arrivò quella disposizione per il trasferimento, io stavo per accendere un cero alla provvidenza. Che sollievo! Speravo che se lo portassero via 'sto rompiscatole di Cusani in un'isola lontana. E invece, ahimè, si limitava a scendere tre piani di scale. E io ce l'avevo ancora più vicino.»

Si sono abbracciati come due che hanno un pezzetto di vita in comune. Uno di qua, uno di là. Due che si scoprono amici. Né vecchi, né nuovi. Amici e basta.

XLIII

VALERIO, UN ANGELO CUSTODE

Un uomo mite, magro, un po' curvo, dallo sguardo paziente, si aggira per San Vittore. Tutti lo conoscono e lo salutano in tono confidenziale. Si chiama Valerio, porta un camice bianco e ha via libera dovunque. Davanti a lui, i cancelli si aprono: a qualsiasi ora del giorno e della notte. Valerio in teoria sarebbe solo un infermiere convenzionato col carcere, ma vive perennemente a San Vittore, gli hanno dato un alloggio in caserma e lui ha fatto di questo carcere l'unico panorama della sua vita. «Qui» dice «sono un uomo felice.»

La sua disponibilità non ha confini di ruolo e di impiego, né conosce orari. Valerio c'è sempre, come sempre ci sono gli angeli custodi mandati dal cielo. Si presenta con parole semplici, terrene: «Sono semplicemente un uomo che ha scelto la sua vita e ha trovato la sua strada». Fuori del carcere queste storie sono ignote, non trovano spiragli di cronaca, sovrastate dal fragore delle vicende sensazionali e dalla oleografia del «terribile luogo di espiazione».

Come avrete intuito, Valerio entra in punta di piedi nello spirito e nel racconto di questo mio viaggio. Anzi vi è già entrato dalla porta principale.

Lo guardavo con curiosità da qualche tempo. E lui, senza conoscermi, mi rivolgeva un saluto. Poi un giorno ero nell'ufficio di Luigi Pagano e ho rivolto al direttore la più semplice delle domande: «Chi è quell'uomo in camice bianco che incontro dovunque?». «Parli di Valerio? Valerio Menegatti...» E qui comincia la storia.

«Mi trovavo a Brescia nell'83, come direttore,» racconta Pagano «e c'era un giovanotto che faceva volontariato in carcere. Credo fosse un aspirante frate, un novizio, non so di preciso, ma da noi lavorava con una abnegazione totale. Nelle ore di libertà, andava a cercare i derelitti e gli emarginati della città per assisterli, curarli, aiutarli. Magistrato di sorveglianza del carcere era il dottor Zappa, un uomo aperto, di valore, convinto sostenitore della riforma penitenziaria. Lui affidava a quel giovanotto i detenuti in permesso. Ne ha accompagnati fuori qualche centinaio: tutti, dico tutti, sono rientrati disciplinatamente. Quel giovanotto, lo avrai capito, era Valerio, il tuo uomo misterioso dal camice bianco.»

Mi guardo bene dall'interrompere Pagano: «Da Brescia sono passato a Taranto e poi, nel 1989, sono approdato a San Vittore da direttore. Con grande sorpresa, vi ho trovato Valerio. Fatti raccontare da lui com'è andata. Io so soltanto quanto amore ci mette in questa sua presenza illimitata. È attratto dai casi più sgradevoli, dalle situazioni più allarmanti e, benché sia un mite, ha un ascendente fantastico sui più disgraziati e anche sui più riottosi. Mette le mani dovunque, nei luoghi e nelle situazioni più repellenti di un carcere. E direi che ci mette anche il cuore. Non ha bisogno di nulla, sul piano personale: spende quasi tutti i soldi del suo stipendio per i carcerati più poveri. Gli ho consentito di vivere in carcere. Lui ha mamma e fratelli a Varese. Una volta al mese va a trovarli. Ogni tanto mi fa anche arrabbiare. Mi telefona a casa alle 11 della sera e io, naturalmente, mi allarmo, penso sia successo qualcosa nel carcere. Lui mi smonta subito: "Buona notte, direttore. Volevo sapere come stai...". Lo mando a quel paese, ma senza speranza: certo, anzi, che lui ripeterà quello stravagante gesto di affetto alle 11 di un'altra sera. Eh sì, fuori da San Vittore, Valerio morirebbe».

Incontrare questo personaggio è il più ovvio, intenso e appagante dei desideri. Lo chiama al telefono l'agente Stefania. E lui, nel giro di pochi minuti, arriva nel piccolo ufficio della ragazza, saluta educatamente, mi scruta con i suoi occhi bovini e immagino che l'istinto lo porterà a chiedermi, da un momento all'altro, di quale aiuto abbia bisogno: pronto a offrirmelo. E invece sono io a parlargli della curiosità che mi ha destato, del racconto che me ne ha fatto Pagano e a chiedergli particolari della sua vocazione irreversibile, del suo camice bianco, della sua quotidianità carceraria, dell'inizio del suo apostolato, della sua indefinibile età.

La sua voce si snoda come un prolungato sussurro.

«Ho quarantasette anni. Non sono mai stato novizio religioso. Sono un terziario laico dell'ordine Fatebenefratelli. La scelta religiosa sarebbe stata troppo vincolante per me: avrei dovuto legarmi a una disciplina, a obblighi e rituali ben precisi. Da laico sono libero. E ho scelto una direzione precisa. Il carcere e il mondo dei detenuti mi hanno attratto in modo irresistibile. Sa qual è stata la mia gioia più grande? La fiducia che i dirigenti carcerari e i magistrati di sorveglianza mi hanno dato. A Brescia ero io a portare al direttore e al magistrato l'elenco delle proposte per i permessi. Li firmavano. Non ho mai tradito la loro fiducia, né i detenuti in permesso hanno mai tradito me, perché avrebbero tradito un loro amico. Lo stesso avviene a San Vittore. Qui avrò accompagnato in permesso un migliaio di detenuti, forse di più. O comunque ho garantito moralmente per loro. Non una sola evasione c'è stata. Lo dico con orgoglio e con il massimo del rispetto e della gratitudine per il dottor Piccinni, grande magistrato di sorveglianza e oggi presidente in Corte d'Appello. A Brescia stavo bene, ma ho cercato di avvicinarmi un po' alla mia famiglia. È partita una domanda per San Vittore. Dal 1986 sono qui. Destinazione definitiva: la mia casa, il mio lavoro, i miei amici, la mia vita felice. Non chiedo di meglio, ringrazio il cielo.»

Arriva un detenuto in piena notte? Chiamate Valerio: lui lo porta a fare la doccia, gli parla, gli dà da mangiare, gli procura anche il vestiario se ne ha bisogno. Un tossico è in crisi di astinenza e si mette a gridare? Valerio lo raggiunge, gli sta a fianco, passa magari la notte con lui. Durante un colloquio un detenuto ha litigato con la moglie? Valerio sa che si è pentito e vorrebbe riaprire il dialogo: ci pensa lui. Telefona, spiega, rassicura la donna, mette buone parole. «Bisogna capire le situazioni. C'è nervosismo, ci sono talvolta spaventosi problemi familiari, ci vuole pazienza. Ho fatto riconciliare parecchia gente, anche coniugi separati perché la condanna del marito aveva logorato il tessuto familiare. Li incoraggiavo dicendo che il carcere sarebbe finito e loro si sarebbero potuti ritrovare.»

Valerio possiede, naturalmente, una miniera di ricordi, ma fa fatica a selezionarli, perché tutto è normalità per lui. Salta fuori dalla nebbia la vicenda di un giovane che in un raptus dovuto alla droga aveva commesso un omicidio. Gli hanno riconosciuto l'infermità mentale. «Si è preso solo dieci anni. In carcere si è messo a studiare. L'ho accompagnato all'università, in permesso: si è laureato in scienze statistiche. Non le sembra una soddisfazione, questa?»

Un'altra vicenda agghiacciante è quella di Antonio, poco più che un ragazzo, che l'anno scorso ha ucciso un farmacista a Milano per rapinarlo. «È arrivato a San Vittore» racconta Valerio «e io l'ho riconosciuto. Era il bambino che tanti anni prima andavo a prendere a casa per accompagnarlo in carcere al colloquio con il padre: che era dentro per una storia di droga. Pensate che destino, che linea dinastica disgraziata. Questo è il mio mondo. Io non difendo nessuno, non mi sogno di dare giudizi, non denuncio ingiustizie: do aiuto a tutti nei limiti delle mie possibilità. L'amicizia dei detenuti mi dà gioia. Umanamente li rispetto e loro fanno altrettanto con me. Questo mi basta. Vorrei dirle anche di un altro motivo di soddisfazione: quando un detenuto mi resta amico dopo aver lasciato il carcere. C'è chi mi scrive e chi mi viene a trovare, dopo mesi e mesi, dandomi appuntamento davanti al portone di piazza Filangieri.»

La notte prima di questo mio incontro un ragazzo di ventisei anni aveva tentato di suicidarsi a San Vittore. Un'impiccagione maldestra, fortunatamente sventata. Hanno svegliato subito Valerio. Lui prima gli ha parlato, poi lo ha accompagnato sotto scorta all'ospedale. «È piantonato, stanno curandolo, guarirà. Lo aspetto.» Normalità anche questa.

Sono a San Vittore forse per la centesima volta, in una giornata come le altre. E penso legittimamente che anche questo carcere è un luogo di espiazione, di dolore, di tensione, di sovraffollamento, di violenza. Poi sottopongo, come una provocazione, la mia truce e realistica immagine al mite Valerio, al suo paradossale «sentirsi felice» in questo recinto, alla sua incorruttibile fede.

Lui mi disarma: «È tutto vero, quello che lei dice. Vero il dolore: si tocca con mano. Vero il sovraffollamento: in estate certe celle sono invivibili, con otto o dieci persone invece di quattro o cinque. Vera la tensione: è nei fatti, nella fisiologia del carcere. Vera anche la violenza, nonostante si faccia di tutto per evitarla. La sua immagine del carcere, caro signore, corrisponde alla realtà. Ma in mezzo a tutto questo, io vivo l'unica vita che riesco a concepire. E nego che il carcere sia solo un inferno. Neanche la violenza mi spaventa. Sinora me la sono sempre cavata. E sa perché? Perché amo i detenuti, senza pensare alle storie che si portano dietro, ai delitti, ai reati, alle sentenze giuste o ingiuste. Mi limito ad amarli. E la legge dell'amore, mi creda, vince sempre».

Lo so, gli angeli custodi sono invisibili. Saluto Valerio certo che ci regalerà altre briciole umane della sua gioiosa esistenza. E, mentre percorro il corridoio verso l'uscita, penso alla suorina, non so di quale ordine, che tanto tempo fa mi spiegò su un aereo che sorvolava il deserto cosa fosse la felicità in un ospedale dell'Africa poverissima. San Vittore mi saluta con la musica dei suoi cancelli. Il piantone dà via libera. Un agente mi chiede conto dei malanni dell'Inter. Piazza Filangieri è al suo posto, illuminata da un tenero sole d'autunno. Al bar di fronte hanno rimesso un tavolino sul marciapiede: estremo, patetico desiderio d'estate. Il taxi tarda ad arrivare, ma non importa.

Ho passato i settant'anni e mi sento più ricco dopo il lungo viaggio nell'umanità di un carcere. Questa non è l'ultima pagina.

RINGRAZIAMENTI

A Ferruccio de Bortoli, Rosaria Carpinelli e Franco Grassi per l'affettuoso interesse umano e professionale con cui hanno seguito, da editori e da amici, la nascita e lo sviluppo di questo libro. Al cardinale Dionigi Tettamanzi, Arcivescovo di Milano, per il suo amabile contributo. A Laura Cantarelli per la sua collaborazione fresca e intelligente. A Giovanna, Maria, Daniela e a tutti coloro che, nel mondo del mio lavoro, e anche fuori, mi hanno chiesto notizie di San Vittore e delle persone che vi ho incontrato. Alla preziosa dottoressa Francesca Pietrini di Roma e a don Gianni Zappa. Al mio computer che non mi ha mai tradito.
Nell'estate del 2003 ho parlato, amichevolmente, di questo mio lavoro al dottor Giovanni Tinebra, capo del Dipartimento dell'Amministrazione penitenziaria: ne ho tratto, fuori da ogni ufficialità, un grande incoraggiamento. Lo ringrazio di cuore.

SAN VITTORE, UN FRAMMENTO DI STORIA
di Barbara Campagna

San Vittore come specchio delle vicende umane, San Vittore inquilino scomodo di una città smerigliata. Questo crocevia storico adorato e reietto della cultura milanese e dei suoi abitanti più o meno «col coeur in man», ha una sua storia che data dal 1879 ovvero da quando, dopo la morte di Vittorio Emanuele II, il suo successore Umberto I inaugura il nuovo «cellulare», un carcere che va a unirsi all'ex convento di via Sant'Antonio e al palazzo del Tribunale con le sue cellette, tra via Beccaria e via San Zeno, per fronteggiare il crescente numero di arresti dell'epoca ed economizzare i costi di trasporto fra le due carceri unendo i detenuti in un'unica sede.

La Commissione governativa visitatrice delle carceri – composta dal sindaco, dal regio procuratore, dall'assessore municipale e dal preposto parroco – incarica dunque l'ingegnere capo dell'Ufficio del Genio civile di Milano – cavalier Francesco Lucca – di studiare il progetto di un nuovo penitenziario. Si tratta di costruire un modello architettonico già esistente a Filadelfia – negli Stati Uniti – fin dal 1790: una struttura centrale a raggiera cosiddetta «panottica», nell'area esistente fra i bastioni di Porta Magenta e Porta Ticinese. In breve tempo si stipula l'accordo con Municipio e privati per la costruzione di strade a una certa distanza dal muro di cinta perché il carcere fosse ad almeno cinquanta metri dalla proprietà privata.

A questo punto hanno inizio le schermaglie fra enti diversi e i primi blocchi del cantiere: le prime difficoltà sono di natura economica, perché il governo rifiuta di autorizzare l'inizio dei lavori per mancanza di fondi. Nel 1869, esasperato dalle lungaggini burocratiche e dalle continue variazioni al progetto iniziale, il Municipio si assume direttamente l'onere della spesa chiedendo però in cambio al Regio Governo alcuni stabili demaniali. Dieci anni dopo, nel 1879, San Vittore è finalmente attivato con il trasferimento dei detenuti dalle carceri del Tribunale al nuovo cellulare. Capienza prevista: ottocento persone. Il sovraffollamento è immediato.

Completato il carcere, il Municipio ne diviene parzialmente proprietario (solo per le opere fatte). I fabbricati sono divisi in tre blocchi: il primo per il corpo di guardia, per gli impiegati, per gli uffici della direzione, la sala giudici e avvocati, i parlatori, i bagni e le infermerie, i dormitori dei guardiani. Nel secondo blocco, costituito da due ali simmetriche, ci sono il reparto femminile e i transitanti, le celle per detenuti con reati particolari e la «zona paganti», riservata cioè a coloro che godono di un trattamento privilegiato grazie al versamento di una somma di denaro. Il terzo fabbricato infine, a forma stellare, consiste (e tutt'oggi ha mantenuto il suo aspetto) in un nucleo rotondo da cui partono sei corridoi detti «reparti» o «raggi». Nell'atto di cessione, a lavori ultimati si contano seicento celle di 2,20 metri per 4,30 con altezza di 3,40, un altare per le messe e cortiletti – detti «rose» – per il passeggio. Il conto spese, presentato due anni dopo l'inizio della costruzione, ammontò a 2.800.000 lire dell'epoca.

Il governo che saluta la nascita di San Vittore è quello della Sinistra storica, guidato dal primo ministro Depretis, che rinnova la linea politica di Cavour. San Vittore a quell'epoca ospita tutti i generi di detenuti: ragazzi e adulti, colpevoli di reati che oggi si definirebbero «bagatellari» (prevalentemente furti) legati alla necessità di sopravvivenza in quei tempi difficili.

Passano gli anni e cambiano i governi, Depretis passa il testimone ad Andrea Costa, questi a Crispi e, dopo due mandati, a Di Rudinì. Sotto quest'ultimo in particolare cominciano gli arresti politici che si fanno particolarmente impopolari nel 1898 quando giungono in carcere i superstiti di quella marea di manifestanti che protestava per l'aumento del prezzo del pane. In piazza c'erano, in prima fila, donne e bambini sicuri che avrebbero evitato le cariche delle truppe, comandate dal generale Bava Beccaris. I fatti li conoscono tutti: fu aperto il fuoco sulla folla e tra i manifestanti ci furono 80 morti e 450 feriti. Per questa azione Bava Beccaris venne decorato da Umberto I con la Gran Croce dell'Ordine militare dei Savoia.

La tensione è ormai al massimo, non solo fra i socialisti ma anche all'interno dello stesso governo e della borghesia, dove è forte lo scontro fra coloro che prendono le distanze dalla politica repressiva attuata da Di Rudinì e coloro che vogliono sfruttare il momento favorevole per una svolta reazionaria. San Vittore fluttua negli umori di un'umanità confusa e spaventata, in lotta per la sopravvivenza.

Nel 1889 nasce il Codice Zanardelli, che sostituisce il Codice sardo del 1859: viene abolita la pena di morte – sostituita con l'ergastolo –, ma restano severissime le pene per i reati contro la proprietà. Nel 1891 viene approvato il nuovo regolamento generale per gli istituti carcerari. Nel frattempo si diffondono nuove concezioni giuridiche che considerano il reato come «fatto umano individuale» determinato da cause (fame, povertà eccetera). Questa scuola di pensiero (cosiddetta positiva) non riesce però ad affermarsi sul piano operativo e lo stesso Giolitti, allora capo del governo, pur abolendo la pena della palla al piede, si oppone alla richiesta di Filippo Turati che il 18 marzo 1904 denuncia al Paese la situazione drammatica delle carceri italiane e propone una commissione di inchiesta.

La prima guerra mondiale sconvolge la città dal 1915 al 1918 e con essa le esistenze dei milanesi. L'Archivio di Stato e la Biblioteca comunale custodiscono alcune memorie storiche, come i registri con i nomi dei deportati nei campi di concentramento, che contribuiscono a delineare il quadro di quegli anni tristi. In un testo del giornalista Paolo Valera (*Milano sconosciuta*) si legge delle condizioni di detenzione: «I detenuti pagano 9 lire alla settimana e risparmiano alla famiglia il chiasso scandaloso delle guardie regie alla notte», e per deduzione si comprende che in questi luoghi per solventi vige un trattamento più umano anche se «pare di circolare nell'atmosfera condensata degli aliti associati». Inoltre «per loro [i detenuti, *N.d.R.*], non ci sono padiglioni né materassi. I letti non sono letti, ma pezzacci di legno segati male sopra due cavalletti. Hanno l'apparenza dei tavolacci austriaci» (così erano definite le assi leggermente oblique poste come brande, che non consentivano di riposare).

Nel 1921 si comincia a parlare di individualizzazione del trattamento carcerario: la pena deve avere una funzione afflittivo-punitiva e gli stessi Patti Lateranensi del 1929 sottolineano le caratteristiche moralizzatrici della pena considerando il reo un «peccatore che deve fare un percorso di espiazione e rimorso». Nel 1931 è approvato il regolamento carcerario che rimarrà in vigore fino alla riforma Gozzini del 1975. San Vittore, come le altre carceri, si basa sul lavoro, sull'istruzione e sulla religione. Molta enfasi è dedicata al lavoro come strumento di rieducazione.

In carcere era un'infrazione reclamare collettivamente, tenere comportamento irrispettoso, giocare, cantare, riposarsi in branda durante il giorno, non andare alla messa, possedere un ago per cucire, carte da gioco o una matita. Per scrivere a casa (al massimo due volte la settimana ai familiari stretti), venivano consegnati una matita e un foglio da restituire dopo l'uso. Non era permesso leggere giornali politici mentre gli altri venivano censurati, eliminando gli articoli ritenuti non idonei.

Dopo la fine della seconda guerra mondiale e la Liberazione, la storia di San Vittore è quella comune ad altri istituti: si passa da una bolgia dantesca in cui convivono detenuti di minore età e adulti a un sistema di maggiore vivibilità e di frazionamento per categorie. E viene attivato il primo carcere minorile (il Beccaria); ma la strada per un carcere realmente vivibile è ancora lunga e cosparsa di eventi drammatici. Si apre una lunga stagione di rivolte. A San Vittore si ricorda in particolar modo quella del 14 settembre 1969.

Salvatore Catalano, insegnante con funzioni di educatore *ante litteram*, aveva cominciato a frequentare San Vittore nel 1958. «Era ancora ben lontana la legge Gozzini e il cappellano era il braccio forte del direttore.» Il racconto scorre fluido, senza tentennamenti e con figure vivide che si susseguono come in un film: «Al primo reparto erano ubicati i minori. Dalla scuola di via Ruffini dipendevano i corsi scolastici e gli insegnanti venivano a trovare i ragazzi anche di sera. I colloqui si svolgevano nelle celle, senza formalità particolari. Passavamo rasente ai muri per evitare che arrivassero in testa catini di acqua maleodorante» racconta Catalano «e alle 9, col risveglio del carcere, venivano ritirati dalle celle i buglioli, sorta di piccoli vasi da notte che venivano consegnati puliti una volta al giorno».

Il flashback storico vede l'ora d'aria dalle 9 alle 11 e poi il pranzo distribuito attraverso il finestrino della cella. Il colloquio col cappellano era particolarmente atteso: lui ascoltava e disponeva, in completa autonomia, ogni aspetto della vita interna all'istituto, perfino quello ludico delle trasmissioni via etere che si avvalevano di una minuscola sala di regia costituita presso il terzo reparto e che provvedeva alla registrazione dei brani musicali o dei radiogiornali con successiva diffusione nelle celle attraverso piccoli altoparlanti interni. Il teatro in carcere aveva già una sua realtà anche se relegata nelle cantine dell'istituto.

I reati più frequenti dell'epoca erano ancora i furti, soprattutto delle ruote di scorta delle auto, ma quella società semplice si evolve anche per criminogenesi: furti di autoradio, rapine semplici, spaccio di hashish e marijuana. Solo molti anni dopo arrivano in carcere, fra l'invidia e il malcelato senso di emulazione dei più giovani, le prime bande «celebri», come quella della rapina di via Osoppo, condotta in modo «scientifico» senza spargimento di sangue.

In forma sperimentale a Milano, Roma, Napoli e Palermo vengono costituiti alcuni nuclei per lo studio scientifico delle personalità devianti: per Milano intervengono Catalano, uno psicologo, un internista, un neurologo e il professor Garavaglia, noto, oltre che per l'attività di psichiatra, anche per aver contribuito alla stesura della legge di riforma. Le condizioni di vivibilità del carcere non sono però al passo col fermento culturale che produce il penitenziario: i detenuti soffrono un regime duro, con rari colloqui e attività lavorativa non retribuita. E prosegue la stagione delle rivolte.

La prima risposta seria del legislatore arriva nel 1975. Le carceri sono un luogo di recupero oltre che di pena? Se la risposta è sì – il quesito fu posto in sede parlamentare –, il senatore Gozzini indica un modo per verificare l'effettiva disponibilità del detenuto a un reinserimento sociale: un percorso graduale, fatto di piccole gratificazioni, di uscite più o meno brevi dal penitenziario, dopo un periodo massimo di nove mesi in cui il soggetto viene sottoposto a un esame individualizzato di personalità. Insomma: premi al buon comportamento, premi a chi collabora a un programma di recupero.

Arrivano i primi educatori e a San Vittore si respira un'aria di novità, un fermento di nuove ipotesi di trattamento e di collaborazione con la magistratura di sorveglianza. Oggi San Vittore è la grande scommessa sociale del mondo carcerario: una realtà quanto mai aperta all'esterno, impegnata a trovare collegamenti con il mondo del lavoro, sia pubblico sia privato. La società milanese collabora con l'istituto attraverso cooperative e corsi professionali, gli enti si spartiscono aree di intervento specialistico. E i detenuti, gradualmente, diventano attori dello stesso processo di reintegro sociale. Il sovraffollamento persiste, ma non presenta i dati spaventosi di qualche anno fa. Il terzo raggio è stato completamente ristrutturato. Attualmente si sta lavorando al quinto. Ma certi settori del carcere hanno ancora aspetti spaventosi. Restano sul tappeto pesanti problemi ambientali e morali: le mamme detenute con i bambini, nonostante la legge Finocchiaro preveda misure alternative al carcere.

Sforzi generosi in un quadro ancora incerto di politica penitenziaria. La collaborazione del volontariato è massiccia e preziosa, soprattutto per quel che riguarda i problemi degli extracomunitari. Tutto parrebbe orientato verso un sano e graduale coinvolgimento sociale e un pieno recupero delle finalità della riforma carceraria. Ma ci sono venti contrari: le campagne di sicurezza totale che pretenderebbero una blindatura e un'emarginazione drastica del carcere; e inoltre quella immagine patinata che si vorrebbe dare di Milano, ignorando i reali problemi di una società profondamente trasformata. Appartengono a questa concezione anche la mancata integrazione del numero di operatori del trattamento e la proposta di abbattere il carcere di San Vittore, che verrebbe trasferito in un'area periferica della città.

Potrebbe concludersi così questa storia? Forse, ma forse ognuno di noi potrebbe scrivere una fine diversa e più onesta, rispettando un monumento che appartiene alla storia di Milano e riscattandolo in nome della dignità delle persone e delle risorse umane che vi si possono scoprire.

Quadri di San Vittore al novembre 2003

Direzione
Direttore: Luigi Pagano
Vicedirettori: Fabrizio Rinaldi,
Teresa Mazzotta, Elisabetta Palù,
Nunzia Passannante, Cristina Piantoni

Area Sicurezza
Comandante agenti polizia penitenziaria:
Francesco Moscariello
Vice: Romano Fusco, Mario De Michele

Area Educativa
Giovanna Longo,
Giovanni Fumagalli (coordinatori);
Barbara Campagna,
Silvana Di Mauro

Area Sanitaria
Dirigente: Francesco Nigro

Area Amministrativa
Ragioniere capo: Nicola Liotto

Cappellani
Luigi Melesi e Alberto Barin

Organico Generale
Uomini: 897, di cui 85 ispettori
e 86 sovrintendenti
Donne: 93, di cui 11 ispettori
e 10 sovrintendenti

Presenze Detenuti
Uomini: 1439
Donne: 139, oltre a 10 bambini

INDICE

Finito di stampare nel mese di gennaio 2004
presso il Nuovo Istituto Italiano d'Arti Grafiche - Bergamo

Printed in Italy

CARCERE GIUDIZI
Prospetto planimetrico esegui
Sig. Direttore Superiore Comm. Dott. G